J. Renuel Gager

SÉRIE MUTATIONS – N° 87

# LA MORT À VIVRE



Dirigé par
Claudine BASCHET et Jacques BATAILLE

AUTREMENT : 4, RUE D'ENGHIEN, 75010 PARIS.
TÉL. : (1) 47.70.12.50. FAX : 47.70.97.52

**Abonnements au 1er janvier 1993 :** l'abonnement peut être souscrit auprès de votre libraire, ou directement aux Éditions Autrement, 4, rue d'Enghien, 75010 Paris, (CCP Paris 1-198-50-C). Le montant de l'abonnement doit être joint à la commande. Un délai d'un mois est nécessaire pour la mise en place de l'abonnement, plus le délai d'acheminement. Pour tout changement d'adresse, veuillez nous prévenir avant le 15 du mois et nous joindre la dernière étiquette d'envoi. Un abonnement commence avec le numéro du mois. Tarifs par série : « Monde » (7 N°/an) : 600 F (Étranger : 700 F). « Mutations » (7 N°/an) : 600 F (étranger : 700 F). « Mémoires » (7 N°/an) : 650 F (Étranger : 770 F). « Morales » (4 N°/an) : 380 F (étranger : 480 F). « Sciences en société » (4 N°/an) : 380 F (Étranger : 480 F). **Vente en librairie exclusivement. Diffusion :** Éditions du Seuil.

*« Je dirai de plus, en insistant sur ce sujet, que l'office du médecin n'est pas seulement de rétablir la santé, mais aussi d'adoucir les douleurs et souffrances attachées aux maladies ; et cela non pas seulement en tant que cet adoucissement de la douleur, considérée comme un symptôme périlleux, contribue et conduit à la convalescence, mais encore afin de procurer au malade, lorsqu'il n'y a plus d'espérance, une mort douce et paisible ; car ce n'est pas la moindre partie du bonheur que cette euthanasie [...].*

*« Mais de notre temps les médecins semblent se faire une loi d'abandonner les malades dès qu'ils sont à l'extrémité ; au lieu qu'à mon sentiment, s'ils étaient jaloux de ne point manquer à leur devoir, ni par conséquent à l'humanité, et même d'apprendre leur art plus à fond, il n'épargneraient aucun soin pour aider les agonisants à sortir de ce monde avec plus de douceur et de facilité. Or cette recherche, nous la qualifions de recherche sur l'euthanasie extérieure, que nous distinguons de cette autre euthanasie qui a pour objet la préparation de l'âme, et nous la classons parmi nos recommandations. »*

FRANCIS BACON

*Texte cité selon sa version définitive de 1623, dans la traduction de M. Bouillet (*Œuvres philosophiques de Bacon. *Ed. Hachette, 1834), tel qu'il figure dans* Face à celui qui meurt *de P. Verspieren (série Temps et contre-temps, Ed. Desclée de Brouwer, p. 140-141), introduit par : « Les historiens sont d'accord pour attribuer à Francis Bacon, homme d'État et philosophe anglais, la responsabilité de l'introduction du terme euthanasie dans les langues modernes et cela dès 1605. »*

# FACE AU MOURIR ORDINAIRE

PAR CLAUDINE BASCHET* (médecin psychanalyste)
ET JACQUES BATAILLE* (chirurgien)

* Co-responsables, avec Josyane Moutet, de
Les droits de la personne devant la vie et la mort,
Documentation française, dossier PPS, n° 520, 4 octobre 1985

*Une chose est claire : on a voulu chasser la mort de notre paysage, tant extérieur qu'intérieur. Pour ce faire, on a chassé tout ce — et surtout ceux — qui pouvait nous y renvoyer.*

*Le plus insupportable n'est peut-être pas tant la mort, instant ultime de passage, dont on peut dire beaucoup mais dont on ne sait rien, que l'idée qu'il y a de la mort dans la vie et, encore plus, qu'il y a de la vie dans ce temps qui se clôt par la mort. C'est de ce temps — parcours souvent long —, désigné par « le mourir », que nous voulons parler ici.*

*Alors même que nous baignons dans des images de morts, à travers les médias, mais d'une mort « extra-ordinaire », relativement rapide, violente, lointaine, qui relève plus de l'accident que de l'inéluctabilité génétique, l'histoire des fins de vie « ordinaires » se déroule, le plus souvent, dans le silence de lieux clos, institutions, hôpitaux servant à cela, mais manifestement pas prévus pour cela...*

*« Vous, les vieux, les cancéreux, les grands handicapés et les autres, gardez vos problèmes pour vous. Familles angoissées ou endeuillées, faites preuve de bonne éducation, n'encombrez pas nos rues de vos convois ni nos esprits de votre souffrance. » Telle a été la consigne implicite, puisqu'il fallait tout faire pour oublier que nous étions mortels, alors même que se substituait à la religiosité, moyen privilégié et traditionnel de négocier l'idée de la mort, la croyance en la médecine porteuse d'immortalité.*

*Dans une logique imparable, il ne restait plus, à ceux qui vivaient leur dernier parcours, qu'à se retirer, dans le silence et la solitude, là où des gens « spécialisés » les prendraient en charge. Ce qu'on avait oublié c'est que ces spécialistes, soignants en tous genres, n'étaient pas plus préparés que les autres à admettre le mourir comme une étape de la vie. Quant à la douleur et à la souffrance, c'était leur bête noire, le hors-champ de leur pratique.*

*Un bon malade — on le leur avait appris dans les livres et sur le terrain — c'était celui qui guérissait, fût-ce au prix d'un acharnement thérapeutique, toujours justifié. Un bon malade c'était celui qui ne venait pas perturber de ses questions, de ses plain-*

*tes ou de ses revendications, le champ de la science. La longévité augmentant, on s'en réjouissait sans pour autant se pencher sérieusement sur la question des conditions et de la qualité de cette vie qu'on allait ajouter aux années. Certes, dans les années soixante-dix, une efflorescence d'ouvrages sur la mort et le mourir invitait à la réflexion, mais n'avait pas l'incidence, sur les comportements et les pratiques, qu'on aurait pu souhaiter. La consigne restait la même : il ne fallait pas mourir ; pour le moins, il ne fallait pas en parler.*

*Pourtant, de temps en temps, quelque chose émergeait de ce formidable vécu de souffrances cachées. La presse titrait : « Un drame de l'euthanasie ! » Un fils, une mère, un mari, un soignant avait tué celui, celle qui hurlait sa douleur, qui n'en pouvait plus de la subir, qu'on n'en pouvait plus d'entendre.*

*A partir de là, jouant sur les détournements de sens du mot, allait se cultiver la problématique simplificatrice et ambiguë : pour ou contre l'euthanasie. On allait ainsi fuir, une fois de plus, la vraie question : quelles conditions de vie, quelle liberté de choix, pour la meilleure qualité de vie jusqu'au bout, dans le respect de la singularité de chacun.*

*Grisées par le progrès, en général, et celui de la technique médicale en particulier, nos sociétés ont conforté un modèle d'êtres jeunes, beaux, en bonne santé, riches et gais, immuables sinon immortels. La crise — dans ses manifestations multiples — que traversent nos pays dits « développés » ne serait-elle pas venue poser les limites de ce rêve ? On peut y voir, au moins partiellement, la cause du sentiment qui émerge, qu'à force d'évitement s'est installée une situation à la limite du scandale dont ceux qui vont mourir et leur entourage sont trop souvent les victimes.*

*Convaincus que l'on vit mieux ce que l'on affronte que ce que l'on esquive, nous avons voulu comprendre et débusquer ces silences, ces non-dits qui, dès l'enfance, installent le sentiment que la mort c'est l'obscène, ce qui est hors de la scène, ce dont on ne doit pas parler.*

*Nous avons voulu comprendre pourquoi, en tant qu'adultes, nous sommes si mal à l'aise pour répondre simplement aux questions simples et naturelles des enfants. Pourquoi avons-nous besoin de leur dire « Papy est parti dans une fusée » ? Pour les protéger de l'angoisse de la finitude ou pour esquiver la nôtre, et celle, insupportable, de les savoir aussi mortels ?*

*Nous avons eu envie de savoir si la peur de la mort a une histoire et si nous pouvons trouver dans l'inconscient des éclairages qui ancrent ces pratiques du caché, si souvent génératrices de perturbations psychologiques.*

*De quelle violence incontournable est porteuse la mort — et celui, celle qu'elle habite ? Contre quelle violence en retour se prémunissent ceux qui, par fonction ou de par les circonstances, ont aussi la mort à vivre ?*

*Que fait-on de Dieu, des hommes de Dieu, à ce moment-là ?*

*Que disent de leur mourir à venir les personnalités qui ont bien voulu accepter de se confronter à cette idée ?*

*Pourquoi cet autre discours qu'est le cinéma, au-delà de ses « cris et chuchotements », se retrouve-t-il bâillonné par l'insuccès commercial dès lors qu'il veut nous parler de nous et de ce que peuvent être les choses de la mort, ou plutôt, là encore, du mourir ordinaire ?*

*Qu'est-ce que la médecine ne veut pas entendre quand elle s'accroche à ses certitudes ?*

*Comment le psychanalyste peut-il nous aider en dévoilant les luttes secrètes qui se livrent au plus profond de l'être, dès lors que la mort a fait signe ?*

*Nous avons pensé qu'interroger d'abord ces silences des discours permettrait de mieux approcher le mourir.*

*Nous l'avons dit, le mourir ordinaire, le plus souvent aujourd'hui, se déroule dans de mauvaises conditions, dans des lieux où il n'est pas censé devoir se passer puisque, voulant nier la mort, on ne peut reconnaître l'existence du mourir. Pour la même raison, rares sont les cas où les soignants et autres personnels d'accueil sont préparés à la spécificité des besoins et des attentes de ceux qui ne sont pas là pour guérir, mais pour parcourir leur dernière étape de vie.*

*C'est bien sûr à ceux qui sont exemplaires, par leur questionnement et leur approche, plus qu'à ceux qui sont représentatifs de la dénégation trop fréquente, que nous avons donné la parole. Nous avons recueilli les témoignages de médecins, particulièrement de généralistes, d'infirmières, travaillant dans des cadres divers, confrontés à cette découverte de la pratique : des familles désemparées, des patients inguérissables.*

*Nous avons aussi voulu aborder ce grand problème de notre époque, celui que l'on a trop longtemps refusé de voir, celui des personnes âgées, quelquefois entourées, souvent seules, accrochées aux lieux où s'est déroulée leur histoire, pas malades de maladie, souffrant pourtant d'une lente et inexorable perte de l'autonomie, de la vie relationnelle, de la prise sur les choses, sur les autres.*

*Que nous apporte de si novateur le courant, venu de certains pays anglo-saxons, des soins palliatifs ? Il nous apprend comment soulager quand on ne peut plus guérir, comment écouter, comment se donner pour objectifs prioritaires de supprimer la douleur en conservant la conscience, et d'être attentif à la souffrance, au respect de la personne.*

*Que défendent les soignants qui, allant plus loin, estiment que le respect de la personne, restaurée comme sujet de sa vie, passe, pour certains patients, par la certitude d'un accord pour une aide à mourir quand ils la demanderont. Que c'est à partir de cette assurance et de l'espace de liberté qu'elle instaure, qu'ils peuvent d'autant mieux coopérer et donc profiter des soins, y compris ceux d'accompagnement, et éprouver leur envie de vivre encore, en assumant même parfois des conditions qu'ils avaient pensé insupportables, mais par choix et non plus par contrainte.*

*De nouvelles pratiques, c'est ce que revendiquent aussi ceux qui, en tant qu'usagers de la santé, se préoccupent des conditions de la fin de leur vie. Si leur position est souvent si mal vécue, notamment par le corps médical, c'est sans doute parce qu'ils demandent de prendre en compte leurs volontés, mais c'est, probablement davantage encore, parce qu'ils viennent rappeler que la mort existe et qu'ils souhaitent préparer les conditions dans lesquelles ils entendent, personnellement, la rencontrer.*

*Si, au centre du mourir, est bien le vivant-mourant, vient un jour où ceux qui restent en scène ce sont les autres, ceux qui se retrouvent confrontés à ce corps mort et qui se demandent le comment et le pourquoi ?*

*Restent les derniers rites, devenus si pauvres, le dernier accompagnement vers la dernière demeure. Et puis, cette autre étape qu'est le deuil à faire, les cheminements dans les cimetières où l'on médite, où l'on se souvient...*

MICHEL VOVELLE

# LA PEUR DE LA MORT A-T-ELLE UNE HISTOIRE ?

Ainsi formulée, la question qui m'a été posée, dans sa fausse naïveté, se révèle pleine de pièges. Elle suscite une foule de réponses, et autant d'interrogations : mais somme toute, que peut-on souhaiter de mieux ? La mort, soit dit avec la pointe d'humour absolument nécessaire lorsqu'on s'aventure sur ce territoire, est bien, pour l'historien des mentalités, l'« invariant » qui offre, dans toute l'aventure humaine, un test constant des sensibilités collectives ; mais un test ambigu, tant ce passage obligé a suscité d'esquives, de ruses, de masquages, en même temps qu'inévitablement on s'y dévoile.

Aborder la mort à partir de la peur : démarche légitime en même temps que périlleuse. Car nous nous trouvons amenés d'entrée à poser, sinon régler, une question préalable, qui introduira toutes les autres, anticipant en apparence sur ce qui ne devrait venir qu'en conclusion. La peur est-elle la compagne obligée de la mort ?

Les modèles explicatifs ne manquent pas, avec tout ce qu'ils supposent inévitablement de réducteur. Philippe Ariès reprenait avec talent une idée qui n'est point rare, en faisant de la montée de la peur devant la mort le fruit amer d'une aventure de très longue durée, celle qui a menée d'une mort originelle, ou « achronique », prolongée par celle où les solidarités communautaires et familiales puis la christianisation du premier Moyen Age assuraient cet apprivoisement du dernier passage, à la prise de conscience panique au déclin de la période médiévale de la « mort de moi » dominée par l'obsession du salut, et la crainte de la damnation. Ce processus d'individualisation ou de prise de conscience dans ses avatars de la « mort de moi », à la « mort de toi » de l'époque romantique, puis à l'exorcisme tragique du tabou sur la mort des sociétés actuelles, suggère une respiration de longue durée, somme toute linéaire.

J'avouerai d'entrée une réticence à l'égard de ce modèle, dans l'ensemble séduisant : je ne crois pas à une mort naturelle, ou achronique — en forçant le trait à un âge d'or de la mort sans peur, à la fois lointain et prolongé —, dans le geste même de la mort assumée qui conduit du pieux Roland dans la chanson de geste au paysan de Tolstoï qui se tourne vers le mur dans *Ivan Ilitch* quand il a compris que le temps est venu de prendre congé. Derrière ces images de sérénité naturelle ou dominée, se cachent sans doute notre méconnaissance profonde des temps les plus reculés, puis un ensemble de réalités bien différentes et ancrées dans l'histoire.

Tant et si bien qu'il ne me semble pas contradictoire d'affirmer à la fois la peur de la mort comme une constante — rejetant le mythe d'une mort achronique — mais aussi comme une réalité fluide, très profondément enracinée dans l'histoire, avec non seulement ses dérives de longue durée, mais ses crispations convulsives, dans le cadre des crises qui rythment cette respiration.

## *DANSE MACABRE ET BUFFLES NOIRS*

En définir les traits ? Encore faudrait-il tenter, au premier abord, de présenter les différents visages de cette peur, à la fois unie et très diversifiée.

En premier lieu, sans que cela implique nécessairement un rapport d'antériorité, viendrait la peur non de la mort, mais des morts. Cette strate nous renvoie certes à cette séquence, antérieure au XIVe siècle, où *la* mort elle-même n'a pas encore été personnifiée, comme elle le sera à partir des grands triomphes italiens de la mort, de Pise (vers 1340) à Palerme ou ailleurs : mort squelette à la faux, montée sur une rosse, avant d'être traînée par le char aux buffles noirs des triomphes d'inspiration pétrarquiste.

Mais l'invention de la mort n'élimine pas d'entrée les morts doubles tels qu'on les rencontre encore au XVe siècle dans les couples de la danse macabre, où le mort saisit le vif. Ces couples sont héritiers de cette ancienne eschatologie, venue de l'Antiquité gréco-romaine, fondée sur la présence proche de ces doubles, dont la religion populaire des campagnes va perpétuer la présence familière, parfois bienveillante, souvent hostile dans la mesure où ces morts, pour être « dégagés » de tout ce qui les retient, sont demandeurs, souvent agressivement, vis-à-vis du monde des vivants.

La peur des morts, familiers ou non, va se survivre longuement, s'enterrant dans le demi-secret des pratiques paysannes, et point seulement en Bretagne ou dans le monde celte. Elle se christianisera superficiellement, jusqu'à ce que l'Église, par une patiente conquête, du XVe siècle à la reconquête catholique de l'âge classique, après le concile de Trente, réussisse en partie à piéger dans la prison réconfortante du purgatoire, ou de l'expiation à temps, ces présences baladeuses.

Dira-t-on que la peur des morts sort alors du champ de nos observations ? On s'est demandé (N. Davis) si la réforme protestante, excluant de son discours le troisième lieu du purgatoire, n'avait pas d'une certaine façon, en entravant le travail du deuil, eu des conséquences qui vont bien au-delà de la présence des revenants, du théâtre élisabéthain au roman noir du XVIIIe siècle. Certes, cette peur peut apparaître désormais exorcisée ou apprivoisée. Exorcisée, en passant dans le domaine d'un imaginaire ludique qui nous mènerait à la littérature fantastique qui se déploie ensuite, créant au XIX^e^ siècle, de Melmoth à Dracula et au peuple des Vampires, un univers de frisson sans peur. Et l'héritage actuel s'en rencontrerait dans tout le flux de la BD ou du cinéma d'épouvante, multipliant les variations d'une nouvelle mythologie de la mort et de l'au-delà.

L'apprivoisement, correspondant aux mutations de la sensibilité collective, intervient quand, suivant la terminologie d'Ariès, la « mort de toi » — irremplaçable objet aimé, épouse ou enfant — se déploie de la fin du XVIII^e^ au XIX^e^ siècle, suscitant naturellement sur la base du désir qu'exprime le « nous nous reverrons » la vogue du spiritisme à partir de 1847-1848... et jusqu'à nos jours. Le cimetière, qui connaît dans la seconde moitié du XIX^e^ siècle et au début du XX^e^ son âge d'or, lieu du nouveau « culte des morts », serait l'endroit où s'opère cette pacification recherchée du rapport des vivants aux morts. Dans le « tabou » même qui s'est diffusé en notre siècle sur le spectacle de la mort, à partir du monde anglo-saxon jusqu'au Vieux continent, l'exclusion des morts rôdeurs reste approximative, incomplète et ambiguë.

## *UNE INSENSIBILITÉ APPARENTE*

Mais il n'était pas dans mes intentions, en parlant d'abord des morts — c'est-à-dire des autres —, de partager la ruse naïve et ancienne qui essaie de faire croire que cet accident n'arrive qu'à autrui. La peur de la mort, c'est quand même, avant tout, celle de la mienne. Quand bien même nous acceptons la commodité de la périodisation d'Ariès, qui fait naître dans le cours de la période médiévale la crispation nouvelle sur la « mort de moi », je ne crois pas qu'on puisse en faire une véritable nouveauté. Courant tout au long de l'expérience humaine, elle a simplement varié d'intensité, mais aussi évolué dans tout le réseau des procédures de sécurisation qu'elle a suscité, longtemps, à travers le discours religieux sur le salut et les fins dernières.

Distinguant par commodité pédagogique deux niveaux en fait intimement enchevêtrés, on peut se pencher, avant de se risquer dans le domaine de l'au-delà, sur une première approche de la mort elle-même, physique, individuelle ou collective.

Peut-on parler d'une insensibilité (plus que d'une sagesse), ou d'une mithridatisation à la mort, qui aurait été le privilège ambigu des temps de la vie brève, de l'ancien modèle démographique : en gros de cette espérance de vie à la naissance de trente ans, un peu plus ou un peu moins selon les séquences et les régions, qui a prédominé, presque jusqu'à la fin du XVIIIe siècle, en Occident, plus longtemps encore ailleurs ? Le temps du massacre des innocents où la moitié d'une génération est fauchée avant l'âge adulte, et pour l'essentiel dans les premières années de la vie ? Les preuves de cette insensibilité apparente ne manquent pas, elles ont été souvent évoquées : la sécheresse des livres de raison, énumérant sans phrases les naissances nombreuses et les décès, nombreux aussi, quand bien même on ne s'appuie pas sur l'amnésie significative d'un Montaigne ignorant du nombre exact de ses enfants.

Ce cliché est aujourd'hui contesté ; le silence n'est pas forcément d'indifférence : à Montaillou, vers 1300, des mères pleurent leur bébé mort, et le cri de douleur à la perte d'un être cher n'est pas une invention récente dans l'univers rural des lamentations ritualisées, ni le privilège de ces poètes du déclin du Moyen Age, tels les grands rhétoriqueurs, hantés par la peur de la mort qu'ils évoquent dans ses aspects les plus physiques à partir de l'image du transi.

Certes, cette sensibilisation, en vue cavalière, est progressive et modulée suivant le sexe, l'âge, et le statut social : ce que nous disent, chacun à leur manière, les livres de raison, les tombeaux, les épitaphes ou les ex-voto, c'est non seulement la survalorisation des puissants — on s'y attendait —, mais celle de l'homme, du patriarche, celui que l'on honore, et pour qui l'on sollicite les intercesseurs dans les ex-voto... C'est progressivement que la femme, puis l'enfant s'affirment au rang des partenaires sur qui se fixera l'affectivité familiale renouvelée, avant même le tournant décisif du XVIIIe siècle puis de l'époque romantique. A partir d'un test comme celui de la mort de l'enfant, accueillie avec un fatalisme résigné, avant de devenir épreuve traumatisante, une certaine histoire de la peur de la mort se confond avec celle de l'affectivité familiale.

## *DE MORTE REPENTINA LIBERA NOS DOMINE*

Mesurer l'intensité de cette peur face à la mort individuelle ? Cherchant le test approprié, on retrouve la difficulté d'appliquer le programme, autrefois défini par Lucien Febvre : « Qui nous écrira une histoire de la violence, de l'amour, de la mort... ? » De telles choses se mesurent-elles ? Je verrais sans doute un moyen honnête de tricher avec ce redoutable silence pour sonder, autant que faire se peut, les reins et les cœurs, en suivant au fil du temps, dans son évolution, le modèle de la bonne mort et celui de la mauvaise.

Dans un cadre religieux apparemment fixé, chaque époque a inscrit le reflet des moyens imaginés par elle pour exorciser la peur, et définir l'art de bien mourir. Autrefois, la mort qui fait peur était la mort subite, le texte même du *Libera* le dit : *« De morte repen-*

*tina libera nos Domine* » — « De la mort subite délivrez-nous Seigneur » — ; aujourd'hui, l'indiscrétion des sondages nous révèle un paysage totalement changé, la mort rapide, instantanée même, est devenue le rêve, si l'on peut dire, de l'humanité moyenne, et le bon sens commun lui fait écho : « Il ne s'est pas senti partir. » D'un extrême à l'autre, comment s'est opéré le passage ? On y sent évidemment la prégnance des modèles religieux mais aussi de leur rapport dialectique avec une sensibilité qu'ils façonnent autant qu'ils la reflètent.

Dans une très longue durée, du Moyen Age au XIXe siècle, la bonne mort chrétienne a été la mort préparée, qui donne à l'homme, à l'heure des fins dernières, les plus grandes chances pour affronter sans crainte le jugement individuel. « Gisant au lit malade... » : la formule qui se retrouve sur des siècles dans le préambule des testaments n'exprime point une misère, mais d'une certaine façon un privilège puisqu'elle laisse le loisir de se mettre en paix avec Dieu. L'image du gisant, le saint ou le preux qui a joint ses mains dans le geste de la *commendatio animae,* par lequel il confie son âme à l'Éternel, exprime ce rêve de la mort sans peur, introduisant au repos céleste. L'iconographie commente et illustre : sainte Marina, dans l'église byzantine ; dans les églises d'Occident, certains saints comme François d'Assise, mais surtout la Vierge sans cesse évoquée, dans le sommeil qui la soustrait à la vie terrestre, offrent bien le modèle de référence. Jusqu'au jour où l'iconoclasme du Caravage, au tournant du XVIe et du XVIIe siècle, faisant de la Vierge une femme du peuple épuisée et fatiguée, malgré le scandale qu'il provoque, annonce un tournant dans la sensibilité.

## *L'APPARITION DU PURGATOIRE*

Nous n'en sommes point là dans les derniers siècles du Moyen Age, quand la figuration en négatif de la mauvaise mort — terrorisée et terroriste tout à la fois — se crispe sur l'image du mauvais riche, saisi au milieu d'un banquet, ou d'Hérode, ou des persécuteurs. Les deux images contrastées reflètent l'alternative tragique d'un discours religieux pour lequel, suivant la formule de saint Augustin, « qu'on ne s'y trompe pas : il n'y a que deux lieux », entendons l'enfer et le paradis. Si l'idée d'un troisième lieu chemine, on le sait, chez les religieux depuis les XIe et XIIe siècles, pour s'épanouir, surtout à partir du XVe, dans ce purgatoire réservé à l'expiation à temps du pécheur digne d'être sauvé, c'est bien la crainte de l'enfer qui domine et conditionne la réflexion panique sur l'imminence de la mort.

Elle va donner naissance, au XVe siècle, aux *Artes moriendi,* ces arts de bien mourir dont les planches gravées scandent les étapes de l'ultime parcours du combattant chrétien, assailli par les diables, les doutes et les tentations en un dernier instant où — on le croit — tout peut être sauvé... ou perdu. A travers cette pédagogie en forme se façonne une lecture terroriste de grand avenir, que prolongent les représentations figurées des supplices de l'enfer, dont les livres d'heures et les fresques murales ne sont pas chiches.

Non que ce système perdure sans modifications significatives : l'humanisme de la Renaissance propose un contre-modèle, chez Rabelais le retour serein « au doux embrassement de notre mère la terre », tandis que d'autres rêvent, sur un schéma néoplatonicien, à la mort délivrance comme envol de l'âme libérée de sa prison terrestre : lecture dualiste que le christianisme intégrera à sa lecture traditionnelle.

Discours dira-t-on : mais dans la pratique de la mort telle que vont la codifier à l'âge classique les « deux réformes » dont on parle volontiers aujourd'hui, Réforme protestante et (Contre-)Réforme catholique, si le discours terroriste sur les fins dernières persiste et s'enfle au point de devenir la pièce centrale d'une pédagogie pour bonne part fondée sur la peur, répercutée en écho par les sermons, les oraisons funèbres et la petite monnaie des catéchismes, l'image de la bonne mort qui nous sert de test ou de fil conducteur se modifie. Dans les églises catholiques baroques ou classiques, saint Joseph en devient le représentant d'autant plus significatif qu'aucun texte scripturaire ne relate sa fin, mais qu'on l'imagine. C'est désormais la bonne mort couronnement d'une sainte vie, où le vieillard, assisté de la Vierge et de Jean-Baptiste, est visité par le Christ lui-même à ses derniers instants. L'instantané tragique où tout se jouait fait place à la sérénité d'un bilan de vie exemplaire. Une image nouvelle, dont la faveur sera grande.

## *DES CONCERTS DE FLÛTES LOINTAINS AUX GRANDES AGONIES ROMANTIQUES*

Mais elle est désormais contestée : le Siècle des Lumières propose un autre modèle, celui de la mort du philosophe que toute une littérature commente abondamment. Cette nouvelle référence de la mort sans peur ne s'impose pas sans luttes, quand toute la littérature pieuse exploite comme une illustration de la mauvaise mort dans les terreurs de l'impénitence finale la légende d'un Voltaire buvant son urine et mangeant ses excréments. Mais en contrepoint la propagande philosophique monte en épingle les belles morts de « ceux qui sont morts en plaisantant », suivant le titre d'un best-seller constamment réédité au fil du siècle.

Matérialistes comme David Hume, déistes convaincus comme Rousseau, dont la fin sert d'exemple, mais aussi, à la veille de la Révolution, Socrate ou Sénèque donnent le modèle d'une mort où la référence à l'au-delà, sans disparaître, éloigne l'idée des châtiments d'un Dieu punisseur pour ne retenir que la survie — ô combien précieuse — dans le souvenir familial ou civique dont parle Diderot : « Il me plaît d'entendre un concert de flûtes dans le lointain... ». Cette tentative prométhéenne d'exorciser les terreurs de la mort assume ses contradictions, au crépuscule des Lumières, quand s'enfle dans le public même de ceux qui lisent l'*Encyclopédie* les peurs nouvelles d'ordre physique, comme celle d'être enterré vif, où transparaît un autre rapport de l'homme à son corps.

Au XIXe tout se trouble dirait-on, dans un monde où la référence au système chrétien a cessé d'être, sinon dominante, du moins unique. Grandes agonies romantiques dans le roman, jusqu'à la fin du siècle et au-delà, emphase mise sur des morts scrutées avec attention témoignent d'un système de référence brisé, où le test le plus significatif de la bonne ou de la mauvaise mort serait sans doute, de Balzac à Flaubert, Zola, Thomas Mann ou Martin du Gard, la présence familiale ou la solitude, dont la mort de Nana ou de Gervaise seraient l'illustration. Le nouveau cérémonial de la bonne mort tel qu'on le retrouve à plusieurs exemplaires dans les grands cimetières italiens — ainsi à Gênes-Staglieno —, fixé dans la pierre de tombeaux monumentaux, entoure le patriarche du cercle de famille complet, concélébrant ce cérémonial collectif.

Que reste-t-il à l'âge de la « mort tabou » dans la solitude, devenue majoritaire, du cadre hospitalier et de la chambre de réanimation de ce néobaroque laïcisé fin de siècle ? La mort subite que souhaitent la majorité de nos contemporains révèle une autre forme de peur, celle même que s'efforcent d'apprivoiser en termes nouveaux les pratiques du nursing et cette attention portée à l'accompagnement du mourant, dans un parcours dont les étapes codifiées par E. Kubler Ross tracent le modèle idéal, de la révolte à l'apaisement, comme les traités du Moyen Age à l'âge classique dictaient la conduite à tenir, dans la perspective du salut.

## *PESTES, TREMBLEMENTS DE TERRE ET SIDA : LES PEURS COLLECTIVES*

J'ai réservé pour la fin un dernier degré des peurs de la mort, sans me dissimuler la part d'artifice que le procédé implique : mais il mérite attention pour lui-même. C'est celui des peurs collectives, les unes diffuses, charriées sur une longue période dans l'imaginaire, les autres s'enflant brutalement dans le cadre d'une flambée paroxystique. Longue histoire là encore, qu'il convient de mettre en scène dans la longue durée. Nous y rencontrerons l'histoire des maladies, au niveau du moins de la charge émotive qui les accompagne, ces maladies autour desquelles se crispe toute l'angoisse d'une époque, parce qu'elles semblent porter la mort dans la vie. C'est ce que représentait pour les hommes du Moyen Age la lèpre, qu'ils s'efforçaient de cantonner hors du monde des vivants.

Les verrous sautent, avec le retour, de 1348 à 1350, de la peste que l'Occident n'avait plus connue depuis des siècles, depuis l'empereur Constantin. Elle va devenir pour plus de trois siècles l'image même de la mort collective, et plus encore peut-être de la mort panique, matérialisation de cette apocalypse crainte et attendue depuis l'an mil (et bien avant). Le long parcours dévastateur de la peste noire à travers l'Europe, fauchant du tiers à la moitié des populations, suscitant psychoses et réactions collectives (pogromes et flagellants), a donné le ton : les démographes insistent plus encore aujourd'hui sur l'importance de ses retours continus et des ponctions récurrentes que sur l'événement traumatique initial. Il n'en reste pas moins qu'il a conditionné pour longtemps la sensibilité collective au déclin du Moyen Age. Avec la libération des morts-doubles de la danse macabre, la considération hypnotisée du transi, image de la mort à l'œuvre, la recherche des secours chez les saints intercesseurs — saint Sébastien ou saint Roch —, la peste tient dans le parcours des peurs devant la mort une place privilégiée. Il est vrai qu'on s'y habitue, et qu'on pourrait risquer un seuil — 10 à 20 % d'une population peut-être — à partir duquel l'hécatombe au quotidien se fait panique. Il y a accoutumance sans doute : et l'on pourrait avancer le paradoxe de dire que les grandes agressions de Londres (1665) ou de Marseille (1720-1721), en fin de cycle (en Europe occidentale du moins), ne sont ressenties aussi fortement que parce qu'elles sont devenues le scandale d'un monde qui commence à désapprendre la peste.

A mesure que celle-ci s'éloigne au XVIIIe, comme s'altère l'image de l'Apocalypse dans le discours religieux, les Lumières se trouvent confrontées à ces peurs d'un nouveau genre, dont le tremblement de terre de Lisbonne est l'exemple le plus spectaculaire : pour les élites de ce temps, et point seulement pour Voltaire, une interrogation sur la nature et sur la providence. Mais des maladies relais vont aussi se substituer à la peste, comme catalyseur ou révélateur des angoisses collectives : plus que la petite vérole meurtrière d'enfants, ou la fièvre jaune confinée aux régions chaudes, c'est le choléra qui va au XIXe siècle jouer ce rôle. Les ponctions qu'il entraîne dans ce monde en voie d'urbanisation n'ont rien de comparable à celles de la peste (rarement plus de 5 %), mais il est bien l'image nouvelle de la mort rôdeuse qui fait peur. Dira-t-on qu'il n'a pas été relayé sous cette forme ? La grippe espagnole au lendemain de la guerre de 1914-1918 serait sans doute la dernière incursion de ce type.

C'est qu'une autre forme de peur, plus rampante, prévaut tendanciellement, non plus devant l'épidémie explosive mais devant une maladie qui devient l'image de la mort fatale. La syphilis, dans son intrusion en Europe, avait tenu cette place avant de se chroniciser, sans perdre son rôle de malédiction-punition. Le XIXe va devenir le siècle de la phtisie, inaugurant le cycle de la tuberculose jusqu'au milieu de notre siècle, jusqu'à ce que le cancer s'y substitue dans le rôle de la maladie mortelle et de la peur au quotidien. Reviendrions-nous au temps des peurs anciennes avec le Sida ? Il s'en faut sans doute, quoiqu'il exprime une des composantes de la riche palette des angoisses collectives de notre temps.

## *L'APOCALYPSE GUERRIÈRE*

L'apocalypse s'est faite guerrière : non que les temps anciens aient ignoré la peur des armes, et les hécatombes — qu'on songe au poids de la guerre de Trente Ans sur l'espace germanique. Mais les misères de la guerre telles qu'en traitait Callot dans ses pointes sèches restaient une des composantes d'un système réglé par les fatalités traditionnelles, jusqu'à ce que Goya enfle aux dimensions d'une dénonciation véhémente l'évocation des *Désastres de la guerre*.

La lourdeur croissante des ponctions en hommes, liée au perfectionnement dans l'art de tuer, à partir du premier Empire, mais surtout du dernier tiers du XIX^e^ siècle — de la guerre de Sécession aux guerres européennes, de Solférino à Sadowa ou à la guerre franco-prussienne de 1870 —, a inauguré ce nouveau style, dont les hécatombes des deux conflits mondiaux ont représenté l'apogée au XX^e^ siècle. Plus encore qu'un saut quantitatif, elles ont révélé dans toute leur ampleur des capacités d'extermination massive, systématique et préméditée, et, avec les premières utilisations de l'arme nucléaire, l'image possible d'une nouvelle apocalypse pour notre temps.

Un auteur anglais écrivait récemment que le complexe d'Hiroshima était l'un de ceux avec lesquels notre monde avait, depuis quarante ans, cohabité sans trop de mal, comme il a, pourrait-on ajouter, refoulé dans la périphérie de ses peurs et de ses remords les guerres « exotiques » de la décolonisation, du Viêt-nam ou du Moyen-Orient. Peut-être faut-il se dépêcher de le dire : avec la peur du nucléaire, de la mort de la nature et des hommes, une nouvelle angoisse, diffuse encore, parfois brutalement réveillée, s'installe parmi nous. Sous ses différentes formes, à ses différents degrés, la peur de la mort reste bien ce test électroscope qui trahit, de la peur individuelle à l'angoisse collective, le mal de vivre d'une société.

*MICHEL VOVELLE*

**Historien. Professeur à l'université de Paris I-Sorbonne, auteur de *La mort et l'Occident de 1300 à nos jours*, Gallimard, 1983.**

# 1

# *LES SILENCES DU DISCOURS*

*De certaines morts, on peut parler parce qu'elles sont ailleurs, accidentelles, inhabituelles, extraordinaires ou coupables.*

*Cependant, les mêmes qui se font volontiers l'écho de la mort des autres, s'élèvent contre toute évocation d'une mort qui très probablement sera nôtre, car il est malséant, malvenu, presque malsain de parler du mourir ordinaire, simple et pesant comme la quotidienneté.*

*La méconnaissance transmise, entretenue, de ce que peut être la fin de la vie est encore à l'origine de bien des erreurs, des abus, des excès, et ce dans une assez bonne conscience. Et pourtant, l'angoisse de la mort, polymorphe dans son expression, omniprésente, ne demande pas qu'on parle à sa place, ni même qu'on lui réponde. Elle demande simplement qu'on l'entende, qu'on la laisse s'exprimer, exister. C'est déjà très subversif.*

PATRICK BAUDRY

# UNE INCONTOURNABLE VIOLENCE

La modernité dominante est prête à réaccepter la mort, mais à la condition qu'elle ne perturbe pas, qu'elle s'intègre dans la logique d'une gestion pacifiée du social. Si le système me vole aujourd'hui ma mort, il est peut-être prêt à me la rendre bientôt, mais à la condition que j'en fasse bon usage : que je la garde pour moi. L'idéal vers quoi le système tend peut-être, c'est celui d'une mort pacifiée et individualisée. Celui d'une « mort volontaire », mais sans le caractère tragique du suicide. Celui d'une « bonne mort », mais sans l'aspect meurtrier de l'euthanasie.

Toutes les positions qui se prennent dans les débats autour de la mort « douce » ou « digne » posent explicitement ou en creux la question du suicide. L'on peut dire que le suicide est la solution du problème de l'euthanasie dans la mesure où la « demande de mort » peut recouvrir la procédure euthanasique. Mais il faut bien que la demande soit établie en bonne et due forme. Il faut du suicide propre, convenant aux normes de l'hygiène, de l'asepsie, disparaissant finalement en tant que suicide, en n'étant plus que la terminaison, dramatisée juste comme il convient, d'une existence.

A cette logique, à cette forme de contrôle de la vie jusqu'à son « terme », s'oppose toutefois ce fait banal, irréductible, de la violence de toute mort, de la violence de celui qui meurt.

Il est habituel de considérer les dispositifs de gestion de la mort, les procédures de neutralisation du malade mourant. Sous cet angle, ce n'est plus tellement la mort elle-même qui nous menace, mais la forme sociale aseptisée dans laquelle on tente de la contrôler. Mais le déni de la mort, les divers mécanismes de sa pacification ne vont pas sans entraîner une dérégulation. Celle-ci n'est pas seulement l'effet contreproductif d'une gestion, elle en est aussi la limite. On voudrait bien croire que le malade mourant est tout entier pris, résumé par l'organe qui le tue (par lequel il se tue ?). Et le progrès institué par l'humanisation des soins consiste à gérer, à aménager la relation de soi à soi de celui qui meurt, à fournir les conditions optimales d'un consentement à en finir. Tandis que le malade mourant (et les soignants l'éprouvent) fait de sa mort en train de se faire une provocation.

Du point de vue des pouvoirs, on peut montrer comment les violences vécues ou subies sont gérées, comment le système fonctionne à la crise. Mais l'on peut s'intéresser aux pratiques « irrationnelles » — celles que le système d'une raison restreinte ne comprend pas — comme pratiques instituantes, capables de pervertir les structures de privatisation en lieux sociaux.

Ce n'est plus aujourd'hui la mort que l'on combat, mais le malade mourant que l'on supprime. L'acharnement à guérir est contreproductif en rapport de son projet : il manifeste la mort quand il s'agirait de la supprimer. La suppression de la mort trouve aujourd'hui des modalités plus fines : le contrôle du malade mourant se raffine. On donne acte à la mort, et en la réduisant à l'instantané on l'annule. En l'atomisant dans ses cas individuels, en l'enfouissant dans des corps « en fin de vie », on la neutralise. On n'« étend » plus la crise, on la court-circuite. Ce n'est plus la mort que l'on donne, mais la fin que l'on communique. Ce n'est plus le mourir qu'on ritualise ou que l'on empêche, mais la fin que l'on promotionne. On ne s'articule plus au malade mourant et l'on ne s'acharne plus à empêcher sa mort « coûte que coûte » (cela coûtait cher) : on déconnecte et l'on débranche. Mais la fin de la vie, c'est bien la mort, et cette « fin »-là se situe dans la vie. Elle exige de s'articuler à la vie. Aussi bien la mort ne peut-elle jamais devenir une fin, s'y laisser réduire.

## *UN CONTRE-DON EMBARRASSANT*

Pousser ou non sur le piston de la seringue : amorce d'un droit à la mort ou début d'un *death control ?* Ce débat spectaculaire vient masquer une réalité « souterraine », amorcée, elle, depuis longtemps. Il sert à rendre indécidable l'enjeu d'une mort située dans l'extra-ordinaire en lieu et place d'une réflexion sur le sens du mourir ordinaire. Mourir ordinaire sur quoi travaillent (c'est bel et bien un travail) certains services français (peu nombreux) que l'on connaît trop peu.

Le déni de la mort, montré par L.V. Thomas, se manifeste tout particulièrement, à nos yeux, dans la césure vie/mort[1]. Tenir cette barre-là, voilà bien, ainsi que l'a montré J. Baudrillard, en quoi consiste le pouvoir moderne. Faire de la mort la fin de la vie et y tenir les « mourants » (qui dès lors pourraient s'opposer aux « vivants ») ou faire de la vie l'absence de mort : c'est le même projet. Il ne faut pas s'étonner que coexistent la célébration d'une vie amortelle et d'une mort non vitale (dévitalisée), magnifiée en tant que mort et magnificiable à la condition qu'elle ne soit pas provocation à son « contraire ». C'est toujours la même logique, la même coupure.

Ce en quoi dérange le malade mourant, c'est en tant que vivant qui meurt. C'est bien cela qui est gênant. Comme chez les « handicapés » : qu'ils ne soient pas radicalement autres, mais qu'ils disent certains de nos handicaps. On sait que ce en quoi le malade mourant est proprement obscène (de mauvais augure), c'est qu'il me dise, par sa mort en train de se faire, que je vais mourir. Que cet autre — ça devrait en principe n'arriver qu'aux autres — devienne le même est insupportable. Il convient alors de le rendre radicalement autre (comment pourrait se réaliser un bon travail de bons vivants auprès de bons mourants ?) ou encore de supprimer sa radicale différence. La crise s'instaure du fait que ces positions sont intenables. Du fait aussi et surtout que le malade mourant refuse ce qu'on lui « donne ». Le don est insupportable hors d'une procédure d'échange. Au don des soins au « mourant » répondra toujours la mort. Comment faire avec ce contre-don ?

Un système peut fonctionner à la crise sans qu'aucun conflit n'éclate. L'hôpital, l'université. On donne des soins qui ne soignent pas, des diplômes qui ne qualifient pas. Il y a toujours de la clientèle : des malades en demande de guérison, des étudiants en demande de qualification. Rotation des lits et des tables, des bonnes volontés soignantes et enseignantes. Mais c'est aussi l'incompétence d'un système de gestion de la mort à assurer son intégration qui peut donner à penser qu'un travail dans la crise peut s'opérer. Dans les lieux que l'espace hospitalier ne contrôle pas. Et le point d'appui est peut-être bien la violence (non nécessairement spectaculaire) du malade. Ou encore, autre voie, la violence des soignants. On peut comprendre la turbulence d'une classe qui se voit infliger un cours nul. C'est plutôt la prise de notes attentive des sornettes professées qui est inquiétante. De même les conduites « non rationnelles » des soignants (angoisses, sentiments d'échec, de culpabilité, attentes magiques, violences diverses) peuvent être comprises comme résistances à la réduction de leur rôle à la simple fonctionnalité, quels que puissent être les efforts d'une psychologie individuelle pour en rehausser d'apparence le statut. De même, le comportement de mauvais malade de celui qui meurt, sa mauvaise collaboration au traitement technicien dont il est l'objet peuvent être compris comme l'exigence d'une réinscription de la mort dans une procédure d'échange.

## *TECHNICITÉ MÉDICALE ET CONDESCENDANCE RELATIONNELLE*

Demande de guérison ou demande de vie ! La première correspond au schéma institutionnel, à l'idéal d'une restitution de la santé, d'un retour à la normale. La seconde est plus violente, plus insensée. « Le danger le plus grave que constitue le malade, ce en quoi il est véritablement asocial et comme un fou dangereux, c'est son exigence profonde d'être reconnu comme tel et d'*échanger sa maladie* », écrit J. Baudrillard[2]. A l'approche simpliste du malade qui persuade de sa faiblesse, et qui justifie les prothèses thérapeutiques et relationnelles, on peut substituer une vision complexe de la maladie et de la crise qu'elle instaure. La virulence de l'échange persiste toujours quelles que puissent être les stratégies de territorialisation de la maladie avec l'humanisation et la psychologisation actuelles de l'hôpital. Ces manœuvres ont toujours quelque chose de naïf et de vain en rapport de la situation provocante de la maladie. Il n'est pas de malade qui accepte de se laisser réduire par la technicité médicale et la condescendance relationnelle. Une part demeure toujours insoumise à ces procédures de recouvrement de la maladie, par quoi le malade exige plus que des soins, de la parole et de l'écoute (comme cela devient à présent intelligent de le dire), un échange qui remet en cause la division fonctionnelle entre bien et mal portants.

En fait, nombre de projets qui tablent sur un progrès des relations hospitalières sont marqués par un aveuglement commun : la méconnaissance de l'énergie du malade, à qui l'on prête un état de faiblesse. Cette méconnaissance est stratégique : il s'agit d'esquiver l'autre à qui le malheur arrive. Mais cette manœuvre est inefficace. On paie cher (en désordres divers) la mise à distance de l'individu « faible » que l'on peut être tenté d'agresser, tant on peut lui prêter le pouvoir d'engendrer tous les désordres, d'en être le seul responsable. Et l'agression engendre un sentiment de culpabilité qui ne peut être soulagé qu'à se persuader que l'autre mérite son sort : de nouvelles agressions ont lieu, qui provoquent des culpabilisations plus cuisantes. Et ainsi de suite.

En apparence, le mouvement relationnel rompt avec la mise à distance technicienne et prévient les risques de violences circulaires. Mais en profondeur (ou à la surface) la vision du malade menaçant demeure. Et il s'agit toujours d'esquive. Au risque d'une relation fusionnelle, on tente de substituer l'assurance d'une bonne distance entre ceux qui souffrent et ceux qui, pour soigner, ne devraient pas souffrir.

L'on veut d'autant plus croire en la faiblesse du malade que l'on sait sa puissance (ce n'est évidemment pas un pouvoir) et que l'on est « touché » par le désordre vital dont il est porteur. Le mouvement relationnel demeure, comme l'attitude techniciste, fortement imprégné par l'angoisse de l'échange. Sous couleur d'assistance bienveillante, il s'agit toujours d'éviter le « face à face » avec l'autre malade, qui, de fait, est menaçant. Le rejet peut se transformer en sollicitude, en compassion manipulatoire, en aide et en écoute — il s'agit toujours d'inscrire les troubles dans la personnalité de l'hospitalisé, de les tenir dans son corps et dans sa psyché, et, si l'on peut dire, d'empêcher qu'ils en sortent.

Cette individualisation, ou plutôt cette individuation, cet enfouissement des pathologies dans des cas « singuliers », est typique de la modernité dominante. Typique d'un hygiénisme sécuritaire qui opère à tous niveaux, et qui peut conduire, dans le cadre aseptique de l'hôpital, à voir dans le malade la véritable saleté du service. Mais l'on voit bien où mène la « réification » du malade. L'objet-déchet, loin d'être seulement la victime de processus techniciens, ainsi que le veut l'approche compatissante ou critique de l'hôpital, se venge toujours. La virulence du mal ne peut être impunément étouffée. Et c'est bien la violence de la maladie qui en dépit des projets pacificateurs de la psychologisation, contient les « germes » d'une resocialisation.

## UN EXEMPLE « SCANDALEUX »

Citons un exemple singulièrement « scandaleux » : le « casino de la mort » qu'une infirmière du Sunrise Hospital, à Las Vegas, avait eu l'idée d'organiser. Tous les personnels hospitaliers misaient sur le moment où les malades allaient mourir[3]. A la manière classique de P. Virilio, l'on peut dénoncer l'irrespect de la vie et de la mort, à quoi conduit la logique hospitalière. Ce ne sont évidemment pas les soignants qui sont en eux-mêmes violents, mais la structuration de l'hôpital qui produit les comportements autoritaires et ici le cynisme, la cruauté. Mais hors de toute approche morale, on peut comprendre qu'au travers de ses mises l'on a voulu redevenir acteur. Tromper l'angoisse de mort, sans doute. Mais aussi, fût-ce dans la cruauté, au-delà de toute barrière morale, retrouver une part dans le moment de la mort, au lieu de n'être que le préposé aux techniques qui la déterminent comme processus.

Il y a là, dans le rôle du joueur, du parieur, une exagération de l'absurdité subie ; une manière de passer à une absurdité vécue. Miser sur le moment de la mort, au lieu d'attendre la fin d'un processus, révèle sans doute une dérégulation, un monde déréglé parce que incapable d'intégrer la mort. Mais c'est aussi une manière limite d'intégration, qui réintroduit la solidarité et une forme de ritualité. Juger en termes de bien ou de mal le « casino » n'a aucun sens. Il s'agit du resurgissement, dans un milieu trop aseptique, d'une violence nécessaire pour affirmer la vie et pour, « coûte que coûte », reparler de la mort, la revivre, dans un univers professionnel qui, pour s'y trouver affronté trop souvent, voudrait effacer ses signes. A la limite de la néantisation, de la terminaison, le « mourant » reparaît comme enjeu.

Ce n'est pas une infirmière qui a vraiment eu l'idée du « casino », d'un rapport détraqué à la mort. C'est le « mourant » qui initie un rapport détraqué à la vie. Le « casino » n'est pas seulement la caricature d'un système technicien qui dépossède. Il montre aussi ce qui advient d'une structure qui interdit la ritualité, l'articulation des différences, l'articulation de la vie et de la mort.

## *RETROUVER LE SENS D'UNE PRÉSENCE RITUALISÉE*

La pacification des soins est un leurre. Neutralisation de surface des perturbations, elle active, en interdisant l'expression de l'irrationnel, des attitudes violentes éprouvantes. C'est la pacification de l'hôpital qui est une menace, non pas la violence entre soignants et soignés. L'idéal de la bonne entente participe d'une logique de la transparence sociale singulièrement naïve et, au fond, dangereuse, puisqu'elle ne vise rien moins qu'à supprimer les tensions au travers desquelles les individus — ici, les soignants et les soignés — s'affrontent et s'articulent. Sans doute s'agit-il en l'état des choses davantage d'affrontements que d'articulations. Mais c'est bien la dérégulation, limite du déni de la mort, et les affrontements, les violences réciproques dont elle s'accompagne, qui contiennent les possibilités d'un recadrage des relations, sans commune mesure avec ce que peuvent espérer obtenir comme résultats les projets d'humanisation.

Plutôt que de projeter la suppression des tensions, on peut travailler à leur recadrage. Comprendre que la mort se situe dans la vie implique que l'on s'interroge sur les manières de composer avec la violence dont elle s'accompagne toujours. Et c'est depuis l'existence banale, le jeu des relations sociales ordinaires (« très ordinaires » comme l'on dit pour se « distinguer »), que des solidarités de base, nécessaires, peuvent s'affirmer[4].

La ritualité, ici en question, n'a rien à voir avec les solutions mécanicistes qui peuvent s'imaginer dans l'optique d'une gestion fonctionnelle des relations hospitalières. Dans une telle perspective, le « social » est toujours pensé techniquement, comme s'il s'agissait d'un « aspect » de la vie de l'hôpital qu'il serait possible de contrôler. Or la ritualité n'est pas ce qui s'impose à l'existence sociale, mais ce qui provient d'elle et la constitue. Ce ne sont pas des « spécialistes » en relations humaines qui ont à dire ce que « doivent être » les formes d'existence sociale spécifiques aux services. Le rôle d'intervenants sociaux, extérieurs aux institutions, peut bien plus efficacement consister à tenir la position de tiers, en empêchant notamment les relations entre soignants et soignés de s'enferrer dans la dualité.

Comme le dit Settembrini au jeune Hans Castorp dans *La Montagne magique*[5], « la seule manière saine et noble et [il ajoute] religieuse de considérer la mort consiste à la rencontrer et à l'éprouver comme une partie, comme un complément, comme une condition sacrée de la vie, et non pas [...] de l'en séparer en quelque sorte, de l'y opposer, ou même d'en faire un argument contre elle ». C'est la séparation vie/mort, leur opposition qui donne à la mort « une puissance fort dépravée dont l'attirance perverse est incontestablement très forte ». Et, à propos de cette mort-là, rendue fascinante aussi bien que répugnante à force d'être séparée de la vie, Settembrini conclut bien : « Ce serait sans doute le plus effroyable égarement de l'esprit humain que de vouloir sympathiser avec elle. »

On peut se poser la question de savoir de quelle manière l'on peut réapprendre quelque chose de celui qui meurt. Il ne s'agit pas d'apprendre aux gens à mourir. Cela, c'est la voie mortifère d'une société de contrôle qui prétend maîtriser le mourir et les « mourants ». Il faut plutôt redonner sens à la mort, retrouver le sens d'une présence ritualisée autour de celui qui meurt, réutiliser sa puissance ; en lieu et place des recettes d'« apprivoisement », retrouver le sens d'une ruse. Au lieu de confiner le malade dans la place d'objet de soins, où il ne se tient jamais ou d'où il nous obsède, donner acte à sa présence. Il ne faut pas apprendre aux gens à accepter la mort. Dans cette perspective, on ne travaille jamais au fond que pour le déni de la mort. D'où la sincérité de ceux qui, avec les meilleures intentions, travaillent par peur de leur peur, dans leur position de savoir, contre la vie. A l'inverse, il s'agit de reprendre la mort dans la dynamique de la vie.

*PATRICK BAUDRY*
**Sociologue**

**1. Cf. L.V. Thomas, *Mort et Pouvoir,* Payot, 1978, p. 55 sq, p. 76 ; cf. P. Baudry, « La Mort dans la vie » in *Actions et Recherches Sociales,* n° 3, novembre 1985, p. 25 sq.**
**2. J. Baudrillard, *L'Échange symbolique et la Mort,* Gallimard, 1976, p. 278 (souligné dans le texte).**
**3. Cf. P. Virilio, *Esthétique de la disparition,* Balland, 1980, p. 23.**
**4. Sur la quotidienneté et la puissance du banal, voir M. Maffesoli, *La Conquête du présent,* PUF, 1979 ; *Essais sur la violence fondatrice et banale,* Librairie des Méridiens, 1985 (2e éd.) ; P. Baudry, *Une sociologie du tragique,* Cerf/Cujas, 1986.**
**5. Th. Mann, *La Montagne magique,* Fayard, 1961, p. 223.**

SIMON DANIEL KIPMAN

# LE SCANDALE LE PLUS GRAND

La mort est toujours un scandale. Les enfants n'ont pas le droit de mourir. Leur mort est trop injuste, trop illogique. Porteurs d'avenir, chargés des souhaits et des espérances des adultes, ils doivent impérativement, à toute force, vivre au-delà de notre propre existence.

On ne peut imaginer — malgré toute la pseudo-objectivité dont nous croyons entourer nos observations — ce que pense un enfant de sa mort qu'à travers l'horreur que déclenche en nous la mort impossible d'un enfant. Le souvenir inconscient de ces enfants décédés trop tôt, enfants perdus et à jamais présents, morts parfois même avant d'être nés, souvenir refoulé à l'insu parfois de tous, marque les familles, agit dans l'ombre sur la fratrie. A tel point que certains n'hésitent pas à rechercher ces deuils souterrains, secrets, dans la genèse des troubles de la personnalité.

L'enfant, symbole de vie et de futur, est sans cesse menacé par la mort. Comme tout le monde, sans doute, mais plus encore que tout le monde. Les accidents domestiques font plus de victimes que les sévices si justement dénoncés. Certains nourrissons sont en risque de mort subite sans cause apparente. L'enfant, que tout le monde s'accorde à reconnaître comme un être fragile, possède une extraordinaire capacité d'adaptation aux circonstances les plus diverses, les plus traumatisantes. Il n'empêche que les enfants sont encore nombreux, trop nombreux à mourir, et pas seulement dans les pays sous-développés, où l'hygiène infantile n'est pas aussi répandue que sous nos climats.

La situation la plus troublante et en même temps la plus explicite est celle des enfants atteints de maladie à risque d'évolution fatale. Ces enfants sont confrontés à la fois à la peur de la mort que véhiculent les adultes, et au risque qu'ils courent eux-mêmes.

Ils ne sont pas des personnages de cinéma. Ils souffrent, ils sont malades, ils sont fragiles et affectivement fragilisés. Ils sont soumis aux pressions d'une maladie qu'ils ne maîtrisent pas, qu'ils ne connaissent parfois pas et aux exigences des traitements. A la merci, dans leurs besoins affectifs, des réactions en général mal contrôlées des adultes dont ils dépendent pour leur vie quotidienne et leurs soins, ils doivent cependant continuer à évoluer, à se forger des représentations de ce qui leur arrive ; en un mot ils continuent à vivre et à grandir.

Les enfants, tous les enfants, savent que la mort existe. Cependant le mot change de sens, de contenu, en fonction de leur évolution, de leur maturation. Mais, malgré les idées reçues qui font de la mort un tabou, ils sont entourés d'images de mort. Jamais peut-être la mort n'a mieux fait recette. On ne peut ouvrir un journal ou la télévision sans contempler la mort en face. L'actualité est d'abord faite de morts. Et comme les enfants sont grands consommateurs de médias, la mort, ou en tout cas le spectacle de la mort, leur est familière. La familiarité avec le mot et les images est le premier point qu'il importe de noter.

## *UN LONG SOMMEIL SANS RÊVES*

Pendant que nous, les adultes, faisons des manières, en parlons avec des mines gourmandes, compassées et étriquées dans des colloques ou des articles, les enfants, eux, jouent. Jouent à mourir comme dans les westerns, ou, comme les enfants iraniens, s'y préparent avec exaltation. « La mort d'autrui, on évite d'en parler, sauf les enfants », notait déjà Freud dans les années vingt. Mais, pauvres petits d'homme, ignorants et singeant les adultes, savent-ils seulement de quoi ils parlent ?

L'homme, dit-on, se sait mortel. Mais il ne peut se dissimuler que cette perspective l'ennuie, et qu'il fait tout, pour agir, vivre, faire, comme s'il ne le savait pas. Et se savoir mortel (*ce* savoir mortel) ne suffit pas. Cela ne signifie guère qu'une chose : qu'il y a des limites au champ de la curiosité humaine, et qu'il existe des zones infiniment hors de notre portée de pensée et de connaissance. Nous ne pouvons raisonner qu'à partir de nos perceptions sensorielles, autrement dit à partir de ce que nous appelons la vie. L'enfant comme l'adulte. Notre propre mort, qu'il s'agisse du passage ou d'un éventuel état de mort, nous est à jamais irreprésentable.

Par contre, l'enfant atteint de maladie à évolution éventuellement fatale sait, apprend par l'expérience un certain nombre de choses qui vont lui permettre de se préparer, de se faire à l'idée de sa propre mort.

Il sait d'abord qu'il souffre et qu'il aimerait que cela s'arrête. La mort ne serait qu'un long sommeil sans rêve ou à la rigueur habité de rêves agréables : c'est la vie quotidienne qui est un long cauchemar. On retrouve là l'idée d'une mort réversible. Mais la mort-sommeil, la mort innocente et reposante, renvoie aussi à la notion bien connue d'une appétence à la régression et à la dépendance chez les malades qui souffrent. Se priver de ses responsabilités sur sa propre vie, se livrer entièrement à des soignants aussi compétents soient-ils, parce qu'on a trop mal, qu'on ne peut plus faire face, qu'on ne peut plus maîtriser et réagir à cette douleur, c'est un peu mourir. Mais un peu seulement (y aurait-il des morts partielles ?).

L'enfant sait aussi que les traitements infligés par les adultes le font souffrir. Ils sont donc, peu ou prou, responsables de l'apparition ou de la pérennisation de ses douleurs. Si on le fait souffrir, c'est qu'on ne l'aime pas ou pas suffisamment, qu'il a fauté ou qu'il gêne. Il peut, par identification à ses agresseurs supposés, vouloir disparaître comme pour leur faire plaisir.

Il sait aussi très vite qu'il fait peur, d'autant plus peur que les autres savent ou craignent qu'il ne meure, même s'ils ne le lui disent pas, même s'ils ne se le disent pas. S'il est aussi terrifiant pour ceux-là même dont il dépend, voilà l'enfant malade dans une situation inextricable qu'il lui faut fuir à n'importe quel prix. Tout cela conduit toujours à des morts de désespoir, à des morts désespérées et désespérantes pour tous ceux qui s'occupent de près ou de loin des enfants dans cette situation. Elles sont inacceptables pour les parents, pour les soignants, pour les vivants. Mourir parce qu'on ne peut plus vivre ne peut être vécu, par les survivants, que comme une démission du mourant et de son entourage. Même les morts glorieuses des soldats ou des révolutionnaires se font au nom d'un espoir, au nom de la vie.

## *UN MOMENT RARE DE SÉRÉNITÉ*

Cela arrive pourtant parfois, même à l'hôpital, même dans les circonstances apparemment ou objectivement les plus terribles. Survient un moment, rare parce que contrebattu par l'intensité des douleurs, par la rapidité de l'évolution fatale, entravé aussi par la panique des proches et des soignants, où l'enfant va pouvoir assumer sa solitude. Tout conduit — conduirait en tout cas — à se figurer la mort des autres comme l'abandon (deuil) et comme une situation où tous les supports, tous les repères, tous les liens affectifs habituels sont inadéquats. La mort de l'autre, c'est la solitude, compensée par le souvenir et la proximité d'autres vivants. La mort, ma mort, est aussi abstraite que la solitude absolue (que l'on se souvienne que les expériences plus ou moins scientifiques de déprivation affective conduisent à la folie et à la mort).

Cette solitude, l'enfant en fait une première expérience partielle à travers l'isolement fantastique que lui impose la douleur, la méconnaissance de ce qui lui arrive malgré toutes les explications que l'on veut bien parfois lui fournir, par le fait que ses repères habituels (son schéma corporel fonctionnellement et anatomiquement modifié, la perte de ses habitudes de vie) font faillite, que ses parents et ses soignants sont en situation d'échec. Il peut se rendre compte, malgré tout, que toutes ces atteintes inimaginables lui laissent la capacité de penser, ne l'ont pas tué, que l'on peut vivre seul sans pour autant cesser d'aimer.

Alors, et alors seulement l'enfant malade, l'enfant qu'on dit mourant, acquiert cette maturité à laquelle nous n'accédons normalement jamais, atteint cette sorte de sérénité que nous appelons acceptation de la mort, et qui est sans doute la plus belle acceptation de la vie, débarrassée de ses futilités sociales et de ses contraintes affectives. On est là tout proche de ce que d'autres appelleraient expérience mystique. Les adultes sont désarçonnés, surpris, stupéfaits. L'enfant les regarde, il ne peut rien pour eux, sinon les protéger en évitant de leur parler de ce qu'il sait. A quoi bon les inquiéter davantage, à quoi bon leur signifier ce qu'ils ne peuvent entendre, ce qui ne peut pas se dire en mots. Vivant désormais en paix, il peut mourir seul (comme, je crois, ces Indiens... qu'il admire tant dans les westerns), sans agresser ceux qui l'entourent, qui le regardent mourir sans comprendre, et qui auront, à leur tour, à accomplir leur travail de deuil.

*SIMON DANIEL KIPMAN*

**Psychanalyste, auteur de *L'Enfant et les Sortilèges de la maladie*, Stock, 1981.**

THÉRÈSE CASATI

# PAPY EST PARTI DANS UNE FUSÉE

POUR RÉFLÉCHIR SUR LES QUESTIONS QUE L'ENFANT POSE À PROPOS DE LA MORT, JE ME SUIS BASÉE SUR DES ENTRETIENS TÉLÉPHONIQUES ISSUS DE MA PRATIQUE DE PSYCHOLOGUE À INTER-SERVICE-PARENTS, LE SERVICE TÉLÉPHONIQUE DE L'ÉCOLE DES PARENTS ET DES ÉDUCATEURS[1].

LES APPELS SE SITUENT DANS LA VIE QUOTIDIENNE, ET SOUVENT DANS L'URGENCE. IL M'A PARU INTÉRESSANT DE DONNER ICI UN LARGE ÉCHANTILLON DE TÉMOIGNAGES. LES PARENTS SONT TRÈS DÉSORIENTÉS DEVANT LES QUESTIONS QUE L'ENFANT TRÈS JEUNE POSE SUR LA MORT, COMME SI S'INTÉRESSER À UN TEL SUJET QUAND ON EST PETIT ENFANT AVAIT QUELQUE CHOSE D'INCONGRU ET D'INSUPPORTABLE.

Il n'est pas nécessaire que l'enfant ait été directement confronté à la mort pour qu'il s'interroge. Les questions sur la mort, il se les pose très tôt et très naturellement en même temps que les questions sur la sexualité. Une mère parle ainsi de son petit garçon de trois ans : « Il a un grand intérêt pour le corps des femmes, et surtout le mien. Ça, je veux bien que ce soit normal. Mais il parle souvent de la mort, et de toutes les façons. Je trouve ça morbide. »

Nous avons peut-être dépassé le tabou de la sexualité, mais le tabou sur la mort reste entier. On a parfois l'impression qu'il serait dangereux d'en parler et qu'il faut se garder d'évoquer ce fantôme qu'on a si fort refoulé. Les parents l'évoquent assez facilement quand ils le relient à la vieillesse. Là, la mort est dans l'ordre des choses. On meurt quand on est vieux et fatigué de vivre. L'enfant intègre immédiatement cette donnée de la destinée humaine, et dit très spontanément : « Mamy, quand est-ce que tu mourras ? » Ou bien il s'étonne qu'une vieille dame de quatre-vingt-dix ans soit encore en vie. Ou encore, il établit l'ordre des prochains mourants : « Papy, c'est à toi de mourir parce que tu es le plus vieux, et puis après ce sera l'oncle Baptiste. » L'évocation de la disparition future des grands-parents l'aide à se situer dans la chaîne des générations. Si un grand-père est mort avant la naissance de l'enfant, il a besoin de se relier à lui. Telle cette petite fille de cinq ans qui demande : « Est-ce qu'il sait que je suis là ? Est-ce que je lui ressemble ? »

Mais quand la mort survient, imprévisible et inacceptable, les parents sont désemparés, et ils ne trouvent pas de mots pour parler à leur enfant, même s'il s'agit de la mort du petit chat. « Ma fille, cinq ans, avait un chat de son âge. Il a fallu le faire piquer. Bien sûr, on ne lui a rien dit. On dit qu'il est chez le vétérinaire.

Depuis elle ne mange plus, elle dort mal, elle pleure la nuit. » Même si l'enfant a été témoin de la mort de son animal familier, on pense qu'il vaut mieux se taire pour qu'il oublie. « Ma fille a deux ans et demi. Son chat a été écrasé dimanche devant elle. Depuis elle ne veut plus me quitter, elle pleure la nuit, fait des cauchemars. Elle a dit à la nourrice : "Je n'ai plus de Minou." Puisqu'elle ne m'en parlait pas, je n'ai pas osé en parler. » Devant le silence des parents, l'enfant ne peut que se taire et pourtant sa détresse est manifeste.

Si, de plus, les parents sont eux-mêmes très affectés par un deuil, toute parole leur semble impossible. Ils ont trop de peine, ils veulent protéger leur enfant et se protéger eux-mêmes. « Nous venons d'avoir un bébé, il n'a pas vécu. Nous avons dit à notre fils de trois ans et demi que le bébé était malade. Nous ne voulons pas lui dire qu'il est mort. Il ne dit rien, il est un peu capricieux depuis, il réclame plus d'attention. Je pleure en cachette. » La mère ne soupçonne pas ce que vit son fils, tout seul, sans aide de sa part. L'enfant perçoit évidemment le chagrin de ses parents, il sait à peu près toujours la vérité. Plus on diffère l'annonce de la mort, plus sont intolérables sa solitude et le sentiment d'être exclu du deuil familial.

## *MENSONGES DES PARENTS, TRAUMATISME DE L'ENFANT*

Quelquefois la famille va jusqu'à dénier la mort que l'enfant a apprise fortuitement. « J'ai perdu mon père à la suite d'un accident. J'ai prévenu les deux aînés, pas le troisième qui a cinq ans. Un de mes neveux le lui a dit. Il a demandé à sa grand-mère si c'était vrai. Elle a répondu : c'est une erreur. »

Une grand-mère appelle : « Ma fille est décédée accidentellement il y a un mois, elle était enceinte et seule avec un petit garçon de sept ans. On a envoyé cet enfant en vacances après l'accident. Un camarade lui a dit : ta mère est morte et le bébé aussi. Sa tante a rétorqué que ce n'était pas vrai. Il m'écrit sans parler de sa mère. » Le petit garçon respecte le silence des adultes. La mort de sa maman est un sujet tabou, il n'en parlera pas.

Les parents qui nous appellent se demandent : « Est-ce qu'il faut dire la vérité ? » et en même temps : « Comment faire ? Je ne peux pas dire la vérité. » L'appel au téléphone est souvent relié à une mort imminente ou à une mort récente. Une mère s'inquiète pour son fils de quatre ans : « Son père est gravement malade et va mourir incessamment. La maladie a commencé il y a quelques jours. Il sait que son père est à l'hôpital, c'est tout. Comment le dire ? »

Une autre mère appelle pour une fille de huit ans : « Mes parents se sont tués en voiture il y a quinze jours. Ma fille devait partir en vacances avec eux. Ils se sont beaucoup occupés d'elle. Que dire ? Ç'a été un accident effroyable. Ils ont été pulvérisés. » Le choc affectif est tel pour la mère qu'elle se trouve littéralement sans voix et sans mots. Elle est elle-même effondrée et craint de montrer son désarroi à son enfant.

Un certain nombre de parents ont essayé de parler, mais les vrais mots n'ont pas pu sortir. Ils ont dit : « Papy est parti, Papy est en voyage. » Comme son petit garçon de trois ans insistait, une mère a répondu : « Papy est parti dans une fusée. » Ceci peu de temps après l'explosion de la fusée de la NASA que le petit garçon avait peut-être vue à la télévision... Depuis il fait pipi dans sa culotte et refuse l'école.

Certains parents, pour adoucir cette terrible réalité, ont dit à l'enfant : « Grand-mère dort pour toujours », sans voir ce que peut avoir d'effrayant ce sommeil dont on ne se réveille pas. L'enfant manifeste alors souvent des angoisses : peur de s'endormir, peur de mourir dans son sommeil. Comme dit un garçon de cinq ans : « Le mari de Marthe il a dormi et puis il a mouru. » Un autre garçon de quatre ans et demi se demande après le décès de sa grand-mère si son cœur va s'arrêter : « Je ne veux pas grandir », et confie à sa mère au réveil : « J'ai cru que tu étais morte. » Une fille de neuf ans a des crises d'étouffement le soir, elle exprime sa peur de mourir parce qu'une vieille dame de son entourage est morte en dormant.

Il arrive que pour épargner à l'enfant la vue du cercueil et la cérémonie de l'enterrement, on l'éloigne momentanément. « Nous avons perdu un bébé de trois mois quand elle avait quatre ans. Elle a maintenant neuf ans, elle en parle tout le temps. Nous l'avions envoyée chez sa tante. Quand elle est revenue, tout était fini. Elle ignorait le cimetière, quand on l'y a emmenée il y a six mois, elle a dansé de joie sur la tombe. » Une dame raconte la mort de sa mère : « J'avais six ans, on m'a envoyée chez ma tante. J'aurais voulu voir ma mère morte, je ne pouvais pas croire à la réalité de sa mort. A mon retour, elle était seulement absente. »

Ou bien, escamotant la décomposition du corps, on dit : « Elle est au ciel. » Un garçon de trois ans et demi qui ne s'est pas contenté de cette explication hurle : « Tu m'as menti, papa n'est pas au ciel, il est dans la terre ! »

## *« PAS BESOIN D'ÊTRE UN PAPY POUR MOURIR »*

Que veulent donc savoir ces enfants ? Qu'attendent-ils de leurs parents ? Je pense qu'ils savent tout depuis toujours et qu'ils ont au contraire une compréhension naturelle de la vie et de la mort que nous avons perdue. Tel ce petit garçon de quatre ans qui veut mourir après la séparation de ses parents, et qui sait de quoi il parle : « J'ai mal au ventre, j'ai mal à la vie. Je veux qu'on m'enterre, pas besoin d'être un papy pour mourir. »

Si les enfants posent à leur famille ces questions essentielles, c'est parce qu'ils ont besoin de la parole des adultes pour donner un sens à ce qu'ils vivent. « Un copain de ma fille, quatre ans, lui a dit qu'il était très triste parce que sa maman allait mourir. Elle est très perturbée. Elle me demande pourquoi, et comment c'est la mort. Moi-même, je suis très angoissée, je suis hantée par la mort. Mon grand-père est décédé quand j'avais sept ans. Je ne m'en suis pas remise. »

On touche ici à la difficulté fondamentale des parents qui sont confrontés à leur propre angoisse de mort, refoulée depuis de longues années et que les questions de l'enfant font resurgir. C'est pourquoi ils ne peuvent répondre simplement : « La mort est très triste mais elle fait partie de la vie. Tous les êtres vivants naissent, vivent et meurent. »

Les parents sentent aussi que la question sous-jacente est souvent leur propre mort. « Jusqu'où les enfants comprennent-ils la mort ? demande une mère. Est-ce que ça les renvoie à la mort des parents ? » Un garçon de cinq ans dit à sa maman : « Toi, tu ne peux pas mourir. » Son frère aîné, à huit ans, exprime clairement son inquiétude : « Qu'est-ce qui arriverait si tu mourais ? Quand tu seras morte, je serai très triste. »

Si les parents peuvent parler de cette éventualité et expliquer calmement comment la sécurité matérielle et affective des enfants serait assurée, l'enfant peut se tranquilliser et aller jouer, le cœur libéré.

Mais les enfants ne demandent pas seulement à leurs parents ce qu'est la mort et pourquoi on meurt. La répétition incessante des mêmes questions laisse à penser qu'ils interpellent leurs parents à un niveau plus profond. Un garçon de six ans à qui on a dit la mort de son chien redemande chaque jour : « Où est Vanille ? » jusqu'à ce que sa maman entende la vraie question : « Qu'est-ce que ça te fait à toi la mort de Vanille ? » Il attendait que sa mère lui dise qu'elle aussi avait de la peine. Après être allé reposer la même question à son père, il n'a plus jamais parlé de Vanille. On avait parlé de la mort d'une façon objective en mettant les sentiments entre parenthèses. L'enfant ne pouvait s'y retrouver, il n'y avait pas de place pour son chagrin.

La vérité de la mort, ce n'est pas seulement la disparition, mais la souffrance, le désarroi qui l'accompagnent. De la même façon, un garçon de trois ans et demi dont l'arrière-grand-père est décédé il y a six mois parle de lui à sa mère « au moins une fois par jour » en répétant toujours la même phrase : « Hein, qu'il est mort Bon Papa ? » « Je pensais qu'à cet âge il n'en parlerait plus, qu'il oublierait. » La mère explique que cet homme a remplacé pour elle son propre père décédé prématurément. L'enfant sent la douleur de sa mère, et si elle continue à taire ses sentiments il ne pourra pas être apaisé.

Il y a des cas où l'enfant ne peut faire son deuil parce qu'il se sent coupable de la mort de ses proches. « Mon fils, trois ans, est quasiment obsédé par la mort. Son grand-père est décédé quand il avait trois mois. Il associe l'hôpital et la mort. Il voudrait voir son grand-père. Il a une sœur d'un an, il joue à amener sa sœur à l'hôpital. Il a été très jaloux de sa sœur, il voulait qu'elle meure. » Les vœux de mort sur la sœur sont ici clairement exprimés. Le garçon ne peut se dégager de la culpabilité et de l'obsession de la mort comme si le pouvoir magique de ses souhaits s'était déplacé sur le grand-père. S'il veut tant le voir, est-ce pour être sûr qu'il ne l'a pas tué ?

## *L'ESSENTIEL : FAIRE CONFIANCE AUX ENFANTS*

Pour illustrer les conséquences d'une mort non dite ou d'un deuil non fait, je voudrais citer d'autres appels qui ne portent pas directement sur la mort. C'est au cours de l'entretien que les difficultés pour lesquelles le parent appelle vont être mises en relation avec un non-dit qui empêche l'enfant de se développer, et en particulier d'acquérir le langage et les apprentissages scolaires.

Un garçon de deux ans et demi ne parle pas. A la fin de l'entretien sa mère pleure : « Avant lui, j'ai perdu deux petites filles et je ne lui en ai rien dit. J'ai trop de peine, je n'ai pas le courage. J'ai perdu la première à sept mois de grossesse et la seconde le jour de sa naissance. Je n'ai jamais pu en parler avec mon mari. »

Un garçon de neuf ans présente de graves difficultés scolaires. Quand je demande depuis quand, la mère répond : « Pourtant ça avait bien commencé. Au CP, le premier trimestre a été très bon. » Après un temps de réflexion, la mère se souvient qu'à ce moment-là, le grand-père est tombé malade, d'une longue maladie qui l'a bouleversée. Le petit était très attaché à son grand-père, on n'a pas voulu le traumatiser. On n'a pas parlé de sa maladie, encore moins de sa mort. On a dit qu'il était parti en voyage.

Une fille de quatre ans ne s'intègre pas à l'école maternelle. « Sa grand-mère est morte il y a six mois. On n'a rien dit. On avait peur de faire de la peine au grand-père si elle en parlait devant lui. »

Voici maintenant d'autres cas où la mort n'a pas été cachée, mais où les parents sont restés attachés à un enfant qu'ils ont perdu. Pour l'enfant qui reste alors, être aimé c'est être mort, et il ne peut que rester dans la fascination de la mort.

« Ma fille a six ans. Avant elle, j'ai eu un bébé décédé à six semaines, de mort subite. Elle est au courant. Elle souffre de solitude, elle pleure, elle réclame sa sœur. Elle nous demande de l'appeler du prénom de l'aînée. Pour moi, tout cela est douloureux. On croyait bien faire en en parlant. »

« J'ai eu des jumeaux, garçon et fille. La fille est morte à la naissance, je ne m'en suis jamais consolée. Le petit garçon a quatre ans. Je lui parle souvent de sa sœur, je lui dis qu'elle est un petit ange au ciel, que s'il la prie, elle l'aidera à être sage. Lui est très difficile, nerveux, instable, collé à moi. J'ai du mal à le supporter. »

Ces exemples parlent d'eux-mêmes. Qu'en conclure pour éviter de telles souffrances aux enfants, souffrances qui engendrent à l'âge adulte angoisse et panique devant la mort ? Il est essentiel d'abord de faire confiance aux enfants et de se rendre compte qu'ils ont beaucoup plus de ressources qu'on ne croit pour affronter les réalités de la vie. Leur appréhension des choses est plus naturelle et plus saine que celle des adultes, à condition qu'on leur dise sans différer la vérité, si dure soit-elle, et qu'on soit prêt à répondre à toutes leurs questions, y compris sur le devenir du corps après la mort. L'enfant a moins besoin d'être protégé que d'être considéré comme une personne qui souffre et qui voudrait dire sa peine et la partager avec sa famille. Il vaut mieux ne pas cacher ses larmes et dire en même temps à l'enfant des paroles qui lui permettront d'accepter cette séparation et de se libérer de tout sentiment de culpabilité. Ainsi on peut lui dire : « Ton grand-père ou ton père est mort. Ce n'est la faute de personne. Il avait fini de vivre sa vie, longue ou courte. Personne ne peut rien contre la mort. Nous ne le reverrons plus. Nous sommes très tristes, mais nous ne l'oublierons pas, il restera dans notre souvenir. Maintenant nos routes se séparent : nous, nous sommes toujours dans la vie. Il nous faut vivre, manger, travailler, jouer et aussi rire et chanter. La vie continue. »

Si la mort d'un parent doit entraîner pour l'enfant des changements dans ses conditions de vie ou un déménagement, il faut lui annoncer le plus vite possible les dispositions prises et préciser qui s'occupera de lui dans le quotidien.

C'est enfin le moment de communiquer à son enfant les fruits de son expérience d'homme ou de femme, le sens qu'on donne à la vie et à la mort, avec éventuellement une dimension spirituelle ou religieuse. Il ne faut bien entendu pas faire semblant d'imaginer une vie après la mort si on pense que tout est fini. Si les parents croient au contraire que l'esprit demeure et trouve peut-être son accomplissement à ce moment-là, alors la foi et la prière peuvent aider l'enfant. De toute façon, le moment d'un décès doit être pour l'enfant l'occasion d'entendre une parole vraie et vivifiante qui ouvre l'avenir. Au cas où les parents ne pourraient dans leur deuil trouver la force de le faire, quelqu'un d'autre peut expliquer que la douleur de la famille est extrême, mais que le temps va apporter très lentement à chacun la paix du cœur et qu'ainsi le goût de vivre reviendra.

*THÉRÈSE CASATI*
**Psychologue clinicienne**

**1. Inter-Service-Parents, tél. : 43.48.28.28. Le service est anonyme et gratuit. L'équipe qui le compose — et qui répond à des demandes très diverses — comprend quatre psychologues, trois juristes, quatre conseillères scolaires et d'orientation, trois informatrices spécialisées dans les loisirs-vacances.**

RUTH MÉNAHEM

# PARLONS-EN, TANT QU'IL FAIT BEAU

« Il fait beau, parlons de la mort » ; c'est ainsi que fut introduite une émission radiophonique consacrée à la mort, un jour de Toussaint, alias jour des morts. Cette formule, un peu folle d'un pur point de vue logique, exprime bien les paradoxes de tout discours sur la mort. Que peut-on en dire si ce n'est la peur qu'on en a ? Notons que la plupart de ces discours sont précédés de considérations sur l'interdit qui pèse sur ce sujet, le dernier des tabous, le sexe n'étant plus jugé comme tel. Précaution utile si on en croit V. Jankélévitch : « Si par hasard le discours sur la mort portait malheur au téméraire, au sacrilège qui ose dire l'indicible ou seulement nommer l'innommable après avoir osé penser l'impensable ? Si on mourait de parler de la mort ? »

Mais affronter ce risque c'est aussi faire la preuve qu'on est vivant : puisqu'on ose en parler on est plus fort que la mort. C'est ce triomphe du narcissisme de vie qui explose dans des formules superbes et creuses, gages de réassurance. On peut parler de la mort sans rien en dire si ce n'est l'essentiel : *je suis vivant.* Il fait beau pour nous les vivants qui pouvons parler de la mort. Oublions que la mort aura le dernier mot.

Seul un petit « r » de rien sépare le mot et la mort (S. Koster). Ne serait-ce pas la crainte de la mort qui a conduit l'homme à inventer le langage pour laisser des traces de ce qu'il a vécu, pour exprimer sa peur et la partager avec autrui ? La parole et la conscience de sa propre mort (avec la possibilité de se tuer) semblent bien être deux privilèges accordés à l'humanité. Les mots jettent une passerelle sur cette brèche entre la mort comme événement insaisissable et la personne vivante, car les mots peuvent se libérer des choses, dire l'hypothétique, l'irréel, le mensonge. La privation de langage n'entraîne pas seulement la mort psychique, mais aussi la mort physique. « Bien avant de servir à communiquer, le langage sert à vivre », comme l'affirme le linguiste E. Benveniste.

Le verbe est lié à la création et par là même il inclut la mort, car vie et mort sont indissociables. La mort est inscrite dans le corps, dans le corps sexué. La mort est inscrite dans le psychisme : la problématique œdipienne a pour corollaire les souhaits de mort.

La mort est inscrite dans les œuvres : création ou procréation, leurres d'immortalité.

« Avoir la foi, c'est abandonner les choses pour les mots » (J.-L. Chrétien). Et, effectivement, le discours sur la mort est un discours de croyance, car la « chose » n'a pas de référent dans notre inconscient, et c'est ce qui apparente ce discours à celui de la folie. Le déni de la réalité avec la création d'une néo-réalité sont favorisés par le langage qui prête ses voies pour révéler et cacher en même temps le désir et l'interdit. Ces possibilités sont inscrites dans la langue, non seulement par les effets d'ambiguïté et de polysémie, mais par l'énonciation, la mise en fonctionnement de la langue. Il existe toute une série de phénomènes discursifs ou psycho-rhétoriques qui permettent de relier fonctionnement mental et fonctionnement langagier. Le message informatif est toujours doublé par un autre message issu de la pulsion. C'est parce que la langue n'est pas transparente, parce que les mots ne sont pas les choses, parce que l'éprouvé n'est jamais conforme au nommé que peut s'exprimer l'interdit, l'indicible, ce qu'on ne peut ou ne veut dire. Le désordre de la mort doit s'inscrire dans l'ordre du langage pour avoir accès à l'expression.

S'il en était autrement, dans un avant-Babel mythique supposant une langue unique et transparente, on se situerait dans une logique totalitaire où la mort ne pourrait pas se dire et où ce déni deviendrait un instrument de pouvoir extraordinaire. Une telle langue de bois est l'objectif de tous les régimes fondés sur le pouvoir absolu.

C'est donc entre les mots, dans l'écart entre le mot et la chose que pourra se dire l'impensable de la mort. C'est l'espace du jeu — aux deux sens du terme —, jeu entre des pièces mécaniques et jeu ludique créatif, où s'insinuent d'autres messages, qui débordent et subvertissent et permettent au sujet de s'inscrire dans sa parole.

## *COMMENT LE LANGAGE VIENT AUX ENFANTS*

Le bébé est plongé dans un bain sonore, avant même sa naissance, et il percevra très rapidement les voix familières. Les premiers échanges verbaux viennent se greffer sur les échanges de soins et de sensations corporelles entre la mère et son bébé. Quand il aura acquis la maîtrise des phonèmes, il aura trouvé un remède contre l'angoisse de séparation qui, pour lui, est l'équivalent de la mort. Dès que l'enfant sait parler, son angoisse n'est plus irréparable ; la mère vient quand l'enfant l'appelle ; elle peut répondre sans venir ; il peut aussi parler d'elle en son absence. Le langage permet de conserver le souvenir de l'absent. Le plaisir de se comprendre soi-même tout en étant compris, voilà qui répare la cassure de la séparation avec le corps de la mère.

Car l'accession au langage signe aussi la perte définitive de l'union symbiotique avec la mère. Avoir à dire ses désirs constitue une profonde blessure narcissique. Avec le langage s'instaurent le doute et le mensonge, le secret et la duplicité.

« C'est la mort tout entière à sa langue attachée » : parodiant Phèdre, on peut ainsi décrire les liens subtils qui unissent mort et langage dans une passion commune. Ils fonctionnent tous deux dans le paradoxe, paradoxe qui ne doit pas être résolu mais accepté comme tel. La mort est à la fois reconnue et déniée, le langage peut dire aussi bien le mensonge que la vérité. Le sujet parlant est aliéné et on peut dire avec Proust « qu'il fonctionne dans cette perpétuelle erreur qui s'appelle précisément la vie ». Faire silence sur la mort c'est risquer de la voir s'exprimer à travers les désordres du corps : conversions hystériques ou maladies somatiques seront le prix à payer pour maîtriser l'angoisse. Un autre moyen de nier la mort, c'est de transformer « mourir » en « tuer » ; la violence rend la mort accidentelle, donc évitable. Ce qui fascine dans la mort criminelle ou catastrophique, c'est son artificialité ; elle perd son caractère ontologique et ouvre la voie aux fantasmes d'immortalité.

Parler de la mort, même si on ne peut rien en dire, car les mots sont impuissants à nommer l'éprouvé, est important, car « si tous les mots sont faux, sans les mots rien n'existe » (E. Canetti). Il serait tentant de croire qu'en ne la nommant pas, la mort finira par disparaître. Dans le vide ainsi creusé peuvent s'installer la folie et la violence.

« La mort est la mère de tous » : ce proverbe arabe situe la mort désirée et redoutée dans sa dimension œdipienne de retour à la mère-mort. Le fantasme de l'union mortifère avec la femme, figure unique des trois Parques — génitrice, amante, mort —, est au cœur de tous les mystères. Le pouvoir résurrectionnel est attribué à la femme et la résurrection est représentée comme un retour à l'union avec le corps de la mère. La mère est détentrice d'un pouvoir informulable et c'est cette impossibilité qui instaure les mystères. La femme détient les secrets de la génération et de la mort.

La transgression de l'inceste par la fusion désirée et redoutée avec la mère-mort, enjeu de la jouissance, ne peut avoir le même statut pour l'homme et pour la femme. Les différentes solutions apportées au complexe d'Œdipe chez la petite fille et chez le petit garçon, dans les cas favorables, conduisent à la reconnaissance de la différence des sexes et de celle des générations, c'est-à-dire à l'acceptation de la mort.

## *A LA RECHERCHE DU MANQUE*

On peut faire l'hypothèse que, devant l'angoisse de mort, les hommes et les femmes ne réagissent pas de la même façon car les situations ne sont pas identiques. L'influence de la mère sur la formation du narcissisme chez l'enfant sera déterminée par le sexe de celui-ci. L'enfant joue le rôle d'un substitut sexuel pour la mère qui va procurer à l'enfant la confirmation narcissique par l'intégration des pulsions partielles. Dans cette perspective, elle n'est pas pour la fille un objet sexuel de même qualité que pour le garçon. Si bien que la mère est défaillante pour offrir à sa fille un investissement narcissique satisfaisant. Le couple mère-fille, de par son insatisfaction réciproque, va rechercher celui qui pourra combler leur manque commun. Dans la quête de la complétude narcissique totale que représente la mort, la femme sera à la recherche de la confirmation narcissique dont elle a été privée, alors que l'homme s'efforcera de la conserver.

Cette même différence se manifeste au moment d'affronter la mort. Ceux qui assistent les mourants savent que les demandes et les peurs ne s'expriment pas de la même façon chez l'homme et chez la femme. On a décrit chez cette dernière le fantasme de la mort-séduction sous le nom de complexe d'Arlequin (McClelland et Greenberger). Les fantaisies érotiques de femmes en phase terminale de maladie — et mourir de plaisir — sont la version actuelle du mythe de Perséphone. La jouissance absolue ne peut être trouvée que dans la réalisation du désir de mort.

On sait très peu de choses sur la réorganisation de la vie psychique qui se produit au moment de mourir. La crainte du mort, d'être entraîné par lui dans la mort (le mort saisit le vif), pousse à isoler le mourant et à l'enfermer dans une mort psychique bien avant la mort biologique. Ce mouvement défensif atteste aussi de la puissance des mouvements libidinaux du mourant. Ceux-ci ont été décrits par M. de M'Uzan comme travail du trépas qui s'effectue sous deux formes : l'expansion libidinale et l'appétence relationnelle. Il faut souligner que les cas étudiés ne comportent que des femmes.

A l'inverse, les récits de double concernent toujours des hommes. Ce double a pour fonction d'empêcher la jouissance, la transgression de l'inceste par la fusion avec la mère-mort. On pourrait interpréter comme défense contre la mort l'importance accordée par les hommes à l'intégrité du corps féminin, toujours lisse, immuable, sans trace de vieillissement. Pour affronter la mort, l'homme va se constituer un double de même sexe, par crainte de la mort dont la femme est porteuse, alors que pour la femme il sera de sexe opposé afin de recevoir ce que sa mère n'a pu lui donner.

## *L'ANDROGYNE, MODERNE FIGURE DE L'IMMORTALITÉ*

L'appartenance à un sexe n'est pas évidente, ni au niveau biologique, ni au niveau psychologique. Il semble qu'actuellement le déni de la mort ne peut se soutenir que d'un déni de la différence des sexes. Au niveau biologique, la détermination du sexe comporte une série de relais échelonnés dans le temps et qui jouent chacun leur rôle. Le fait notable est que la masculinité est le résultat d'un processus actif, par l'intervention d'un testicule virilisant, alors que la féminité est l'aboutissement d'un processus passif, soit par défaut pathologique, soit par absence normale du testicule virilisant.

Dans l'espèce humaine apparaît un nouveau relais mutatif qui se superpose au développement biologique. Il est à l'origine d'un développement psychique autonome qui sera le déterminant fondamental de la sexualité de l'individu et va conditionner l'attribution d'un sexe à l'enfant, plus ou moins conforme à la sexualité morphologique. Cette identité sexuelle sera en premier lieu informée par le désir des parents. La bisexualité psychique permettra de distinguer entre identité de genre et identité de sexe. On aura ainsi une pluralité de cas de figures depuis le transsexuel jusqu'à l'asexué.

La gestion de l'angoisse de mort va se trouver aussi démantelée. Alors que les mythologies classiques offraient des solutions en remplaçant la « chose » impensable par des mots identiques dans une culture donnée. Mais quelle est à l'heure actuelle la mythologie proposée ? C'est une solution radicale qui vise à gommer la différence des sexes et celle des générations pour créer un genre neutre et immortel.

Il s'agit de briser la différence entre les sexes. Celle-ci ne renvoie pas seulement à la reconnaissance du manque — un autre est détenteur de ce qu'on n'a pas —, à la crainte de la castration, mais aussi à la blessure narcissique d'être à l'âge de l'Œdipe un objet sexuel insuffisant. Dans une société purement égalitaire, la féminité sera annulée par la seule prise en compte de ce qui en elle ne la distingue pas de l'homme. Il y a un malaise dans notre civilisation fondée sur la valorisation du « faire », composante masculine avec l'accent mis sur les productions ; on doit toujours faire quelque chose. Pourtant, le sentiment d'existence doit être ancré à la composante féminine de l'« être ». Faire, sans se sentir exister, conduit à une agitation insignifiante et souvent à la dépression. Refuser la composante féminine, c'est perdre le sens de la vie et aussi celui de la mort.

Tout doit devenir unisexe : allure, vêtements, coiffure. Combien de fois est-on amené à s'interroger en croisant quelqu'un : fille ou garçon ; homme ou femme ? Gommer la différence des sexes, c'est faire l'impasse à la mort, en instaurant un genre neutre, hermaphrodite, auto-générateur et immortel. Mais le refoulé fait retour et on peut voir des signes de cette nouvelle mythologie sous différentes figures : les polémiques autour des modes de fécondation qui sont autant de réalisations des théories sexuelles infantiles les plus folles et qui deviennent réalisables, telles que la fécondation in vitro, par congélation, la location de ventres et la grossesse masculine. Chacun des deux sexes peut reconstituer à lui seul la complétude désirée. Maîtrise de la naissance, mais aussi maîtrise de la mort, par la cryogénisation (conservation par le froid du cadavre en vue d'une « ressuscitation » ultérieure), la satellisation des cendres, et aussi dans les mobiles des associations qui ont pour but d'assurer à chacun la liberté de sa propre mort.

Tant qu'il faudra un homme et une femme pour procréer, on restera dans la problématique œdipienne, désir d'inceste et de meurtre des parents, avec la reconnaissance de la mort inscrite dans la vie. Mais qu'adviendra-t-il quand la naissance ne sera plus le résultat de la conjonction de deux désirs, mais programmée et génétiquement conditionnée ? Seule la science-fiction peut imaginer les conséquences, mais la question mérite d'être posée.

*RUTH MÉNAHEM*

**Psychanalyste, docteur ès lettres et sciences humaines. Auteur de *La mort apprivoisée*, éd. universitaires, 1973 ; *Langage et folie*, éd. Les Belles Lettres, coll. Confluents psychanalytiques, 1986.**

MARTINE LOCHOUARN-DANIELLE KAMINSKY

# « AS-TU PEUR DE MOURIR[1] ? »

*Les interviews qui suivent sont le résultat d'un compromis : nous ne pouvions ni consacrer tant de pages à la mort sans donner la parole à ses seuls véritables acteurs, ceux qui la regardent en face et pourraient seuls, si elle existe, nous transmettre cette vérité des derniers moments, ni nous résoudre à le faire, tant les risques de côtoyer les bornes de l'ignoble étaient grands. Nous avons donc choisi de confronter à leur propre mort des hommes et des femmes assez âgés pour qu'ils n'aient pu faire l'économie d'une réflexion personnelle sur cette question, mais qu'une vie exceptionnellement riche, couronnée de succès et d'estime, plaçait hors du lot commun. En nous disant que peut-être, l'exemplarité de la vie permettait une approche exemplaire de la mort, et qu'il y avait là quelques parcelles de sagesse à glaner...*

*1.* Le Cid :
DON GORMAS : *Es-tu si las de vivre ?*
RODRIGUE : *As-tu peur de mourir ?*

# « J'ACCEPTE TOUT PAR AVANCE »

*JEAN MARAIS*
*Comédien, 72 ans.*

La mort est beaucoup plus naturelle que la naissance, puisqu'elle est le lot de tous les êtres humains, alors que la naissance est le fruit du hasard. Donc je l'ai toujours acceptée comme quelque chose d'inévitable, sans m'en soucier. La seule chose qui me rende triste, c'est la mort d'êtres chers. Mais on me dirait que je vais mourir demain, dans huit jours ou dans un mois, je l'accepterais très bien.

Je me demande parfois si je dirais la même chose en apprenant que je dois mourir. Je crois que oui, car je suis atteint d'une étrange infirmité, je ne sais pas ce qu'est la peur. D'une certaine façon, je suis déjà mort une fois, quand j'avais dix-neuf ans. J'ai eu la tête prise dans l'ascenseur, et il n'y avait aucune raison pour que je m'en sorte vivant. Eh bien je n'ai pas eu peur ! Avant de m'évanouir, j'ai même pensé à une chose complètement idiote : j'avais pour la première fois commandé un smoking, et tout ce qui m'inquiétait, c'était de ne pas avoir l'occasion de le porter. Je sais aussi que je n'ai pas peur de la maladie, puisque j'ai bien cru, voici deux ans, que j'avais un cancer.

Tout cela vient d'une ligne de conduite que je me suis fixée très jeune, et dont je n'ai jamais dévié : j'ai voulu, et j'ai su être heureux. Je suis très égoïste, comme nous tous je crois. Donc, pour moi, le bonheur a toujours passé avant tout. C'est pour cela que je suis complètement fataliste, car je refuse absolument d'être malheureux pour des choses qui n'en valent pas la peine. J'accepte seulement d'être malheureux quand je perds des gens que j'aime. Et encore. Je me suis aperçu que, dans ce cas, il m'arrivait de prendre jusqu'à cinq bains par jour. Comme si le malheur était sale et que, par une sorte d'instinct animal, j'éprouvais le besoin de m'en laver.

Et puis, je suis un tel cas d'injustice, la vie m'a tant donné, je trouve qu'il serait normal qu'ayant eu tant de chance et de bonheur, je paye un peu. C'est pourquoi j'accepte par avance non seulement la mort, mais la maladie, la souffrance et l'infirmité. Ce n'est pas que cela ne m'inquiète pas, mais je trouve que ce serait juste, une peu comme une dette dont j'aurais à m'acquitter pour avoir été vraiment favorisé. Et je me dis qu'à mon âge, si je dois payer, ça ne devrait pas tarder !

J'ai beaucoup de mal à imaginer ma mort. J'ai eu une vie tellement cocasse, où les événements survenaient de façon si étrange et inattendue... je crois que ma mort y ressemblera, qu'elle sera surprenante et cocasse, pour moi comme pour les autres. Tout ce que je souhaite, c'est de ne pas mourir trop vieux ni trop infirme. Je n'aimerais pas être un poids ou un souci pour mes proches. Mais mourir chez moi ou à l'hôpital m'est égal. J'ai trouvé ça merveilleux l'hôpital, quand j'y suis allé il y a deux ans. Mais comme tout le monde a toujours tendance à être adorable avec moi, je ne me suis peut-être pas rendu compte...

Je comprends que les gens aient peur de la mort. Je comprends et j'admets tout. Mais moi, je me suis arrangé pour ne pas avoir peur. Parce que je veux être heureux, heureux jusqu'au bout. *(Propos recueillis en mai 1986 par M. L.)*

# « SI JE PARS, C'EST AVEC LE SOURIRE »

*ARLETTY*
*Comédienne, 88 ans.*

Je crois que je n'ai jamais eu peur de la mort. Enfant, j'ai été très malade et, déjà, j'acceptais cette idée comme une fête. Vous voyez, mon père est mort écrasé. Mais pas tout de suite, il a gardé sa lucidité jusqu'au bout. Il a été épatant. Il m'a dit : « Tu vois, mon p'tit gars, j'suis foutu. » Et j'ai ri avec lui jusqu'à la fin. Sachant qu'il était perdu, bien sûr... Je crois que j'aurai la même sérénité.

Non, ça ne m'angoisse pas. Et je plains les gens qui ont cette peur de la mort. C'est douloureux ! On dit que je ne suis pas trop mal conservée physiquement. Je crois que c'est pour ça. Les gens qui ont cette angoisse doivent s'abîmer plus vite. Il y en a sûrement d'autres qui sont comme moi, mais c'est un privilège. Céline, qui n'avait pas peur de la mort non plus, a écrit un truc merveilleux là-dessus : « La vie n'est qu'une ivresse, la vérité c'est la mort. »... C'est très beau. Je crois que je le ferai mettre sur ma tombe.

On devrait apprendre à ne pas redouter la mort. De toute façon, c'est un fait inéluctable. Vous connaissez des mecs de cent cinquante berges, vous ? Mais cet inéluctable, on devrait le présenter en douceur. Je me souviens d'un cimetière russe à Berlin, avec de jolies plaques, toutes pareilles, dans la verdure et les arbres. C'était très beau, très rassurant. Ça ne faisait pas peur. Et cette égalité... Au lieu de ça, tout est triste dans ce que nous montrons de la mort : le bric-à-brac de nos cimetières, la petite tombe minable ou le machin grandiose du rupin... C'est incroyable ça ! Et puis on devrait en finir avec ces deuils. C'est très laid. Toutes ces comédies me déplaisent horriblement !

Moi, ce qui m'inquiète, c'est de ne pas être trop toc, le lendemain, quand ils viendront m'emballer. Il ne faut pas que je sois salingue, les cheveux mal brossés ou les ongles des pieds pas faits. Le reste m'est tout à fait égal.

Ce que j'aimerais, c'est mourir avec le plus de dignité possible. Je n'aurais pas de mérite puisque je n'ai pas peur. Si j'étais très malade, je demanderais à un ami... Mais c'est exceptionnel l'ami qui vous donne le dernier truc... J'ai connu des gens qui l'ont fait pour un proche, pour ne pas le laisser souffrir. C'est une démonstration de cœur, d'amitié exceptionnelle ! On fait ça une fois dans sa vie... Quel risque prennent ces gens-là ! C'est merveilleux. J'ai perdu une amie qui aurait fait ça pour moi. Elle m'avait dit : « Complètement aveugle, Arletty, vous n'aviez pas à le redouter. » Elle m'aurait donné ce qu'il fallait. Je ne sais pas pourquoi, je n'aurais pas eu le geste de me détruire. Mais j'étais tellement tranquille de savoir cela. Pour un être cher qui souffrirait, pour qui ce serait irrémédiable, moi je l'aurais fait.

Et puis, une piquouse pour durer huit jours de plus... Quand c'est fait, c'est fait. Quand je pense qu'avant de mourir Mazarin a dit : « Dire qu'il faut quitter tout ça ! » Comment est-ce qu'un type supérieur peut dire des choses pareilles ? C'est incroyable ! Qu'est-ce qu'on laisse : du fric, des meubles... Non, moi, si je pars, c'est sans regret. Avec le sourire... *(Propos recueillis en avril 1986 par M. L.)*

# « JE NE ME RÉVOLTE PAS »

*HENRI TROYAT*
*Écrivain, académicien, 75 ans.*

Il est évident qu'en se rapprochant du terme probable d'une vie, on pense davantage à la mort. Mais j'y songeais déjà dès mon plus jeune âge, et mon sentiment n'a pas varié : la mort est dans l'ordre des choses, dans l'ordre de la vie. Le fait même de passer de l'autre côté ne me préoccupe pas. Quand je considère le nombre infini de gens qui ont disparu depuis la création du monde, et que je le compare à la petite poignée d'individus qui grouillent sur la planète, je dois convenir que la règle générale c'est la mort et l'exception la vie, que notre destin véritable ne se situe pas sur terre, mais au-delà, et qu'il ne faut pas craindre de se retrouver un jour du côté du grand nombre.

Certes, j'estime que la mort est une frustration, parce que je vais en m'effaçant laisser derrière moi des êtres chers, et aussi renoncer à écrire certains livres que j'avais en tête. Mais je ne me révolte pas. J'ai eu la chance inespérée de pouvoir gagner ma vie en exerçant un métier qui me plaît, qui me passionne. Cela aide peut-être à accepter la fin de tout ce bonheur. Il est évidemment très présomptueux d'imaginer que mes livres me survivront. Peut-être n'en restera-t-il rien...

Ce que je redoute le plus, c'est l'amoindrissement intellectuel, le gâtisme. Mais voilà une question qu'il est difficile de résoudre quand on a encore l'esprit à peu près clair. Qui dit diminution des facultés cérébrales dit en même temps impossibilité de s'en rendre compte, et donc de s'insurger contre cette usure. Peut-être s'installe-t-il avec le vieillissement comme une acceptation de la déchéance, je dirais presque un confort, un plaisir à redevenir une sorte de vieux bébé. Je ne sais pas ce qui se passera à la fin de ma vie. Serai-je assez lucide pour m'en rendre compte et souhaiter en finir ? Ou bien accepterai-je avec une volupté sénile cet état de choses inéluctable et consternant ?

En vérité, je ne crains pas la mort, mais je crains la souffrance qui l'accompagne trop souvent. Si je dois mourir d'une grave maladie, j'espère que mes proches et mes médecins ne me laisseront pas trop souffrir par acharnement thérapeutique. Ma femme, avec qui j'ai déjà parlé de notre mort, considère comme moi qu'il faut abréger la torture de celui dont on sait qu'il est irrémédiablement perdu.

Comme tout le monde, je souhaiterais mourir chez moi. Et j'espère, lorsque je partirai, que ma famille ne sera pas trop affligée, trop désorientée, et qu'elle gardera de moi la meilleure image.

A mon âge, on commence à sentir que l'avenir se restreint. Faire des projets à longue échéance serait déraisonnable, mais je souhaite pouvoir encore écrire certains livres importants pour moi et auxquels je pense avec fièvre. Ma tête grouille d'idées. Dieu sait si j'ai publié beaucoup de bouquins ! Eh bien, chaque fois que j'en publie un nouveau, j'éprouve la même angoisse, le même espoir. Voilà une émotion qui ne s'émousse pas !
*(Propos recueillis en mai 1986 par M. L.)*

# « JE NE VEUX PAS PENSER À LA MORT »

*MIREILLE*
*Auteur-compositeur-interprète, 79 ans.*

Non, franchement, je ne pense pas à la mort. D'ailleurs, j'ai en général une approche spontanée des choses de la vie. Je ne veux pas me creuser la cervelle sur les grands problèmes. Je suis plutôt intuitive de nature.

Un jour, Théodore (surnom donné à son mari, le philosophe Emmanuel Berl — NDLR) me trouve au piano, blanche comme un cachet d'aspirine. Inquiet, il me demande : « Que t'arrive-t-il ? » Je lui réponds : « Je suis en train de penser à quelque chose. » Alors, il a cette phrase merveilleuse : « Arrête ça tout de suite. » Depuis, chaque fois qu'une idée m'angoisse, je pense à cette anecdote, et je passe immédiatement à autre chose. Je ne veux pas penser à la mort.

J'aime rire, moi, vous savez ! J'ai besoin de bonnes parties de rigolade avec les amis. Ça m'est aussi nécessaire que de respirer.

Je me souviens pourtant que lorsque j'étais petite, j'ai vraiment failli mourir. C'était à Londres — ma mère est anglaise —, j'étais âgée de six ou sept ans et j'avais attrapé une maladie très contagieuse pour l'époque. Quoi exactement ? Je ne m'en souviens plus, mais ce dont je me souviens avec une grande netteté, ce sont les sirènes de l'ambulance qui me transportait à travers la ville. D'un seul coup, l'hôpital : je me suis retrouvée toute seule. Personne n'avait le droit de venir me voir, par risque de contagion. Je me suis sentie complètement abandonnée.

Et je me dis parfois que ça doit être ça la mort : être abandonnée.

Pendant la guerre, vous allez trouver cela curieux, je n'ai pas eu aussi peur de la mort. Pourquoi ? Tout simplement parce qu'on ne peut pas avoir peur en permanence. Au début, vous avez peur pendant une alerte, et puis cette peur s'estompe au bout d'un moment. On ne peut pas la maintenir au même niveau pendant des heures ou des mois... On se dit qu'on pourrait très bien aussi se faire tuer en chantant.

La sensation de vivre la mort en direct, dans toute sa hideur, c'est certainement en montant sur scène que je l'ai vécue le plus intensément. Vous trouverez cela étrange, mais le trac, la panique vous paralysent devant le public, vous clouent les deux pieds sur la scène, vous vident d'un seul coup de toute votre force, vous annulent comme une mort.

La mort des êtres chers m'est très douloureuse. Pourtant cette douleur de la mort d'autrui s'évapore elle aussi. La mort, c'est naturel. Quand je vais sur la tombe de mon mari, ça n'est jamais triste. Les gardiens du cimetière me connaissent bien, il nous arrive de nous asseoir un moment sur la tombe et de discuter. Un jour, un chauffeur de taxi qui m'emmenait au cimetière — je n'avais pas donné la destination, seulement le nom du boulevard — se retourne interloqué et dit : « Vous n'aviez pas l'air triste. Je n'aurais jamais cru vous conduire à un cimetière. » Cela n'a rien de triste d'aller sur la tombe de son mari : j'y vais pour lui dire bonjour, en somme. J'ai le sentiment qu'il m'entend, me comprend, ou me désapprouve de là où il est. Quand je serai morte à mon tour, je voudrais être enterrée près de lui. *(Propos recueillis en mai 1986 par D. K.)*

# « AVANT TOUT, J'AIME LA VIE »

*FRÉDÉRIC POTTECHER*
*Journaliste, 80 ans.*

La mort ? J'y pense de plus en plus souvent, d'autant plus qu'à mon âge — quatre-vingts ans s'il vous plaît ! — je sens que je m'en rapproche de toute façon. Je me familiarise avec l'idée que cela va m'arriver. Mais je ne m'inquiète pas. J'en écarte la pensée en me disant : « Bon, maintenant, passons à autre chose. » J'aime la vie, moi, que voulez-vous !

J'aimerais mieux mourir pendant mon sommeil. Disparaître d'un seul coup de la circulation, comme ça, tout simplement. Et surtout ne pas souffrir. Ah ça non ! Je ne veux pas souffrir : je ne suis pas un héros, je suis un bon vivant. Je ne suis pas partisan du suicide, mais je comprends très bien qu'il y ait des gens qui préfèrent se suicider pour en finir avec la douleur. Et je comprends aussi que des proches, des parents, des amis mettent fin à l'horreur de la souffrance d'êtres qui leur sont chers. Ce sont là de vrais crimes d'amour !

Pourtant, je crois bien que je n'agirais pas comme ça en ce qui me concerne, parce que jusqu'à mon dernier soupir je m'interrogerai encore : est-ce vraiment la fin ? Est-ce que je vais finir comme ça ? L'incertitude de ma mort me force à réagir contre cette incertitude même.

Je ne veux pas être incinéré. Non pas à cause de la religion, je suis un laïc, moi, vous savez ! Mais chrétien aussi. J'ai assisté à l'incinération de plusieurs de mes amis. J'en garde une impression de malaise épouvantable ! Cette espèce de faux temple du Père-Lachaise... et puis le bruit du feu... ce bruit... ce craquement, c'est horrible !

J'ai plusieurs fois frôlé la mort. La première fois, c'était pendant la guerre. J'étais prisonnier en Prusse orientale. Tout le monde était malade. J'ai vu mourir autour de moi des gars très vigoureux, et moi, pas très costaud et pourtant bien atteint, je m'en suis sorti sans jamais comprendre pourquoi.

La deuxième fois, c'était en 1968 ou 1969, après mon élimination de l'ORTF. J'ai eu une crise de diabète très grave dans le train Paris-Rouen. Le souvenir me reste gravé dans la mémoire. Tout d'un coup, je me sens pris d'une soif, mais d'une soif terrible ! Arrivé à Rouen, je me précipite sur le quai, j'entre au buffet de la gare, j'attrape une carafe d'eau et je bois... je bois... Vous ne pouvez pas vous imaginer cette sensation d'être à l'extrême limite de sa vie. Je me sentais littéralement fondre, comme un sucre dans un verre d'eau. Je crois que c'est cela la sensation de la mort : l'impression qu'on se dématérialise en se diluant dans quelque chose...

Avant tout j'aime la vie et ses soucis. Je m'active, je travaille, c'est indispensable. Si je me porte bien, après tout, c'est justement parce que j'ai des soucis ! Je plains les gens qui croient qu'avec la retraite ou l'inaction ils vont enfin être heureux, c'est de la folie !

Une année, j'étais allé à Menton faire une conférence contre la peine de mort. C'était l'hiver. J'ai vu des groupes de vieux dans une sorte de colonie pour retraités. Assis sur les mêmes bancs. Installés dans des cafés. Figés. C'était terrible ! Je mourais d'envie de leur dire : « Bon sang, mais bougez, vivez ! » *(Propos recueillis en avril 1986 par D. K.)*

FRANÇOIS RAMASSE

# « THE END »

« Le cinéma [...] a été le reflet de la sensibilité à la mort du XXe siècle », écrit l'historien Michel Vovelle dans la dernière partie, intitulée *Mourir aujourd'hui*, de cette somme qu'est *La Mort et l'Occident*[1]. Et d'ajouter qu'il faudra, plus tard, « se référer [...] aux reflets complémentaires qu'ont apportés Bergman, Antonioni, Visconti et Fellini ». Pour justes qu'elles soient, ces affirmations demandent à être complétées. Car Vovelle n'envisage cet apport du cinéma que jusqu'au tournant des années 1950-1960. Or celui-ci n'a pas fait exception à la règle : il a manifesté dès le début des années soixante-dix, à l'instar de disciplines telles la sociologie, la psychologie, la médecine et bien sûr l'histoire (des mentalités), un regain d'attention à tout ce qui concerne la mort. Témoin le livre de Gérard Lenne, publié en 1977, donc juste après l'apogée du mouvement général : *La Mort à voir*[2].

Mais le cinéma n'est pas une « discipline » et cette recrudescence d'intérêt, quoique sensible, a pu passer inaperçue dans la masse de la production. Deux remarques toutefois. La mort, ne serait-elle qu'anecdotique, figure peu ou prou dans la quasi-totalité des films : le champ d'investigation est alors infini. Cependant celui-ci se restreint considérablement quand on considère la mort prise comme thème ou comme sujet. Surgit immédiatement à l'esprit le *Cris et chuchotements* de Bergman, dont le titre, un peu comme *Le Bruit et la Fureur* de Faulkner s'est pour ainsi dire ancré dans la langue (c'est d'ailleurs lui qu'utilise Vovelle pour son chapitre). Preuve s'il en est de l'impact du film, et aussi de son inscription dans « l'air du temps ». Mais la mort d'Agnès, entre ses sœurs et sa servante, paraît bien éloignée dans le passé et, malgré les cris, bien feutrée. Dans ses habits du début du siècle et la chaleur du rouge dont l'a enrobée Bergman, elle renvoie plus à un concept, une réflexion (c'est presque une constante du maître suédois, que l'on songe aux *Fraises sauvages* et au *Septième Sceau*), qu'à la réalité « matérielle » de la mort contemporaine, de cette « mort inversée » ainsi que l'appelle Philippe Ariès dans un autre ouvrage capital : *L'Homme face à la mort*[3].

C'est à l'opposé que se situe le documentaire franco-belge *Des morts* (de Jean-Pol Ferbus, Dominique Garny et Thierry Zeno). Et, comme son titre l'indique (presque), toujours au-delà de la « frontière ». Nous sommes maintenant en 1979 et ces images réelles, d'une rudesse et d'une crudité inédites, bousculent le tabou de « la mort interdite ». Elles traumatisèrent, dit-on : c'est le fameux « choc des images ». L'on nous montre, par exemple, toute la technique américaine de préparation des cadavres pour leur dernière apparition dans le *funeral parlour*, cette « chirurgie » *post mortem* occultée (encore) par la présentation d'un défunt qui « a l'air de seulement dormir ». Simplement décrits, cette manipulation, ou une incinération, un silo de cryogénisation, instruisent. Uniquement mis en images, ils ne font qu'émouvoir. Et les mots, qui initieraient la réflexion, manquent singulièrement à ces documents bruts desquels n'émerge, par moments — le montage alterné de la mise en terre, humaine en Thaïlande mécanisée aux États-Unis —, qu'une valorisation non justifiée de rituels qui n'ont plus cours dans les sociétés « avancées ».

## *QUAND ON AIME LA VIE ON VA AU CINÉMA*

C'est entre ces deux pôles qu'il faut sans doute placer les manifestations cinématographiques de la mort. Mort « ordinaire » s'entend, celle, violente et codifiée, qui fait le lot de la majorité des films de genre ne nous concernant pas ici. L'ordinaire de la mort, en Occident, cela signifie le point final de la vieillesse, la maladie et l'accident. Et c'est précisément pour ce qu'« elle a d'ordinaire » qu'elle n'a guère droit de cité sur les écrans. Ainsi l'accident, de voiture principalement, peut-il servir de ressort dramatique ou de chute, mais il reste ponctuel. Il faut le savoir-faire d'un Claude Sautet pour lui donner une ampleur et une signification qu'il connaît rarement. Cela donne alors *Les Choses de la vie* (1969). Les choses de la vie... Le titre aussi a fait fortune. Paradoxalement. Car ce sont elles que les cinéastes évacuent si volontiers : trop peu spectaculaires, évidemment. Encore un accident peut-il l'être. Mais si c'est un accident du travail, le voilà forclos. La maladie ? N'est-elle pas obscène quand de privée elle devient publique ? Là encore un adjuvant est nécessaire : l'histoire devient d'amour avant que de mort. Et c'est *Love Story* (Arthur Hiller, 1970). Avec son succès mondial. Mais l'écrivain comme le cinéaste n'ont-ils pas gommé le particulier au profit de l'universel ? « On n'aime pas parler du cancer », note Vovelle. Eh bien, si ! Après la leucémie de Jenny, le cancer du poumon de Françoise. Mais voilà, Françoise est le docteur Gailland et c'est elle-même qui le dépiste (Jean-Louis Bertucelli, 1975). « Pathos gluant », diagnostique justement Gérard Lenne.

De toute façon, Françoise Gailland s'en sort. Succès médical et succès public. Après tout, « quand on aime la vie, on va au cinéma »... Aussi n'y va-t-on surtout pas pour rencontrer la mort ordinaire. Réécrivons donc la formule de Vovelle : c'est « On n'aime pas entendre parler du cancer au cinéma » qu'il faut dire. Pourquoi s'étonner alors que *Rak* de Charles Belmont (1972) et *La Gueule ouverte* de Maurice Pialat (1973) n'aient eu qu'une très faible audience. La maladie et sa progression y sont dépeintes sans la moindre concession. Et si Belmont insiste sur le renouvellement d'une relation mère-fils, il en profite pour stigmatiser l'ordre médical. Quant à Pialat, il montre, implacable, que la prolifération mortelle et son cortège n'empêchent pas la vie de suivre, presque imperturbable, son cours tortueux. Pas d'atténuation (d'anesthésie ?) esthétique ici, mais une brutalité qui ne veut pas séduire, une brutalité assenée. « La mort, écrit Jean Baudrillard, est quelque chose qui se partage, et nous devons savoir la partager avec nos objets comme avec les autres hommes[4]. » Plus individuel que jamais, le cinéma n'offre pas ici d'« équilibre sacrificiel », il livre une mort non médiatique, sans partage. « Art des élites », selon les termes de Vovelle ? Peut-être. En tout cas un moyen d'expression pour d'*unhappy few*.

## *DES FILMS-LIMITES*

La vieillesse est certainement la chose du monde la moins bien partagée. Et le cinéma se tourne rarement vers elle. *La Fin du jour* de Julien Duvivier (1939) a fait longtemps figure d'exception. On mentionnait l'amère dureté, le cynisme même, de cette description d'une maison de retraite pour artistes que la distribution et l'interprétation hors pair « éclairaient » pourtant. Avec *Dernier Amour* (1977), Dino Risi, grinçant comme à son habitude, a en quelque sorte amplifié le sujet en détruisant les dernières illusions sentimentales d'un cabotin retiré pour une jeune beauté intéressée. Dans les deux cas, il s'agit d'une vieillesse-rebut, d'une vieillesse cul-de-sac. *Home sweet home* (ou *La Fête à Jules*, de Benoît Lamy, Belgique), au titre ô combien ironique, remettait dès 1973 en cause cette institution voie de garage. De « mouroirs » il n'était pas encore question. Et le Soviétique Nikolaï Goubenko allait donner une vision positive de cet ultime « asile », un havre, dans un film tout en finesse et en sensibilité : *Et la vie... et les larmes... et l'amour* (1983). La vieillesse et la fin de la vie ne sont toutefois pas toujours des mises à l'écart (au rancart) légales : les deux vieux du film canadien de Jean-Pierre Lefebvre célèbrent ainsi *Les Dernières Fiançailles* de leur longue vie commune en mourant ensemble dans une tendresse sans faille (1974). La mort de vieillesse a peut-être trouvé sa plus touchante expression dans *Le Voyage en douce* de Michel Deville (1979). La scène est fort brève : Hélène (Dominique Sanda) s'allonge nue auprès de sa grand-mère souffrante qui se blottit contre son sein, s'endort et s'éteint sereinement contre ce corps jeune et beau. « Elle a donné la vie à ma mère qui m'a donné la vie. Et moi je lui ai donné la mort », commente sobrement l'héroïne.

Le point final de la vie n'est que très rarement placé sous le signe de cette paix profonde. Un film japonais de Yoshishigue Yoshida présenté au dernier festival de Cannes, *Promesse* (1986), est là pour le rappeler : la vieillesse, ce peut être aussi la sénilité, le gâtisme. Et un poids insupportable pour ceux qui les vivent ; ici trois générations réunies sous le même toit. Le petit-fils, un jeune homme, se rebelle contre ce fardeau : il n'est pas à prendre en charge par une famille mais par la société. Ses parents hésitent : la sécurité hospitalière leur paraît inhumaine mais les soins quotidiens (lavage et change) sont à la limite de leurs forces. Quant à la grand-mère, qui souffre moralement de sa « déchéance » et de ses douleurs physiques, elle implore qu'on la laisse mourir. Qu'on l'aide, puisqu'elle-même n'arrive pas à précipiter cette mort qu'elle désire. Son fils, en définitive, l'« assiste » et devient meurtrier... Pas la moindre complaisance dans cette œuvre d'une rigueur et d'une densité extrêmes, mais une intelligence aiguë du problème. Pas de réponses toutes faites mais des questions suspendues, brûlantes, qui élargissent celles que (se) posaient déjà les héros de *Johnny got his gun* (Dalton Trumbo, 1971) et *C'est ma vie, après tout !* (John Badham, 1981), victimes respectivement de la guerre et de la route : jusqu'où faut-il poursuivre une vie totalement médicalisée, comment et pourquoi ? A travers la vieillesse, c'est la problématique du (non)prolongement de la vie dans sa généralité qui trouve avec *Promesse* un parfait terrain de réflexion.

On ne saurait terminer ce rapide survol sans citer deux films qui, comme les deux qui l'ont ouvert, marquent les rapports du cinéma et de la mort : *Nick's Movie (Lightning over Water)* de Wim Wenders (et Nicholas Ray) et *La Mort en direct* de Bertrand Tavernier. La même année (1980), à celui-ci qui, par le biais d'une science-fiction convaincante, mettait en question les pouvoirs du cinéma et sa surenchère dans le voyeurisme complaisant et morbide, ceux-là semblaient répondre, ainsi que l'a écrit Gérard Legrand[5], en poussant leur « film presque jusqu'à la mort non fictive sans autre mise en scène que celle "voulue" par le metteur en scène qui va mourir[6] ». Concluons — sans pour autant clore les débats avec Legrand : « Wenders et Ray ont posé non pas *un*, mais *le* film-limite au double sens existentiel et esthétique. »

*FRANÇOIS RAMASSE*
**Journaliste**

**1. Michel VOVELLE, *La Mort et l'Occident de 1300 à nos jours*, Gallimard, coll. « Bibliothèque illustrée des Histoires », 1983.**
**2. Gérard LENNE, *La Mort à voir*, Éditions du Cerf, coll. « Septième Art », 1977.**
**3. Philippe ARIÈS, *L'Homme devant la mort*, Le Seuil, coll. « L'Univers historique », 1977.**
**4. Jean BAUDRILLARD, *L'Échange symbolique et la Mort*, Gallimard, coll. « Bibliothèque des sciences humaines », 1976.**
**5. Dans *Positif*, n° 232-233, juillet-août 1980.**
**6. Wim WENDERS en effet accompagne son ami, le réalisateur Nicholas Ray, dans le vécu de sa mort, non sans que celui-ci la mette également en scène, la joue.**

PIERRE BELLAIS ET CHRISTIAN BIOT

# LES MOTS DE LA FIN

**PIERRE BELLAIS, AUMÔNIER CATHOLIQUE DANS UN CENTRE ANTICANCÉREUX DE LA RÉGION PARISIENNE, ET CHRISTIAN BIOT, AUMÔNIER CATHOLIQUE DANS UN HÔPITAL PSYCHIATRIQUE DE LA RÉGION LYONNAISE, SE SONT RETROUVÉS POUR NE PARLER QUE D'UN DES ASPECTS DE LEUR MINISTÈRE : LA PARTICIPATION À L'ACCOMPAGNEMENT DES MOURANTS. LEUR INTERVENTION, ALORS, N'EST PLUS CELLE DES SOUTANES NOIRES ET DES MENACES INFERNALES !**

*Christian Biot.* - La réforme liturgique introduite par le concile Vatican II a voulu réinscrire le sacrement des malades dans le parcours — parfois long — de la maladie qui mène à la mort ailleurs qu'au moment extrême. Mais ce déplacement du sacrement n'est pas acquis dans la mentalité commune des chrétiens. Aussi l'aumônier d'hôpital est-il encore assez souvent appelé pour des « extrêmes-onctions », quand le malade ne peut plus lui-même manifester clairement sa demande. Devant un homme sans connaissance, le prêtre peut s'interroger : qu'entend-il (encore) ? que comprend-il (éventuellement) ? Qu'aurait-il désiré ? Placé ainsi dans une relation où l'un des termes (le sujet malade) ne peut plus s'exprimer, le geste sacramentel ressemble à l'équipement pour le passage de la mort, à la pièce de monnaie pour payer la traversée du fleuve Styx. Mais les amis du défunt pourront lire dans le journal : « X., muni des sacrements de l'Église. »

*Pierre Bellais.* - Dans mes visites quotidiennes à l'hôpital, je ressens que l'image de moi qui m'est généralement renvoyée est celle du messager de la mort. Non seulement je suis un homme du passé, de la chrétienté, d'une Église qui cherche à récupérer des âmes, non seulement je suis un homme de la loi morale, de la faute qui vient accentuer la culpabilité, mais aussi — surtout — un homme qui annonce la fin prochaine : « Surtout, n'entrez pas, ma femme n'est pas encore à sa dernière extrémité ! »

Il est difficile de nouer des relations avec un homme souffrant et sa famille quand tous ces vêtements d'histoire et de conventions cachent mon désir premier qui est d'entrer en dialogue avec les gens, de leur porter attention et réconfort. Je voudrais être l'homme de l'amitié, du respect. Quand cela se réalise, alors je crois lire dans le regard du patient un signe de reconnaissance : quelqu'un est venu le visiter gratuitement.

*C. B.* - A l'hôpital psychiatrique où j'ai travaillé pendant huit années, j'étais moins enfermé que toi dans cette image du messager de la mort. Ceux qui y font un long séjour, ceux qui y passent de longues semaines sans que leur vie soit immédiatement en danger ont pu me rencontrer autrement, dans les lieux d'accueil de l'aumônerie, à la chapelle, à la cafétéria ou dans les services. Pourtant, plane sur les patients une autre mort que la destruction biologique : la mort sociale, la mort des relations, l'obscurcissement de l'avenir.

*P. B.* - C'est vrai. Ainsi l'exemple de celui que j'appellerai le solitaire. Je pense qu'il avait dépassé un peu la soixantaine. Il était devant la porte de sa chambre, l'air un peu triste. Quand je lui ai décliné ma fonction, il m'a répondu de suite : « Il est inutile d'entrer, je ne suis pas croyant. » Je me suis permis de lui dire alors que je ne venais pas voir les pensionnaires de la maison pour faire de la propagande religieuse. « Alors, entrez donc » me dit-il avec chaleur. Il était très seul dans la vie. Nous avons parlé de sa maladie, de son séjour en milieu hospitalier et qui n'était pas le premier, de cette nouvelle opération qui était proche. Il m'a paru tellement accablé par le malheur qu'il avait dépassé un certain seuil... Tout pouvait arriver, il était apparemment dans l'indifférence. Je l'ai écouté et n'ai fait aucune remarque d'ordre religieux. A mon départ, il m'a beaucoup remercié, ce qui fait toujours plaisir. Une bonne rencontre.

## *LES FEUILLES DES ARBRES TOMBENT BIEN TÔT CET AUTOMNE*

*C. B.* - En effet, le plus important n'est pas le sacrement. Certes, pour les chrétiens, il manifeste la présence du Christ auprès de celui qui est éprouvé par la maladie et par la perspective de la mort. Cependant, il ne faut pas confondre ce moyen avec le but espéré dans la relation au malade : un peu de « vérité ». Aussi je noterai quelques points :

1. Je donne de moins en moins le sacrement des malades. J'ai dû le célébrer deux ou trois fois par an dans un hôpital de 1 300 lits.

2. Pour sa célébration, je n'utilise pas l'huile sainte consacrée par l'évêque, mais une pommade douce et odorante utilisée pour les soins, en prononçant une parole de « bénédiction » qui relie les soins thérapeutiques et les soins spirituels. Je veille, autant que possible, à ne pas être seul au chevet du malade mais à y rencontrer un minimum d'entourage ; soit de la famille, soit des soignants.

3. Car je considère comme un abus de langage de parler

« d'accompagnement des mourants » pour ce geste et cette présence occasionnelle. Sans nier leur importance, il me faut savoir — il me faut avoir le souci — que cet accompagnement sera mieux assuré par des personnes qui seront plus longuement et plus attentivement présentes dans la semaine ou les jours qui viennent, où le malade décline vers la mort.

4. Je crois utile de permettre au malade de parler de sa mort. Il ne s'agit pas de provoquer cette parole par une initiative du genre : « Préparez-vous à faire une bonne mort. » Il s'agit d'être assez disponible pour que le malade, s'il le veut, dise cette préoccupation. Il faudra, parfois, la saisir à travers un langage symbolique ou métaphorique. Ainsi cette femme qui fait, pendant sa toilette, une remarque à l'infirmière : « Les feuilles des arbres tombent bien tôt cet automne. »

Lors de la visite dans un service, un homme de soixante-dix ans me parle de sa mort prochaine et de la peur qu'il en a. Le dialogue a consisté à évoquer ce qui, pour lui, avait eu de l'importance dans la vie, et plus précisément comment il avait vécu une relation amoureuse profonde et bonne dans des secondes noces après un divorce. Je crois que ce qui a compté alors le plus, c'est que je ne fasse pas porter sur cela la condamnation de l'Église catholique et que je reconnaisse avec lui la valeur de cet amour.

*P. B.* - Cela me donne envie d'évoquer Mohamed. Trente-cinq ans. Je l'ai connu plusieurs semaines et ne pourrai jamais l'oublier. Originaire d'un village d'Algérie, on l'avait envoyé à Paris pour se soigner. Il s'exprimait en phrases très brèves pour me dire que le mal empirait : « La fièvre... Je n'ai pas faim... *Inch'Allah*... Dieu... C'est la volonté de Dieu. » C'est ainsi que nous nous sommes apprivoisés. Un jour, il m'a confié : « Tu sais, le médecin a dit qu'il ne pouvait plus rien... Je dois rester ici pour terminer ma vie ou je dois rentrer chez moi. » Il était hésitant sur la solution : « Ici on est soigné, là-bas il y a ma famille... » Je lui demandai s'il voulait parler avec un religieux musulman. Il accepta avec reconnaissance : « Tu as raison, c'est important ! » A la Mosquée de Paris on me confia un Coran écrit en arabe que je fus chargé de lui remettre. Je l'ai fait le lendemain devant des amis musulmans qui se trouvaient dans la chambre. Par la suite, j'ai su qu'un jeune imam bien sympathique était venu voir le malade. Mohamed est parti terminer sa vie chez lui.

*C. B.* - Une femme qui habite à cent kilomètres de Lyon me prévient par téléphone pour que je me précipite au chevet de sa mère mourante. Je conviens avec elle d'attendre qu'elle-même arrive à l'hôpital, en fin de journée, pour nous retrouver auprès de sa mère. Quand j'arrive, cette femme m'explique, dans le couloir, que sa mère va mourir, qu'elle est divorcée, qu'elle a connu une vie « agitée », en rupture avec sa famille... J'entre auprès de la malade — lucide —

et je lui parle : prêtre, je viens auprès d'elle pour prier parce sa fille me l'a demandé et parce que sa situation est préoccupante. Après une brève prière qu'elle accepte, je lui propose le sacrement des malades (et là, c'était bien l'« extrême-onction » !). Elle refuse de façon claire, presque énergique. Sa fille est consternée et elle réitère ma proposition ; même refus.

Alors je dis à la fille : « Il est nécessaire de respecter ce refus de votre mère. Il y a quelque chose de plus important à faire que de la contrarier. Puisque vous devez passer la nuit auprès d'elle, parlez-lui de temps en temps, tenez-lui la main ; laissez ce mouvement de réconciliation entre vous et elle se tisser dans la nuit. Votre main tenant la sienne, c'est peut-être cela le « sacrement de Dieu ».

Pour moi, clairement, il ne s'agissait pas d'exécuter le geste sacramentel de l'onction des malades, mais de susciter un espace de rencontre entre la mère et la fille, d'apaiser les inquiétudes de cette dernière pour qu'elle puisse vivre cet échange ultime. La conversation que j'ai eue avec cette femme au moment des funérailles de sa mère m'a permis de constater qu'il y avait eu effectivement ce moment paisible, réconciliateur, reconstructeur entre elles.

## *« NOUS NE SOMMES PAS DANS LA TRISTESSE »*

*P. B.* - Est très présente encore à ma mémoire la mort d'Anne-Marie. J'appellerai ce récit : « Dans l'enthousiasme », car c'est bien ce mot qui caractérise sa mort, si on se réfère à l'étymologie : enthousiasme, en Dieu !

Dans les semaines où j'ai rencontré cette personne, sa sérénité inaltérable m'avait frappé. Elle avait parcouru le monde : « Vous savez, j'étais faite pour vivre toujours au même endroit et voilà... la profession de mon mari a fait que nous avons déménagé très souvent : chacun de mes enfants est né dans une ville étrangère. » Au cours des visites que je lui faisais, je crois que c'était un petit bonheur pour elle de me parler de chacun de ses enfants. Même dans la maladie, le bonheur de la maternité semblait l'habiter.

Un jour que je frappais à sa porte, je vis que pour elle le monde chavirait. La malade était dans le coma. De tous les horizons, les enfants étaient arrivés, certains avec leur conjoint. Une atmosphère extraordinaire régnait dans cette chambre : tout le monde parlait en même temps, une employée de maison, britannique, ne savait que pleurer. « Maman, attends, attends, criait une des jeunes femmes, l'avion de Papa arrive bientôt !... » J'ai vu arriver le père de famille et sa voix a fait sortir l'épouse du coma. Il savait dire avec tendresse les mots qui convenaient : « Nous avons passé tant d'années ensemble et, tu vois, chacun de nos enfants est là [il citait les noms] et le prêtre aussi est là. » C'est dans ce contexte chaleureux que j'ai donné le sacrement des malades et que nous avons tous ensemble partagé l'eucharistie. Le lendemain, l'une des filles m'a téléphoné : « Vous savez, on est tous émus mais nous ne sommes pas dans la tristesse... » Je la comprends.

*C. B.* - La situation que tu viens d'évoquer est assez exceptionnelle. Elle permet de souligner ce que nous souhaitons mettre en œuvre dans la présence auprès des mourants et de leur famille : que la décomposition biologique (le corps qui se défait) et l'annonce des ruptures (la séparation mortelle qui rompt la communication) ne soient pas vécues sous le signe de la révolte ou de la résignation, mais, si possible, sous le signe de la dé-possession et de l'acceptation. Kubler-Ross écrit : « L'acceptation est très difficile à décrire. Elle ressemble au tout premier âge de la vie où vous avez besoin qu'une personne aimante prenne soin de vous. Il faut avoir à porter quelqu'un qui n'a pas besoin de parler... C'est le temps où le silence va bien au-delà des mots. »

Mais cela suppose peut-être deux choses :

— Que la vie du mourant apparaisse comme une vie remplie, même si elle a été brève, un parcours de vie dans lequel du sens est discernable.

— Que ceux qui sont témoins de ce départ acceptent (à l'égal d'un acte de foi) que le manque et la déchirure soient constitutifs de l'être humain. Le lieu de la déchirure sera, peut-être, le lieu où s'inscrira demain de la vie et de l'amour : anticipation du travail de deuil.

Personnellement, il me semble que chacun, face à la mort d'un être aimé — quelles que soient ses croyances —, est confronté à l'épreuve de Marie-Madeleine devant le tombeau vide, ouvert : elle cherche un corps qu'elle a aimé et qu'elle veut honorer ; elle veut fixer des restes matériels (des reliques ?) et elle est renvoyée aux noms, le sien et celui de Jésus ; elle est renvoyée à une parole dernière comme source vive au-delà de la disparition du corps.

## *LA PATIENCE TRIOMPHE DE TOUT*

*P. B.* - Quand je l'ai vue pour la première fois, quelques semaines avant son décès, elle m'a accueilli avec un bon sourire. J'ai compris de suite qu'elle avait une forte personnalité et une foi profonde. Allongée dans son lit sans bouger, elle m'a parlé de la visite des malades qui lui semblait importante et m'a dit comment elle vivait son épreuve de santé : au jour le jour. A chacune de mes visites, elle me proposait avec beaucoup de simplicité de prier avec elle. Cette personne semblait habitée par le spirituel. Le dernier jour, sa lucidité était extrême. Son époux a voulu me laisser quelques instants seul avec elle. J'ai vu cette chrétienne s'asseoir avec beaucoup d'énergie sur son lit. Après s'être confessée elle a demandé à recevoir le sacrement des malades. Son visage reflétait la paix et la force. Son décès est intervenu quelques heures plus tard. Par la suite, son époux fit parvenir à ceux qui l'avaient connue ces mots qu'elle avait écrits pour servir de signet dans un livre :

*Que rien ne te trouble*
*Que rien ne t'épouvante*
*Tout passe*
*Dieu ne change pas*
*La patience triomphe de tout*
*Celui qui possède Dieu ne manque de rien*
*Dieu seul suffit*

*C. B.* - Parler de la mort, c'est peut-être parler de ses croyances, de ses doutes et de ses espérances. Mais le plus important, c'est d'aider le patient à inscrire cet instant (instant que, moi, je ne connais pas : je n'y suis jamais passé) dans son existence vivante. Ne pas voler la mort de quelqu'un, soit en la niant, soit en l'habillant d'un discours de croyances qui n'est peut-être pas la conviction intime du mourant, soit en voulant l'arracher à sa solitude par une présence trop prégnante.

Accompagner, ce n'est pas « prendre la place de l'autre » ; c'est favoriser l'établissement de cet espace (de temps, de respect, d'écoute ou de silence) où peuvent être entendus aussi bien la révolte que la résignation, les ruptures irréparables que les mots de pardon. C'est donner la possibilité que le Nom du sujet mourant ne soit pas gommé par la banalité ou par l'indifférence, mais qu'il puisse s'inscrire au terme du parcours de la vie, comme la signature du peintre vient sceller une œuvre accomplie.

*PIERRE BELLAIS*
*ET*
*CHRISTIAN BIOT*
**Aumôniers en hôpital**

FRANCE QUÉRÉ

# « MON DIEU, POURQUOI M'AS-TU ABANDONNÉ ? »

A en juger par la révolte qu'attestent ses plaintes, ses rêves, ses arts et jusqu'à ses lâchetés, on croirait que notre société est la première à se savoir mortelle. L'homme cependant toujours a dû mourir et, bien avant lui, tout organisme, même le plus rudimentaire. Pourquoi donc cette loi unanime, originelle, absolue, nous surprend-elle comme si elle jetait sur nous un maléfice inconnu ?

Une continuité s'est brisée et nous expose tête nue aux sauvageries de l'existence : il faut mourir et nous avons perdu les consolations qui remontaient du fond des âges. Derrière nous, les générations se transmettent le tranquille héritage de quelques raisons simples, inlassablement répétées. La première, issue du paganisme, enseigne que la mort est une loi inéluctable, inscrite dans tout ce qui est, depuis le fugitif insecte jusqu'à l'étoile dont la lueur ne prouve pas qu'elle n'est pas déjà éteinte. Une nécessité si générale enjoint à l'homme une lucide patience : comme il vit, il meurt. Il lui faut accepter le règlement, quels que soient le « frisson de sa chair[1] » et son désir d'un jour infini. La raison l'invite à s'accommoder de ce paysage ordonné où la mort de l'individu s'incorpore aux grands rythmes de la vie perpétuée. Rien de plus logique, en pays grec, que cette borne et ce silence.

Les autres consolations, surgies de la foi au Christ, jettent d'emblée le drame dans la quiétude païenne. La mort en effet ne se comprend plus au regard d'une religion qui annonce chez Dieu le souci de sa créature et ne rêve pour elle que délices. Comment l'amour tolère-t-il cette horrible fracture ? Sur une telle question, trois réponses fleurissent. Les voies de Dieu, explique la théologie, sont impénétrables à notre entendement, et seulement à la fin des temps, « toutes choses seront révélées[2] » ; nous saurons que la mort servait un dessein dont nous ne percevons encore ni le sens ni l'ampleur. Elle dit aussi que nos souffrances, ressaisies par le Christ récapitulateur s'engloutiront dans l'océan de la béatitude, où « toutes larmes seront effacées[3] ». Mais avec plus de zèle encore, elle proteste de l'innocence de Dieu : jamais le Créateur n'a ourdi la mort ! Cette invention est le fait de l'homme : abusant de la liberté dont Dieu l'avait doué, il a péché, et « la mort est entrée dans le monde[4] ». Par ce biais, non seulement Dieu est disculpé, mais il passe pour la victime de sa créature. Que celle-ci évite donc de se plaindre, qui devrait plutôt s'excuser puisqu'elle est responsable !

Ainsi les clercs évitent-ils un scandale — la faute de Dieu — par ce qu'ils jugent être un moindre scandale, la faute de l'homme, mais qui, à nos yeux, ne fait que redoubler le premier. Car cet alibi de péché, que la créature fournit à son Créateur, la conscience moderne, depuis le romantisme allemand, ne le supporte plus : d'abord, elle accuse la théologie de faire d'une loi cosmique une faute humaine ; ensuite, elle s'indigne que les clercs aient chargé l'homme d'un crime si épais qu'il exige la destruction de tout ce qui pense, aime, gémit ; enfin que vaut cette colère où l'on attendait la pitié, et comment souffrir qu'à sa détresse l'homme ait encore à ajouter ses remords ?

Incompréhensibilité, récapitulation, péché, ce trident où les anciens avaient suspendu la mort, comme un trophée, a émoussé ses pointes. Quand on dit que notre société n'ose plus regarder la mort et lâchement la fuit, le grief se trompe d'adresse : ce n'est pas la mort qu'elle repousse, ce sont ces raisons désormais plus insolentes que la mort même. L'incompréhensibilité des voies de Dieu ? Mais pourquoi ce Dieu qui s'incarne et mène la simple vie des hommes, avec leurs mots, leurs passions, leurs pauvretés, se reprend-il, devant le plus profond de leurs émois, à faire de l'algèbre ? Les larmes effacées ? Vite dit. Ce tardif triomphe ne pourra faire que la douleur n'ait pas été, que tant d'effarés n'aient péri dans une indicible solitude. Croit-on que les cieux dans toute leur gloire compensent l'agonie d'« un seul de ces petits[5] » ? Quant à l'imputation humaine par le péché d'une mort qui dépend ostensiblement d'une loi organique, qui peut y voir autre chose qu'un subterfuge dévot ?

## *TOUS, NOUS SOMMES ABEL*

La mort a cessé d'être la vieille accusatrice de l'homme. Elle prouve plutôt son innocence par les injustes coups qui frappent une humanité où s'exhibe ainsi un peuple de victimes, non de coupables. Une lourde déréliction historique a brisé l'ancienne unité de la mort. Et quand on ne regarderait que le premier trépas dont traite l'Écriture — Caïn tuant Abel —, cela suffirait à faire voler en éclats sa notion. L'aîné commet la faute, sans périr lui-même ; le cadet, le doux de cœur, est massacré. Ces deux fragments, c'est la mort. Selon qu'elle se relie au meurtrier ou à sa proie, elle range l'homme dans une catégorie d'iniquité ou d'innocence. Entre deux frères même, elle installe cette dissemblance radicale, où triomphe sa foncière bipolarité.

Mais ce n'est pas assez de dire qu'elle enchevêtre un jugement d'innocence et un jugement de culpabilité. L'homme de notre temps fait une seconde découverte, en s'éprouvant davantage victime que coupable. Il ne faut pas beaucoup de bourreaux pour écraser les masses. Les opprimés sont incomparablement plus nombreux que les oppresseurs : un monde que la lèpre des dictatures a aux trois quarts rongé nous l'enseigne.

Qui sont, outre la violence, les agents de la dramaturgie funèbre ? L'accident, le virus, le volcan, la sournoise usure des soucis quotidiens, le temps. La mort est toujours provoquée par quelque main sans pitié. Tous, nous sommes Abel. Ainsi nos contemporains se découvrent-ils, parce qu'ils meurent, sur le versant de l'innocence.

Inévitablement, alors, rebondit la culpabilité divine. Si l'homme n'est pas l'auteur de la mort, ne faut-il pas que Dieu le soit ? Au tribunal où notre temps le convoque, ses attributs de puissance et de bonté déchirent leur alliance devenue impossible. Ou Dieu est puissant, mais sans amour, puisqu'il admet la misère de la mort ; ou il est bon, mais sans force, puis qu'il laisse mourir, ce qui n'est pas dans le vœu de l'amour. De ce dieu scindé, les uns conservent la puissance, et l'on comprendra l'humeur farouche d'un certain catholicisme entêté de traditions, d'autres gardent l'amour et tâchent d'épauler, par leurs engagements politiques notamment, leur dieu historiquement faible. Mais la plupart n'ont pas de goût pour cet être dissocié, et ils lui signifient son congé[6].

Que reste-t-il à l'homme moderne, ainsi dépouillé de sa foi ? La résignation grecque, appuyée de péremptoires arguments scientifiques ?

Mais si l'homme est convaincu, comme il l'est, du caractère naturel, et non éthique, de la mort, il s'en faut que cet être, hanté par l'infini, se réconcilie avec sa finitude. Rien d'ailleurs dans les conditions de sa vie actuelle ne l'y invite. Les sociétés paysannes, qui gagnaient leur pain à la sueur de leur front, espéraient en la mort le repos qu'elles méritaient, et sur l'invitation de la nature souveraine, elles considéraient le terme comme une analogie de l'hiver. Cette douceur de la mort nous échappe : la ville nous a ôté le sens des saisons humaines et excite en nous l'illusion d'une perpétuelle jouvence. La vieillesse fait horreur, que nous avons socialement frappée d'infamies supplémentaires. Quant au repos, point besoin de mourir pour en bénéficier : en témoigne l'hypertrophie stupide de nos loisirs.

La normalité de la mort, confirmée par la biologie, n'empêche nullement celle-ci, dès qu'on l'affronte en la pratique, d'en traiter l'éventualité comme une monstrueuse bévue à laquelle il faut parer. La clinique interprète la mort comme un échec infligé à son habileté, même si ses investigations ne dédaignent pas la dissection et font aussi de la mort une auxiliaire de la connaissance[7]. Pas de médecine qui ne se déclare en lutte contre la maladie, jugée vicieuse au regard de notre « nostalgie d'être », qui est le fondement de cet art[8].

Tels sommes-nous devant la mort, que nous avons dépouillée de ses significations positives : « dessein caché » de Dieu, promesse de compensations, chevauchée vers l'éternité ou justice distributive. L'homme moderne l'a tirée vers de honteuses raisons : pathologie, humaine fureur, indifférence de Dieu, confession de sa faiblesse, hasard ou dureté naturelle. Aurions-nous ôté à la mort ses entours fabuleux et, pour la première fois depuis des millénaires, oserions-nous en regarder la livide vérité ? D'où nos fuites ou nos évocations à dents serrées de son horreur ?

## *L'INFRANCHISSABLE LIMITE OÙ SE BRISENT LES INTELLIGENCES*

Si incisive et réductrice que soit notre perception, nous ne sommes pourtant pas encore allés au terme de cette expérience du dénuement. Nous n'avons fait qu'ôter à la mort sa noblesse, non sa logique. Nos aînés avec la sagesse de Dieu, nous avec le microbe ou la violence, lui assignons de concert une origine connue. Elle s'explique, par raisons successives et contrastées, mais toujours par raisons. Il n'y a pas de coupure sensible : si haïssable nous soit-elle, nous traitons avec une mégère, que notre intelligence apprivoise.

Peut-être l'homme contemporain a-t-il à aller plus loin encore, jusqu'au secret absolu où l'invitent les Écritures. Que disent celles-ci ? Justement, rien.

On ne voit pas en effet dans les récits de la création l'arrivée de la mort. Aucune allusion à un terme, dans cette semaine des commencements. Adam et Ève semblent promis à une durée que n'assombrit aucune limite. La mort est pourtant suggérée, mais dans le cas où l'homme, transgressant l'interdit, s'exclurait lui-même de sa vie perpétuelle. En ce sens, les premiers chrétiens ont raison de dire que par le premier homme, « la mort est entrée ». Mais la suite du texte incline à une autre interprétation. Dieu chasse l'homme du paradis, moins pour le punir que parce qu'il craint que « l'homme n'étende aussi la main[9] » sur le second arbre dont il ne lui a jamais parlé, et qui le rendrait immortel. Deux arbres auraient fait de l'homme un dieu : par la connaissance et par l'éternité. En péchant, Adam commence sa métamorphose, que le châtiment l'empêche d'achever. Mais la Genèse n'a pas introduit la mort, qui est déjà là, sous la forme discrète et adoucie qu'elle réserve aux bêtes, dispensées de ses affres. Le fruit dérobé n'amène pas la mort mais la conscience de la mort, exprimée dans le redoublement de la sentence : « Vous mourrez de mort ! » C'est mourir deux fois en effet que de mourir en sachant que l'on meurt. Quand le serpent récuse cette menace : « Pas du tout, vous ne mourrez pas ! », il ment, puisque par cette conscience qu'ils se donnent, les hommes s'arriment à jamais à l'épreuve tragique de leur finitude. On voit dans ce récit surgir l'angoisse. Mais la mort était déjà là. D'où sort-elle ? Dieu l'a-t-il voulue et conçue ? Silence.

Silence encore dans les Évangiles, où cependant dans l'afflux des souffrants la question ne manque pas de se poser. Jamais Jésus ne fait réponse sur les origines : « Qui a péché, pour qu'il soit aveugle ? Lui ou ses parents ? — Ni lui ni ses parents[10]. » Qui donc ? Mystère. Il est aveugle parce que le mal est aveugle. Interrogé sur la cause, le Christ répond par l'effet : « Il est aveugle pour que soit manifestée l'action de Dieu. » De même, la maladie de Lazare « ne va pas à la mort, mais elle est pour la gloire de Dieu[11] ». La mort offre une finalité sur laquelle le discours humain a prise, mais elle n'a pas d'origine qui l'explique. Jésus ne dit pas ce qui a tué Lazare, et les défunts de l'Évangile qu'il ressuscite restent muets, comme s'ils étaient les dépositaires du sombre secret qui ne s'échange pas. Dans les répliques où il commente la mort, Jésus utilise des outils grammaticaux, syntaxiques, temporels ou sémantiques, qui tournent la réalité du deuil vers une improbable suite, où « se manifeste l'action de Dieu ».

Le Seigneur se reconnaît non au malheur qu'il aurait établi ou toléré, mais au combat qu'il engage pour le supprimer. La mort est saisie dans la catégorie pratique de la résurrection, comme la maladie l'était dans celle de la guérison : c'est tout ce que l'on en connaît ; elle n'est comprise que dans le conflit qu'elle suscite, l'effort qui la ruine, la conversion que l'homme y opère, jamais dans les ténèbres primordiales que Dieu lui-même ne perce pas.

D'où cette profondeur d'abîme, inhérente à la mort, où le cri de l'homme se perd dans la nuit. Cet événement, le seul dont soit sûr celui qui naît suscite la stupeur, l'effroi, le désespoir, comme la catastrophe imprévue qui résulte de sa science impossible. Les larmes du Christ, devant le tombeau de Lazare, traduisent ce scandale d'incompréhension et d'iniquité, que démesure le vide des explications. Si le Christ pleure un mort qu'il va pourtant ressusciter, c'est que cette mort-là garde l'opacité de son origine, et la puissance même qui va en changer le cours ne remontera pas à la source, n'arrachera pas l'homme à ses eaux noires. La mort est là, toujours là, sans langage, séparée de l'homme par l'infranchissable limite où se brisent les intelligences[12].

## *ACTION DE DIEU*

C'est cette profonde méscience de la mort, son horreur nue, que saint Jean évoque avec force. Non sans dessein : car la question, dans sa réponse toujours déçue, relance l'esprit vers l'unique extrémité qu'il puisse comprendre, la fin. L'inquiétude, aiguisée par les renoncements de la raison, active la recherche d'un sens qui déborde toute expérience. Si la mort cache sa cause, on peut lui arracher son but. A défaut de savoir *par* quoi l'on meurt, on saura *pour* quoi. Elle « va », comme dit le Christ, vers autre chose que soi, et qui n'étant plus la mort, devient signe de vie, constitué par le regard qui en fixe la modalité. Dans cette finalité dévolue à la mort, l'homme reprend la maîtrise sur un événement qu'il ne supprime pourtant pas. La mort est *pour* quelque chose, convertie en service, espérance, oblation, œuvre, pur abandon à Dieu, ultime éclair de conscience, ou pure saveur. Mais elle accomplit quelque chose, et en cela l'homme ne meurt pas de mort. La foi évangélique initie les siens à mourir d'autre chose. Certes, cela se paie : il faut renoncer à déchiffrer l'énigme de la mort. Mais ainsi l'ouvre-t-on vers un plus loin que soi qui lie l'une à l'autre l'épreuve du deuil et la résurrection. La reconnaissance d'un sens s'avance à travers les profondeurs mêmes du caché.

Les textes sacrés vont infiniment au-delà des expériences contemporaines qui ne nous ont pas encore assez engagés dans l'épreuve de notre dénuement. C'est à un tel prix, la franchise d'un regard non prévenu, que la mort se nomme aux hommes et leur délivre le sens, appelé dans l'Évangile « action de Dieu », car il ne s'arrête pas avec eux.

*FRANCE QUÉRÉ*

**Écrivain, théologienne et journaliste**

**1. Jean, II, 38.**
**2. Luc, XII, 2.**
**3. Isaïe, XXV, 8 ; Apocalypse VII, 17.**
**4. Romains, V, 12.**
**5. Matthieu, XXV, 40.**
**6. En un sens, la forme d'athéisme qui professe l'inexistence de Dieu plutôt que de toucher à ses attributs classiques, conserve intactes, dans sa négation même, les représentations habituelles.**
**7. Michel FOUCAULT, *Naissance de la clinique*, PUF, 1983, p. 148-149.**
**8. L'acharnement thérapeutique montre que l'homme se fait une religion de pousser la mort de plus en plus loin dans son arrière-pays, jusqu'au jour peut-être où il entreverra de la supprimer. L'exploit sera, on s'en doute, de grande conséquence.**
**9. Genèse, III, 22.**
**10. Jean, IX, 2.**
**11. *Id.*, XI, 4.**
**12. Hostilité manifeste dans le récit : Jésus, en rappelant Lazare au jour, rudoie la mort comme un chien : « Lazare, hors d'ici ! ».**

C. BERNARD, S. ELBAZ ET V. MEININGER

# LES BÉNÉFICES DU DOUTE

Dans sa systématisation, la pratique médicale méconnaît la diversité des individus, et donc la diversité intrinsèque à l'idée même de pratique médicale. La pratique ne devrait pas, comme elle le fait, se limiter à un seul sens, celui du malade-patient vers le médecin-praticien. La vraie pratique devrait provoquer l'éclatement de cette relation unique et univoque pour s'ouvrir sur une rencontre : celle de l'individu-médecin et de l'individu-malade. Elle renverrait alors à une relation de particulier à particulier qui ne concorderait plus avec la systématisation protectrice à laquelle le médecin a trop souvent recours. Car disposer ainsi d'un seul sens à sa disposition, constitue bien, en effet, une manière de s'éviter les questions, les ruptures, et donc de trouver une élaboration, une réponse toute prête, puisque immédiatement disponible pour résoudre la rupture que provoque le malade dans la personne du médecin.

Aussi importe-t-il de dissoudre la pratique dans les pratiques, le savoir dans les rencontres.

Dans le contexte de cette vraie pratique, quelle est donc l'attitude à adopter face à la mort du patient que le médecin considère communément comme un échec ? Peut-on apporter une solution au problème que pose, dans certains cas, la demande de mourir du patient ? Les précédents propos nous interdiraient plutôt toute solution, toute réponse confortable, mais la question persiste... répondez-nous... on veut savoir.

L'institution médicale reste silencieuse... Comment peut-il en être autrement quand un système incarne le progrès continu qu'une certaine pratique contrecarre ?

Le médecine revendique la vie, et c'est à cette source qu'elle puise son sens et subordonne ses démarches. Sur ce sens se greffe un non-sens, sur ce fond blanc une tache noire : la mort comprise comme un échec... l'euthanasie, une pratique médicale contre la médecine.

Si le corps médical ne peut en rendre raison, si l'euthanasie lui apparaît comme un non-sens, c'est que ce non-sens renvoie plus à une pluralité des sens qu'à l'absence de sens. Aussi, au sens unique, confortable et rassurant, importe-il désormais d'opposer le non-sens, véritable pluralité des sens. Ce n'est donc pas le corps médical qu'il faut choisir comme interlocuteur, pas plus que ses attaches, le couple médecin/malade, mais plus directement le couple individu-malade/individu-médecin. Autant de rencontres... autant de sens. Le non-sens s'offre ainsi à l'issue de ces rencontres.

Cette manière de s'adresser au médecin et au malade, non plus comme à des représentants indifférenciés de la médecine et de la maladie, mais comme à des individus, permet d'évacuer certains problèmes, refrain des débats qu'anime l'euthanasie, tels, par exemple, que l'éventualité d'une pratique abusive. De fait, ceux-ci n'ont plus cours dans le cadre des relations, des échanges qu'entretiennent deux individus.

## *DÉROBADE OU RENCONTRE*

A chacun de ces plans que nous avons envisagés, celui de l'institution et donc du général, et celui des individus, à savoir du particulier, correspondent donc deux logiques qui, sans s'exclure totalement, renvoient néanmoins à deux pratiques médicales différentes :

Une logique de l'« appartenance » pour laquelle le médecin doit être envisagé comme un élément du corps médical et le malade approché sous le seul couvert de sa maladie. Dans ce cadre, il convient d'inscrire les deux termes du couple médecin/malade dans deux séries parallèles qui participent au rejet de toute forme de compromis. Ce découpage se fait au bénéfice du médecin qui puise sa raison dans une instance supérieure, laquelle lui assure le pouvoir et le confort. Le malade s'en trouve en contrepartie retenu dans sa seule passivité et l'information qui peut lui être prodiguée s'adresse à un patient. Mais que ce tableau ne nous trompe pas... si le malade est « pris en charge », le médecin, de son côté, l'est lui aussi par le corps médical et par ses maîtres. Dans un tel contexte, la demande de mourir du patient traduit encore sa passivité, son besoin supposé de se décharger, et la responsabilité dont elle s'accompagne en incombe au seul médecin qui s'en remet alors à la famille et surtout à l'autorité qui l'abrite. Reste donc une logique abstraite dont la force principale réside dans l'anonymat.

Aux côtés de cette logique de l'« appartenance », prend place une logique de « relations », mieux : une logique « en relation », qui renverse l'ordre de la première et échappe à l'ensemble pour s'attacher d'abord à ses éléments. Tout en retenant l'individu-médecin en sa qualité de médecin, elle le confronte à un individu-malade sujet de son affection. Cette notion de « sujet », pour aussi simple et évidente qu'elle paraisse, n'en demeure pas moins exclue de la logique plus commune de l'« appartenance ». Or ce n'est pas une règle que d'énoncer : le malade est sujet. C'est là une tautologie à laquelle il devrait être — il est — impossible de se dérober. Aussi n'est-ce plus à une consultation que le malade devrait se rendre, c'est une rencontre que l'individu malade devrait solliciter. L'emploi du mot « rencontre » s'impose ici comme le contrepoids nécessaire au rapport unilatéral entre le médecin et le malade que contient le terme de consultation. Il met l'accent sur la multiplicité possible des sens et des décisions qui peuvent émaner de ces divers entretiens placés sous le double signe d'une responsabilité et d'une activité partagées.

Ces rencontres dans lesquelles deux individus, médecin et malade, se trouvent impliqués n'apportent pas d'emblée de remède au problème de l'euthanasie, mais s'ouvrent à toutes les possibilités et à toutes les éventualités. Il n'y a plus d'unicité du sens. C'est là une condition moins confortable. Pourtant, cette logique en relation s'accorde avec une véritable pratique médicale.

La multiplicité des sens que libère la logique en relation conduit à un encombrement de la raison que celle-ci n'a d'autre hâte que de réduire. Une capture univoque, contraire aux desseins de cette logique, doit faire place à une théorie qui capte cette variété qui appartient en propre aux rencontres. Toutefois, une théorie qui légifère sur la multiplicité qu'elle se propose de préserver comme telle doit paradoxalement dénoncer le caractère unitaire de tout discours, tandis qu'il lui faut, pour rester en accord avec elle-même, être aussi contre les autres théories, tout contre elles, côte à côte et en rapport avec elles. C'est ainsi l'idée même d'universalité et d'un sens sécurisant qui se trouve dissoute dans ces productions parallèles et enchevêtrées.

## *LA NÉCESSITÉ DE RETROUVER L'UNITÉ*

Tenant compte de ces remarques, la théorie qui va suivre permet de comprendre l'activité de l'individu-malade trop souvent ignorée dans le cadre de la relation qu'il entretient avec l'individu-médecin. De plus, elle propose une approche de la mort comme activité inscrite dans la vie et rapporte par là même une des justifications de l'euthanasie en tant que pratique médicale.

Cette théorie est fondée sur une hypothèse qui énonce que « tout être s'efforce de préserver son unité », en particulier son équilibre psychique et biologique. Cette hypothèse recouvre l'idée de nécessité (tout être s'efforce nécessairement de préserver son unité) qui constitue le support sur lequel tout l'édifice repose. Elle prolonge en quelque sorte le principe de conservation qu'elle radicalise. L'unité de l'individu est inscrite dans une extériorité dont elle subit les assauts ; ceux-ci provoquent, à des intensités différentes, de fréquentes ruptures auxquelles l'individu répond d'emblée par un travail d'élaboration. Cette élaboration est une opération active, immédiatement mise en route en raison de la nécessité inhérente au principe de conservation. L'individu ne peut s'installer dans la rupture, car elle entraîne obligatoirement un processus de réunification et l'individu n'a alors de cesse qu'il ne recouvre son unité, non plus celle qui s'est vue rompue mais une autre, résultat d'une réorganisation de la précédente. Cette terminologie mise en place, l'expérience de l'individu renvoie alors à la triade « Rupture-Élaboration-Unité ».

Une relecture du cogito cartésien illustre précisément le mouvement qui anime cette triade. Descartes commence par « je doute ». Que ce doute soit méthodologique, il n'en est pas moins identifiable ici à une rupture, celle de l'unité précédente. Le sujet du doute est le sujet rompu (Je rompu). Aussi, tout le cheminement des méditations qui succède au doute s'inscrit dans la nécessité de retrouver son unité. Si Descartes qualifie son doute de provisoire, il n'en conçoit pas la nécessité. La rupture, figurée ici par ce doute initial, est toujours provisoire. En tant qu'unité atteinte, l'aboutissement au « je pense, je suis » met fin à l'activité d'élaboration, à la recherche de la première certitude. Ainsi, au Je rompu du « je doute », succède le Je unifié du cogito sans que ces deux Je puissent totalement se confondre.

Ce détour-détournement philosophique révèle un certain manque de rigueur chez les tenants du principe de conservation, qui voient dans la mort une défaite de la vie dans son combat contre l'entropie croissante, ou le résultat d'une usure progressive, ou encore un échec qui rend infructueux le principe de vie dont ils se réclament. Ces points de vue, qui ressortissent à une vision linéaire de la vie, évitent et manquent l'activité toujours renouvelée de l'individu, cette activité qu'exprime le principe de conservation. Ils ne retiennent ni la rupture, ni la nécessité de l'élaboration, et, partant, ignorent les compromis qu'imposent aux individus les assauts de l'extériorité. Ainsi minimisée, l'activité de l'individu est contrebalancée par une pression très forte de l'extériorité qui le réduit à une certaine passivité, à subir plus qu'à agir, et fait de la mort une rupture définitive.

Aussi suffit-il que la mort soit comprise comme une rupture pour que son opposition à la vie s'impose de façon évidente. Reste que, dans cette équation, le moment essentiel de l'activité d'élaboration fait défaut. Si l'on s'accorde sur le fait qu'il y a mort lorsque l'on ampute un organisme de son cœur, l'amputation ne coïncide pas elle-même avec la mort, mais constitue une rupture face à laquelle l'organisme ne trouve d'autres moyens d'élaboration que la mort. Cette dernière n'est donc autre chose qu'un processus enraciné dans la vie, un acte de survie, pour aussi paradoxal que cela puisse paraître. La mort succède à une rupture de l'unité et lui répond. Elle est unification et n'intervient qu'à l'issue d'un effort pour recouvrer l'unité.

## *ÉLABORATION INDIVIDUELLE*

Si la théorie diffère de la pratique, celle-là n'en sert pas moins de guide à celle-ci.

Selon la théorie de l'unité, les rapports du médecin et du malade reposent d'abord sur l'activité d'élaboration du second. L'aide sollicitée invite le médecin à rechercher la ou les meilleures élaborations possibles. Cet engagement réciproque évoque en substance ce qu'il convient d'entendre sous l'idée de « rencontre ». Dès lors, l'euthasanie prend place dans une concertation, elle intervient à l'issue et dans un travail d'élaboration et ne peut plus figurer comme un échec. Une fois rejetée l'identité de la mort et de la rupture, l'euthanasie apparaît elle-même comme une élaboration du médecin et du malade et non plus comme l'impossibilité de toute action du praticien sur son patient. Elle ne relève plus du domaine de la passivité. C'est à titre d'action qu'elle s'affirme.

Recourir à une autre logique que celle habituellement utilisée pour détourner le silence du corps médical n'a d'autres prétentions que de replacer l'euthanasie comme une pratique de la médecine. Il n'en reste pas moins que confrontée à l'euthanasie, l'unité de l'individu-médecin n'est nullement épargnée. La rupture associée aux questions qu'elle soulève en appelle à une résolution ou une élaboration individuelle qui se joue chez l'individu-médecin dans sa rencontre avec l'individu-malade.

*CHARLOTTE BERNARD,*
*SION ELBAZ*
*ET*
*VINCENT MEININGER*

**Charlotte Bernard, Sion Elbaz, philosophes. Vincent Meininger, praticien hospitalier, professeur de médecine.**

PATRICK BAUDRY

# LETTRES DU BOUT DE LA VIE

AU COURS DES MOIS D'OCTOBRE ET NOVEMBRE 1986, TF1 A DIFFUSÉ UNE SÉRIE DE QUATRE ÉMISSIONS PORTANT SUR LA MORT ET PLUS PRÉCISÉMENT LE MOURIR : *VOYAGE AU BOUT DE LA VIE* DE MARC HORWITZ ET BERNARD MARTINO. L'ARTICLE QUI SUIT A ÉTÉ ÉLABORÉ À PARTIR DE LA LECTURE D'UNE CENTAINE DE LETTRES PARMI CELLES ENVOYÉES À TF1 À LA SUITE DE CES ÉMISSIONS. IL DONNE AINSI LA PAROLE AUX FAMILLES ET MONTRE, À TRAVERS LEURS TÉMOIGNAGES, QUE LES CHOSES SONT ENCORE LOIN D'AVOIR CHANGÉ DANS CE DOMAINE DES FINS DE VIE ORDINAIRES.

La diffusion de la série *Voyage au bout de la vie* constitue en elle-même un indicateur. Naguère, de telles émissions, non réservées à un public de « spécialistes », auraient été difficilement réalisables. Au moins peut-on savoir que cette série n'a été précédée, en France, d'aucune autre que l'on pourrait dire semblable.

On ne saurait dire pour autant que « les choses ont changé », comme veulent l'affirmer ceux que tout questionnement dérange et qui tentent de rendre caduque, avant même qu'elle n'ait commencé de porter, toute interrogation sur ce sujet. Mais l'on peut comprendre que cette série s'inscrit dans l'ensemble des efforts fournis par ceux, théoriciens et praticiens, qui travaillent depuis de longues années pour que des questions de fond commencent d'être posées. Et l'on peut voir dans la diffusion de ces émissions l'indication d'une tendance, allant s'affirmant, vers un nouveau questionnement social des enjeux sociaux du mourir.

*Voyage au bout de la vie* a bien ceci de rare qu'elle montre la mort ordinaire sur un mode ordinaire. Qu'elle nous implique dans ce qui, de fait, nous concerne. On a pu *voir* des malades mourants, les entendre *nous* parler. Voir leurs proches et le travail de ceux qui les accompagnent. *Nous avons pu nous-mêmes être présents à leur chevet, et dans la difficulté même que nous pouvions ressentir de cette présence, savoir que nous y étions bien à notre place : que notre regard n'était pas « déplacé ».* Cela n'est pas rien. Quel que puisse être le bien-fondé des critiques que l'on peut faire à ces émissions quant à leur forme et à leur contenu, on ne saurait perdre de vue qu'elles nous ont permis de nous replacer là où tout un système social s'efforce de nous absenter.

### UNE PRÉSENCE A ASSUMER

Que cette série d'émissions ait pu constituer un choc pour certains téléspectateurs, cela est bien compréhensible, et c'est bien la moindre des choses que de le dire. On a pu juger « scandaleux de filmer des mourants », et l'on a pu aller jusqu'à suspecter ou dénoncer le « cabotinage » des familles et des médecins à se « donner ainsi en spectacle ». Mais cette réaction est très fortement minoritaire en rapport de celle qui, à partir de cette même sensation de choc, témoigne d'une difficulté à voir certaines images, mais aussi du sentiment qu'il est « nécessaire » de les voir, de se trouver situé en face d'elles. On a veillé tard — et c'est là un reproche souvent manifesté à l'encontre des « programmateurs » — pour assister à l'émission, parfois en famille, en ayant le sentiment qu'il y avait là quelque chose qui devait être vu, une présence à assumer, un devoir d'être là à remplir.

On a félicité les réalisateurs pour la « délicatesse » des images. Il est aussi arrivé qu'on ne « tienne pas le coup ». Mais si l'on a alors éteint son téléviseur, ce fut souvent avec le sentiment d'une reconnaissance à l'égard de ceux qui ont « le courage d'affronter ces problèmes », d'être « près des mourants », de « faire quelque chose ».

Les réactions d'hostilité à l'encontre de ces émissions ne sont pas directement liées au fait qu'elles ont pu rappeler des souvenirs douloureux. C'est bien plutôt l'inverse qui est vrai : c'est parce que ces émissions ont permis de mesurer *un important écart entre ce qui se pratique dans certains services et la réalité hospitalière telle qu'on la connaît*, qu'on a pu juger « courageuse » cette série. C'est parce que l'on a soi-même vécu un « véritable cauchemar » en étant hospitalisé, ou parce que la mort d'un proche s'est « mal passée », parce que l'on a vu mourir son père « comme un chien », ou parce qu'on a été écarté de l'hôpital, parce que l'on n'a pas eu « le droit d'être là », que ces émissions ont paru « très importantes ». Les réactions agressives à l'encontre de ces émissions sont très minoritaires en rapport des dénonciations d'une réalité hospitalière jugée, elle, scandaleuse. Et c'est en disant parfois que l'on n'a pas pu regarder l'émission « jusqu'au bout », que c'était « trop dur », qu'on a souhaité que cette série ait une « influence sur le milieu hospitalier », qu'elle contribue à une « prise de conscience collective » pour que « ça change ».

### L'IMPORTANCE DE L'ENTOURAGE FAMILIAL

Le sentiment, souvent manifesté, que la technique l'emporte sur la « sensibilité » est bien exprimé par cette femme qui écrit : « Le regard du malade ne les intéresse pas puisqu'il n'y a pas de tuyau à y mettre ni de fil à brancher. » Une autre femme écrit : « Dites à tous ces médecins que les nôtres nous appartiennent et qu'ils n'ont pas à décider pour nous si nous devons rester ou pas à côté de nos mourants. » C'est le sentiment d'une dépossession qui s'exprime souvent, subie et par le malade mourant et par son entourage. Et si un téléspectateur écrit que tous les services de réanimation ne sont pas « aussi affreux » que celui qui a été montré dans la première émission, en rapportant la mort de son fils « entouré », c'est bien toujours l'importance d'un entourage familial (et pour celui qui meurt et pour ceux qui restent) qui est souligné.

Que l'on critique les médecins et les soignants ou qu'on les plaigne, qu'on les décrive comme des « dictateurs » ou des « brutes » ou que l'on comprenne la difficulté de leur travail, c'est une volonté de changer l'hôpital qui s'affirme très souvent. Que l'on travaille soi-même dans un service hospitalier ou pas, on insiste beaucoup sur la nécessité d'une formation des soignants à l'accompagnement des malades mourants. L'idée n'apparaît jamais que des spécialistes devraient s'en charger. On insiste souvent sur la nécessité d'aider les soignants à être présents eux-mêmes auprès des malades mourants, aux côtés des membres de leur famille et, éventuellement, de bénévoles.

La critique de la réalité hospitalière porte également sur le problème de la souffrance. On dit que soigner, « c'est empêcher de souffrir ». En rapportant les « conditions affreuses » dans lesquelles un parent est mort, on dit qu'on refuse de « servir de cobaye ». En disant qu'« en Angleterre, c'est bien », on demande que les médecins français « apprennent » à se servir de « calmants qui calment ». Des téléspectateurs qui disent avoir préparé les conditions de leur suicide en font porter la responsabilité aux médecins, qui ne soulagent pas la douleur, qui ne respectent pas la « volonté des gens ». Un homme écrit : « Je suis obligé de me cacher pour mourir. [...] Pourtant, j'aimerais tant être accompagné dans cette dernière phase de la vie. Malheureusement cela n'est pas possible. »

Le refus de la souffrance est souvent étroitement lié à l'exigence que les « droits du malade » soient reconnus, que les personnes soient respectées. Le refus ou la peur sont souvent manifestés d'être « coincé à l'hôpital ». On y dénonce la « solitude organisée »[1].

**1. Je tiens à remercier Myriam Hasbroucq pour l'aide qu'elle m'a apportée dans ce travail de sélection et de lecture des lettres des téléspectateurs.**

ÉMILE RAIMBAULT

# APPROCHER LE MOURIR

EN 1978, C.M. PARKES, PIONNIER DU TRAVAIL DE PRISE EN CHARGE DES MOURANTS À ST. CHRISTOPHER, DANS UN ARTICLE ABORDANT L'ASPECT PSYCHOLOGIQUE DES TRAITEMENTS DES PHASES TERMINALES, INSISTAIT SUR LA DURÉE RELATIVEMENT LONGUE DE CELLES-CI CHEZ LES MALADES ATTEINTS DE CANCER QUI N'AVAIENT PU ÊTRE GUÉRIS OU STABILISÉS. S'IL METTAIT L'ACCENT SUR CETTE NOTION DE TEMPS, C'EST QU'ELLE FONDE TOUTE SA CONCEPTION DES SOINS TERMINAUX. EN EFFET, IL CONSIDÈRE QUE C'EST CET ESPACE-TEMPS QUI DEVRAIT PERMETTRE AUX DIFFÉRENTS PROTAGONISTES DE LA CRISE — LE MALADE, SON ENTOURAGE ET LES SOIGNANTS — DE S'ADAPTER À LA SITUATION NOUVELLE CRÉÉE PAR LA PROBABILITÉ D'UNE MORT PROCHAINE ET D'EN TIRER LE MEILLEUR PARTI POSSIBLE : À SAVOIR LA MEILLEURE QUALITÉ DE FIN DE VIE POUR LE MALADE ET SON ENTOURAGE ET LA MEILLEURE QUALITÉ DE SOINS POUR LES MÉDECINS ET LE PERSONNEL INFIRMIER.

Si la phase des soins terminaux est bien celle où la maladie progresse et où le traitement ne peut plus *raisonnablement* prétendre prolonger *notablement* la vie du patient, on voit combien les deux adverbes utilisés laissent place à la subjectivité du médecin lorsqu'il devra apprécier les facteurs qui fondent sa décision de poursuivre ou de suspendre les traitements curatifs, et cela, quelles que soient les précautions scientifiques qu'il prenne. Se pose là le problème de la difficile négociation de ce virage à cent quatre-vingts degrés, qui fait passer de la lutte thérapeutique acharnée, soutenue par l'espoir de la guérison, à l'acceptation de la perspective d'une mort inévitable, à échéance plus ou moins rapprochée, ne justifiant plus l'agression des traitements curatifs, mais invitant à privilégier l'aménagement de la qualité de la vie du malade.

Il est bien évident qu'une telle entrée dans la phase terminale ne peut se faire sans malentendu et sans conflit que si, lors des étapes précédentes du traitement, la relation soignant/soigné s'est déroulée dans un climat sécurisant de confiance, d'honnêteté et de cohérence. C'est à ce moment où, dans l'idéal, médecin, malade et famille décideront d'un commun accord de suspendre les traitements curatifs que se pose le problème éthique du consentement éclairé. En effet, plutôt que de prendre une décision unilatérale, le médecin peut exposer la situation au malade et à sa famille en leur donnant les éléments de choix entre la poursuite ou l'arrêt des traitements anticancéreux, avec les risques et les avantages que chacune des voies comporte. Certains malades peuvent désirer lutter jusqu'au bout, même si c'est au prix de souffrances et d'inconfort, dans le but de préserver une chance si minime soit-elle d'une rémission dont ils ont besoin pour eux-mêmes ou pour leur entourage.

Cela dit, il est souvent difficile au médecin de ne pas peser de tout son poids pour faire pencher la balance dans le sens qui lui paraît le plus approprié. De plus, il est rare que le malade dispose d'une somme de connaissances médicales suffisantes pour bien peser les enjeux de la décision à prendre. Enfin, dans certains cas, le malade n'est plus suffisamment vigilant sur le plan intellectuel, ni sur le plan de la force de caractère, pour prendre lui-même une telle décision. C'est alors au médecin de savoir ce qui est bon et bien pour le malade après consultation de la famille, à condition qu'elle existe, qu'elle soit coopérante, mais aussi suffisamment solide et désireuse en priorité du bien du malade.

## *LA PEUR DE L'EFFONDREMENT*

Rappelons que la qualité de la fin de la vie d'un malade sera d'autant meilleure qu'on lui laissera la possibilité de composer avec la maladie selon son propre rythme. En effet, la question n'est pas de savoir si le médecin doit « dire la vérité », mais plutôt : « Est-ce que le malade est en mesure d'entendre telles informations à tel moment de sa maladie ? », et « Le médecin est-il en capacité intérieure de se confronter aux émotions et à la relation qu'induisent ses paroles ? » Pour que la possibilité de l'échange malade/médecin soit préservée, il est fondamental que celui-ci ait évité, quelles qu'en soient les bonnes intentions, le recours au mensonge, ce qui le disqualifierait comme interlocuteur fiable. Un dialogue authentique est, en effet, indispensable tout au long de la maladie, et particulièrement en cette situation cruciale du passage du curatif au palliatif.

Pour tenter de comprendre le vécu de celui qui va mourir, l'aspect essentiel qui doit retenir notre attention concerne la désintégration progressive du moi. Le moi s'entend ici comme la représentation cohérente et unifiée que nous nous faisons de nous-même, notre corps étant le support de notre personne sociale. Or, la dégradation des fonctions corporelles essentielles sous l'effet de la maladie ou des traitements peut provoquer une impression du morcellement du corps. En effet, celui-ci échappe partiellement et parfois totalement au contrôle du sujet avec, comme corollaire, une perte d'autonomie plus ou moins complète. Enfin, se produit un processus sans doute moins souvent mentionné qui est la perte de l'érotisation du corps et de la capacité d'en jouir.

Tout cela donne le sentiment d'une cascade de pertes pour en arriver à une réduction de plus en plus étroite de l'aptitude du sujet à réaliser ses désirs et à s'identifier à une image acceptable de lui-même. C'est cette désintégration progressive du moi qui est particulièrement génératrice d'angoisse. En effet, l'angoisse du mourant a pu être rapprochée par des auteurs comme Winnicott de « la peur de l'effondrement » telle qu'elle est vécue par certains sujets atteints de processus psychotiques et qui vivent avec une angoisse extrême le sentiment de perte imminente du moi.

Un second aspect, bien connu, est la menace de rupture définitive des liens affectifs avec les « personnages clés » et avec les activités investies de façon privilégiée jusqu'alors.

Un troisième aspect est la réactivation par la peur de la mort des angoisses plus ou moins inconscientes et archaïques liées aux pulsions destructrices et aux fantasmes infantiles qui sont le plus souvent générateurs d'intense culpabilité. La mort est souvent ressentie alors comme le châtiment suprême pour les crimes imaginaires de l'enfance (ou de l'âge adulte).

Le dernier aspect est la perte de l'illusion, avec laquelle nous vivons depuis toujours, d'une vie sans limite.

## *RETOUR AUX SOURCES*

Il va de soi que ces différents processus ont un retentissement sur le comportement du mourant et sur son mode de relation aux autres. Envisageons tout d'abord la dévalorisation : le sentiment de dévalorisation chez le malade tient, d'une part, au sentiment de déchéance et à la peur d'être rejeté, d'autre part, à la perte du statut social. De plus, la perte d'autonomie et l'invalidité provoquent un sentiment de dépendance bien réel qui peut donner lieu à des appels au secours sous une forme plus ou moins régressive.

Un aspect particulier de ces demandes régressives est le besoin de recevoir des gratifications sur un mode passif au niveau de l'érotisation corporelle. Ces gratifications permettent de réinvestir le corps comme source de jouissance, c'est-à-dire comme « être bon / donc aimable » et non plus comme source de souffrances, c'est-à-dire « être mauvais / donc rejetable ».

Les frustrations et les souffrances, les pertes et les deuils sont générateurs d'amertume et de ressentiment et parfois de réactions d'allure persécutive à l'égard de ceux qui se portent bien, de ceux qui n'ont pas réussi à les guérir, de ceux qui ne savent pas ou ne veulent pas reconnaître les désirs du mourant ou y répondre de façon appropriée.

Un autre aspect de ces processus régressifs est la projection transférentielle d'images archaïques sur les soignants, soit d'un personnage « tout bon et tout-puissant », soit d'un persécuteur, ou bien encore, et le plus souvent, une oscillation entre ces deux types de personnages.

Enfin, le dernier stade décrit par Kubler-Ross comme étant celui de l'acceptation peut donner lieu à la mise en œuvre d'un processus de détachement, c'est-à-dire que le sujet désinvestit progressivement la vie actuelle et les personnes qui la composent pour se replier dans une position de départ prochain avec parfois, chez certains, le projet d'aller retrouver des personnes aimées qu'ils avaient perdues auparavant.

Ces divers mouvements intérieurs et le comportement qui en découle vont avoir un impact sur le vécu de l'entourage, tant soignant que familial. Il est intéressant d'éclairer la manière dont chacun réagit à cette confrontation et quels modes d'aménagement il élabore pour gérer ses propres affects déclenchés par la situation.

On sait bien que la compréhension et le soin des autres ne peuvent se faire qu'à travers un processus d'empathie, d'identification partielle — et plus ou moins réussie — à ce qu'ils vivent, ressentent et pensent.

## *UN SENTIMENT D'IMPUISSANCE PARTICULIÈREMENT PÉNIBLE*

Dans le cas du mourant, cette identification risque de nous entraîner face aux mêmes menaces de désintégration que celles évoquées plus haut. En effet, nos systèmes défensifs contre l'angoisse de morcellement et d'effondrement, contre la menace de pertes définitives, sont débordés par le spectacle de l'effondrement de « notre malade ». De plus, en tant que soignant, le désir de réparation, qui est la principale motivation qui nous anime dans la relation au malade, est ici radicalement mis en échec, et nous sommes alors confrontés à un sentiment d'impuissance particulièrement pénible. Si l'identification au mourant est insupportable, il n'est pas rare également que nous assimilions inconsciemment celui-ci à l'un de nos proches avec les réactions affectives que cela implique.

En tant que partenaire familial ou soignant, nous risquons d'être agités par des bouleversements émotionnels qui trouvent difficilement à s'exprimer, ce qui explique la fréquence des passages à l'acte dans ce type de situations. Passages à l'acte, c'est-à-dire : comportements impulsifs, décisions hâtives ou inappropriées, hétéro ou autodestructrices ; enfin, la culpabilité, qu'elle soit intériorisée ou projetée, circule tous azimuts en provoquant, selon les cas, des réactions de dépression ou d'exclusion dans le groupe.

Tout ceci éclaire combien le soin et la présence au quotidien auprès des personnes en phase terminale consomme d'énergie chez ceux qui constituent leur entourage, qu'il soit institutionnel ou familial.

C'est face à la mobilisation des réactions subjectives des divers acteurs concernés par la mort imminente de « leur malade » que le psychanalyste peut jouer un rôle consistant à permettre à chacun de mieux se repérer dans ce qui sous-tend ses propres réactions.

Ce peut être, par exemple, aider les médecins comme les infirmiers à exprimer ce qu'ils ressentent en tentant de leur faire percevoir leurs implications et identifications personnelles, ou bien aider à comprendre une attitude rejetante ou distante de familles déjà engagées dans un processus de deuil anticipé et confrontées à la culpabilité en retour.

Il est évident que ce travail d'élaboration psychologique, qui touche à des mécanismes particulièrement sensibles et lourds de charge affective chez les uns et les autres, nécessite une certaine prudence et une certaine discrétion dans les interventions. Il ne peut donc s'agir que d'un travail de longue haleine et assuré d'une continuité de présence et de participation des uns et des autres. Ajoutons enfin qu'aucune technique ne pourra jamais remplacer le tact et la générosité dans ces difficiles dialogues avec le mourant.

*ÉMILE RAIMBAULT*

**Psychanalyste. Auteur de *La Délivrance*, Mercure de France, coll. En direct, 1976.**

# 2

# *LES PRATIQUES DU MOURIR ORDINAIRE*

*Naître, vivre, mourir. Ce qui était naturel ne l'est plus quand les soins intensifs peuvent sauver, mais aussi maintenir en vie, en survie, en quelle vie ? Que devient ce dernier temps, celui du mourir ? Que nous offre-t-il : la maison, lieu quotidien mais démuni, l'hôpital, lieu-machine où l'on perd ses repères, le long séjour qui trop souvent nous « désanime », les institutions, pensionnat du mourir, et ceux-là qui vont nous prendre en main, mais quelles mains ? Techniciennes, compatissantes, caressantes ? Qu'attendra-t-on de nous qui ne serons jamais plus de bons malades guérissants ? Rencontrerons-nous de bons accompagnants ? Mais devrons-nous alors être de bons mourants, prêts à l'être jusqu'au bout, quoi qu'il arrive, pour être encore aimés ?*

*Où est notre voix, où est notre choix ?*

TÉMOIGNAGE

# UNE HISTOIRE D'AMOUR

C'EST UNE FEMME, MÉDECIN EN MILIEU RURAL, QUI A VÉCU CETTE « HISTOIRE » AVEC MOMO, HISTOIRE QU'ELLE A JETÉE SUR LE PAPIER IMMÉDIATEMENT APRÈS LES ÉVÉNEMENTS QU'ELLE RELATE. UN AN PLUS TARD ELLE NOUS A CONFIÉ COMBIEN MOMO RESTAIT ENCORE VIVANT POUR ELLE.

Momo était un grand vieillard de quatre-vingt-sept ans dans un état général déplorable : insuffisance cardiaque majeure, artérite très importante des membres inférieurs avec amputation d'un orteil, mais étrangement lucide. Sa cataracte bilatérale lui interdisait lecture et télévision, une arthrose le faisait atrocement souffrir. Il vivait seul aux côtés d'un conjoint beaucoup plus jeune mais dans un état de démence sénile avancé interdisant toute relation.

Quand je me suis installée et que je l'ai pris en main, tout de suite une puissante relation médecin-malade s'est installée. Cet homme très cultivé écoutait les informations, parlait de tout. Malgré son état, j'ai tenté un coup de poker. Je l'ai fait opérer de sa double cataracte : ou il s'en sort et c'est tant mieux, ou il y reste et c'est tant mieux aussi, car las de cette fin de vie morose, il me demandait à chaque fois la piqûre salvatrice. Je lui avais appris à faire mon numéro, sans voir, sur le cadran du téléphone. Mais si lui était malade ? (OAP sur OAP.) Sa femme était dans l'incapacité totale de faire quoi que ce soit. Ça le rongeait littéralement. Bref, l'intervention a réussi et Momo a pu à nouveau lire avec une loupe, et regarder la télé faute d'autres relations familiales.

Et puis, Momo a présenté des coliques hépatiques. Sa vésicule énorme contenait de gros calculs.

Pendant six mois, ces « cailloux », comme il disait, l'ont plus que chatouillé et il a présenté deux cholécystites. L'intervention était donc nécessaire. Mais cardiologue, chirurgien et anesthésiste n'ont pas voulu y toucher, le risque majeur étant qu'il ne supporte pas l'anesthésie. Ce qui était sûr.

A force, le Spasfon ne le soulageait plus. J'allais le voir tous les jours. Il en avait besoin pour survivre. Il déclinait à vue d'œil physiquement mais restait toujours très lucide. Il me pleurait l'injection salvatrice. Son moral était au plus bas. Très ferme, je le faisais marcher. Je lui disais que s'il se couchait, il ne se relèverait plus, etc. Et puis...

*Lundi 20 février*

Vendredi 17 février, je suis allée voir Momo comme tous les jours. Il n'était pas mal. Sa tension artérielle était bonne. Le cœur allait bien. La bronchite s'asséchait. Je l'ai averti que je reviendrai le voir lundi 20.

Donc, à 9 heures, je pars faire quelques courses chez T. où je croise Mme T. mère qui m'avertit que le pépé ne va pas, que le Dr F. est monté le voir samedi après-midi. Et elle me dit :

— Je ne suis pas docteur, mais dans huit jours, et encore...

Merde. Je ne peux pas le laisser un seul jour. Je vais chercher le courrier, je prends la trousse et je monte voir Momo. Mme B., longtemps aide-soignante, m'a suivie pour « se rendre compte ». Impressionnant Momo dans son fauteuil. Il est jaune. Mme B. me fait non avec la tête. Il baragouine. Sa tension artérielle a rechuté à 11. « Mourir », c'est le seul mot qu'on comprend. Il me presse la cuisse de plus en plus fort. C'est la fin. Je le sais. Je lui parle doucement :

— Et alors Momo, qu'est-ce qui se passe ?

— Mourir.

Ses yeux jaunissent. Pas question de le réhospitaliser. Je le lui réaffirme. On lui propose de se recoucher et il accepte. Il sait ce que ça veut dire. Je le lui ai exprimé clairement et fermement la semaine dernière. Il sait. Et il accepte. On le traîne plus qu'il ne marche, une dernière fois, jusqu'à son lit.

Alors, je n'hésite plus.

Corinne, la jeune fille que j'ai trouvée pour les garder, me dit :

— Faites-lui quelque chose.

Elle pleure. Momo est très attachant. Mme B. est très pessimiste et m'affirme aussi qu'il faut faire quelque chose. Alors, je n'hésite vraiment plus.

Je vais l'aider.

Je vais lui prouver que je l'aime.

Je m'enferme seule avec lui dans sa chambre. Je m'assieds au bord de son lit face contre face. Il a ses lunettes, il sait que c'est moi et il sait ce que je vais lui dire :

— Momo, la piqûre, vous la voulez aujourd'hui ?

— Il y a longtemps que je vous la demande.

— Oui, mais vous savez bien que c'était un jeu macabre que nous jouions avant, mais aujourd'hui, c'est sérieux, c'est grave.

— Oui, je veux.

— Momo, est-ce que vous savez que je vous aime très fort ?

— Vous aussi, je vous aime, vous êtes une copine.

— Pour moi, vous êtes plus qu'un copain. Embrassez-moi.

— Ma figure est toute mouillée [de larmes].

— Ça ne fait rien.

Nous nous sommes étreints. Il m'a embrassée et je le lui ai rendu. Je l'ai serré dans mes bras.

— Momo, le geste que je vais faire, je veux que vous sachiez que c'est un geste d'amour. Le voulez-vous vraiment, c'est vous qui décidez.

— Oui, oui, oui, je le veux.

— Sachez bien, alors, que c'est par amour pour vous.

— Oui... Je vais vous signer une décharge.

— Non, Momo, ce n'est pas la peine !

Une dernière pression des bras, intense...

... Je fais rentrer Mme B. et Corinne pour qu'elles m'aident. On prépare seringues, aiguilles, garrot, etc. Quand je m'approche de lui, que je pose le garrot, un regard d'effroi (« Je sais que j'aurai peur une dernière fois », a chanté Jacques Brel).

— Qu'est-ce que vous faites ?

— La piqûre, Momo, ai-je dit doucement. Si vous ne voulez pas, on arrête.

— Si, je le veux.

Alors, on l'a faite. Il était 11 heures du matin. Après un coma instantané et une rapide décérébration, Momo s'est éteint le mardi 21 février à 2 heures du matin.

MARIE-ANGE D'ADLER

# LES RISQUES DU MÉTIER

DIX GÉNÉRALISTES, EXERÇANT A PARIS, EN PROVINCE OU EN MILIEU RURAL, PARLENT DE LA MORT DE LEURS PATIENTS, À LAQUELLE LEURS ÉTUDES NE LES ONT JAMAIS VRAIMENT PRÉPARÉS. ET CHACUN L'ABORDE FINALEMENT AVEC SON EXPÉRIENCE, SA PHILOSOPHIE PERSONNELLE, SA CULTURE FAMILIALE.

Marc a fini ses études de médecine depuis deux ans. Il n'a reçu aucun enseignement sur la mort : « Sauf en médecine légale, pour nous dire que l'euthanasie est interdite. » Et sur la douleur ? « Rien non plus. » Il réfléchit : « Cela me gêne parfois pour faire un diagnostic et prescrire un traitement : je n'ai pas appris à identifier les différentes douleurs. » La morphine ? Il « n'y touche pas ». S'est-il déjà trouvé devant un malade qui allait mourir ? Plusieurs fois, au cours de remplacements. Il conseille toujours l'hospitalisation. Pourquoi ? Il a « un petit espoir que des gens plus compétents feront mieux ». Même s'il reconnaît qu'il ne sait pas toujours ce que l'équipe hospitalière pourrait faire de plus que lui. Modestie de débutant ? Ou tactique inconsciente d'évitement ? La mort est pour Marc « le plus grand échec ». Il est beaucoup plus préoccupé d'assurer son diagnostic et d'affiner son traitement pour soigner, pour guérir, que d'apprendre l'aide aux mourants.

Échec. Impuissance. La vie qui vous file entre les doigts. Jeunes ou moins jeunes, les dix généralistes interrogés pour *Autrement* ont eu les mêmes mots pour parler de la mort de leurs patients. Événement peu fréquent (chacun signe moins d'une dizaine de certificats de décès chaque année) dont ils ont découvert la réalité en s'installant : « A l'hôpital, ce sont les infirmières qui assistent jusqu'au bout. En ville, c'est le médecin. Il faut du temps pour accepter d'être impuissant tout en étant présent, de voir le mourant cesser de manger, de boire, du temps pour se résigner à ne rien faire sauf à soulager la douleur », dit le docteur B., cinquante ans, qui exerce dans la banlieue de Rouen.

Pendant leurs études, ils ont vu mourir à l'hôpital. Parfois dans la douleur, souvent dans la solitude. « Je m'imagine, la perf' dans le bras, les yeux au plafond, entendant le bruit des allées et venues dans le couloir, seul et sachant que c'est mon tour d'y passer... Non, il vaut mieux mourir chez soi », dit l'un d'eux. Pourtant, « sur les cinq médecins du bourg, deux accompagnent jusqu'au bout, mais les trois autres conseillent toujours l'hospitalisation à la fin, raconte Madeleine, infirmière libérale depuis treize ans en Normandie. Et si le malade meurt à domicile, ces trois-là, ils signent le "papier bleu" (certificat de décès) et c'est tout. Deux minutes après, ils sont repartis. » Elle ajoute : « Pourtant, à la campagne, les gens attendent bien autre chose du médecin... »

« J'ai toujours su que l'accompagnement du mourant faisait partie du métier », dit le docteur G., quarante-six ans, qui exerce depuis dix ans dans un gros village au bord de la Seine. Pour ce médecin de campagne, la mort a beaucoup de visages : on l'appelle pour réanimer un noyé ou pour détacher un pendu, il soigne des cancéreux en phase terminale et des gens âgés à la fin de leur vie. « J'ai un contrat moral avec mes patients. Quand vous avez suivi quelqu'un pendant quinze ans, vous ne l'envoyez pas mourir à l'hôpital. Vous ne le feriez pas pour votre chien... » A la campagne, la mort n'est pas encore tabou. On peut en parler et s'y préparer. « La moitié des gens âgés que je soigne me font savoir, d'une façon ou d'une autre, qu'ils comptent sur moi pour les aider à mourir à la maison. L'un me montre le tiroir où est rangée sa belle chemise. L'autre me dit qu'il veut léguer son corps à la science. Ils savent que je serai là. » Pas seulement pour signer le papier bleu. Mais aussi, s'il le faut, pour aider la famille, pour porter le mort, avant qu'il ne soit raide, dans la plus belle chambre, ou pour faire sa toilette.

## *LE CONTRASTE VILLE-CAMPAGNE*

A trente kilomètres de là, au cœur de Rouen, l'écho est différent. « Je suis d'accord pour assister les mourants à la maison, mais je n'y réussis pas souvent : presque tous meurent à l'hôpital », dit le docteur P. « Même quand la famille demande que le malade meure à la maison, même si je laisse mon numéro de téléphone personnel, au dernier moment les proches paniquent, ils appellent le SAMU qui transporte systématiquement à l'hôpital... » A Rouen, le service hospitalier des urgences, couplé avec le service de garde des médecins de ville, est un modèle du genre depuis dix ans. L'efficacité a aussi des effets pervers.

La ville. La campagne. Le contraste ne date pas d'aujourd'hui. Le docteur D., soixante ans, a exercé en montagne, au-dessus de Grenoble, avant de s'installer en banlieue parisienne il y a vingt-cinq ans. « Là-bas, c'était beaucoup plus simple. Les fermes étaient grandes et les familles nombreuses. On acceptait la mort à la maison comme une chose naturelle. » Arrivant près de Paris, il a trouvé des logements petits, des familles restreintes. En 1960, l'hospitalisation y était déjà de règle. Comme aujourd'hui.

Les médecins sont unanimes : on hospitalise rarement un mourant pour raison médicale. Plus souvent, pour répondre à la pression de la famille. Les conditions de vie ne favorisent pas la mort à la maison. « La semaine dernière, je soignais un patient dans un logement de deux pièces : je ne pouvais même pas m'isoler avec sa femme. Le malade faisait signe qu'il ne voulait pas aller à l'hôpital... Mais ce n'était pas possible de le garder à la maison. Quand il s'agit d'un couple âgé, le conjoint n'a pas la force de soulever un grabataire, pour le laver, le changer. A la fin, il faut quelqu'un de costaud jour et nuit. La Sécurité sociale ne paie pas une garde. » Paris ou province, il n'y a guère de différence : « Ici, c'est la ville, dit le docteur C., trente-six ans, qui exerce à Bourges. Les femmes travaillent dehors, il y a des problèmes financiers, très peu de familles sont prêtes à accompagner jusqu'au bout. D'autant que nous ne pouvons pas dire combien de temps cela va durer... »

Raisons matérielles, raisons morales, allez savoir... « Pour la famille, c'est une chose de voir mourir un proche, c'en est une autre de le trouver mort, toilette faite, le lendemain matin à l'hôpital », remarque un médecin. « C'est dur, très dur, de voir le malade perdre l'appétit, s'affaiblir, se dégrader. Nous recevons de plein fouet l'angoisse de la famille qui, elle-même, absorbe celle du malade vingt-quatre heures sur vingt-quatre. » « Envoyer à l'hôpital, c'est à la fois un soulagement et une lâcheté », reconnaît un autre. Comme ses confrères, quand il parle de la mort à domicile, il pense « cancer » : « Une situation sans espoir et qui dure longtemps. » Une situation que le médecin ne peut pas « gérer » sans la famille, et où la famille ne peut rien sans l'aide du médecin. « Cela s'est très bien passé, jusqu'au bout, avec un patient qui habite en face de chez moi : je pouvais y aller à tout moment, entre deux consultations s'il le fallait », se souvient le docteur D. Il ajoute : « Si j'avais dû prendre ma voiture à chaque fois, cela n'aurait pas été possible. »

## *L'ÉTERNEL PROBLÈME DE LA VÉRITÉ*

Devant la douleur, ces médecins ne se sentent pas désarmés. « On peut faire aussi bien qu'à l'hôpital », dit l'un. « Le malade a le droit de mourir sans souffrir et nous avons les moyens de l'y aider », résume un autre. Chacun a sa gamme d'analgésiques. Plusieurs ont, dans leur portefeuille, la recette de la potion à la morphine, base du traitement anti-douleur mis au point dans les pays anglo-saxons. Mais cette recette est souvent démodée, les doses de morphine ne dépassent pas 20 mg et ils la réservent aux derniers jours de la vie. Trois médecins seulement parlent de la lutte anti-douleur comme d'une technique spécialisée qu'il faut acquérir et perfectionner.

En revanche, tous sont prêts à « monter les doses, sans tenir compte du Codex », quand il faut calmer la douleur et l'angoisse d'un mourant. Tous admettent qu'ils prennent ainsi le risque d'abréger de quelques jours la vie du patient. Ils ont conscience d'agir avec l'accord, plus ou moins explicite, de la famille. « J'en parle aux proches à l'avance, à tête reposée », dit le docteur C. « La famille ne veut pas que le malade souffre. Elle est prête à accepter un traitement de la douleur qui accélère la fin », confirme le docteur B.

Le malade lui-même demande-t-il parfois qu'on abrège ? Poser cette question, c'est soulever l'éternel problème de « la vérité ». A la famille, les médecins disent, presque toujours, tout. Avec le malade, le « non-dit » règne. Et cela dès le diagnostic.

« Je ne prononce le mot cancer que lorsqu'il s'agit d'un de ceux que l'on guérit souvent, dit le docteur C. En huit ans, on ne m'a jamais posé de question directe. » « Le mot n'est pas prononcé, mais la plupart des malades savent. J'ai parfois le sentiment qu'ils ne posent pas de questions pour ne pas me mettre dans l'embarras », remarque le docteur B. « Plus la maladie avance, moins ils posent de questions », constate un troisième.

Qui est responsable de ce silence ? Certains s'interrogent : « Ne sont-ils pas aptes à entendre ? Ou ne sommes-nous pas aptes à dire ? » La moitié des médecins interrogés affirment qu'aucun malade ne leur a jamais demandé d'abréger sa vie. Les autres éludent : « Je leur dis qu'ils ne doivent pas compter sur moi pour cela. Ce n'est pas mon rôle, et si j'admettais cette possibilité, ils pourraient se poser des questions à chaque piqûre... » « Si le malade me le demande quand il va encore assez bien, je lui dis qu'il n'est pas question de mourir. S'il est proche de la fin, je lui réponds que je l'aiderai à ne pas souffrir. Mais cette promesse ne change pas ma façon de faire : je dose en fonction de ce que je vois sur le visage du malade. » Ce n'est pas au patient de choisir le jour et l'heure...

## *LE SILENCE FAIT PARTIE DES HABITUDES*

Le docteur A., quarante ans, raconte la mort d'une femme de soixante-cinq ans, atteinte d'une récidive de cancer du larynx. Il y avait des métastases et aucune opération n'était envisageable. La situation ne pouvait que se dégrader rapidement au cours des mois à venir, quand douleurs et difficultés respiratoires s'accentueraient. Pour l'instant, elle était encore contrôlable. Mais l'angoisse de la patiente était massive. Cédant momentanément à un traitement médicamenteux, elle surgissait à nouveau de plus en plus obsédante et intraitable. C'est cette angoisse qui a finalement poussé le médecin à pratiquer l'euthanasie. « J'ai réuni la famille qui m'a donné son accord. Mais la malade, je ne lui ai pas demandé son avis et pourtant elle était consciente », explique-t-il, avant d'ajouter : « C'est un très mauvais souvenir. »

Le silence fait partie des habitudes. Comment le rompre quand l'angoisse monte de tous côtés ? Pourquoi un médecin qui n'a reçu aucune formation psychologique, seul devant une situation difficile, saurait-il improviser ?

« Docteur, le jour où ça ira très mal, vous m'aiderez à passer de l'autre côté ? » Dans sa campagne normande, le docteur F. a dit « Oui » deux fois. A l'avance, à deux personnes qui se portent bien. « C'est un oui de faux-jeton parce qu'on est loin de la situation, mais s'ils me le redemandent, le jour venu je le ferai. Ce sont des personnes qui ont pensé à leur mort, qui l'ont préparée, elles ont acheté leur tombe, elles ne veulent pas être à charge... Je les aiderai. »

Quarante ans, généraliste à Paris, le docteur N. est le seul à dire qu'il a aidé des malades à se suicider. Plusieurs fois pour des patients qu'il soignait depuis longtemps. Deux ou trois fois pour des malades qui l'ont fait venir pour cela : « Mon médecin ne veut pas... » A chaque fois, il a vérifié le dossier médical et demandé à revoir le malade : « Le suicide, c'est respectable, mais il faut le vouloir, pas le subir. » Il cite le cas, pour lui exemplaire, d'un homme de soixante-dix ans, cloué au lit par un cancer qui avait détruit sa hanche, et qui s'était tiré deux balles dans la tête en se ratant. « Il avait fait ses preuves. » N'empêche, le docteur N. ne recommencerait probablement pas pour un malade qu'il ne connaît pas bien : « On ne peut le faire que dans une relation affective. » Et pas seul : « Il faut venir à deux médecins, pour être certain qu'en cas de dérapage, l'autre vous avertira. »

Il a vécu, il y a quelques années, la mort de sa femme, atteinte d'un cancer du sein. Elle ne voulait être soignée que par lui. Elle lui avait demandé de la faire mourir. Il ne savait pas s'il pourrait assumer jusqu'au bout. « Pendant ces années-là, lorsque j'ai aidé un malade à se suicider, n'était-ce pas une façon de me préparer à sa mort à elle ? » Une mort pour laquelle il a appelé deux confrères et une infirmière. Il ne pouvait pas se fier à lui-même. C'est l'infirmière qui a fait la perfusion. « J'ai mis cinq ans à me remettre de cette mort. C'est trop. Le mari ne peut pas être aussi le médecin. Depuis, j'ai soigné des mourants dans des situations qui ressemblaient à celle que j'avais vécue moi-même et j'ai compris qu'il faut ménager le conjoint. Parce que, lui, il doit continuer à vivre. »

Les médecins ne sont pas faits autrement que les autres. Chacun aborde la mort avec son expérience, sa philosophie personnelle, sa culture familiale. Sinon, pourquoi deux médecins du même âge — trente-trois et trente-quatre ans —, exerçant dans deux communes voisines, parleraient-ils aussi différemment de la mort de leurs patients ? Le premier est tourmenté : il évoque constamment l'angoisse du malade, celle de la famille, la sienne. Souhaiterait-il améliorer ses connaissances sur la douleur, sur la mort ? « Un peu plus de confort ou un peu moins d'angoisse ne changera pas l'essentiel. Cela ne peut pas bien se passer puisque c'est la mort qui est au bout. » La seconde est tranquille : « Je me bats tant qu'il y a un espoir, mais ensuite je fais mon deuil très vite. » A l'aise techniquement, entourée de confrères (dans son cabinet de groupe et par ses vacations à l'hôpital) avec qui elle peut partager difficultés et émotions, elle est décidée à mieux étudier l'usage de la potion de morphine. Elle n'hésite pas, le certificat de décès signé, son rôle de médecin terminé, à reprendre parfois ce qu'elle nomme son « rôle de fille » : pour aider la famille du mort, comme elle l'a toujours vu faire par sa mère et sa grand-mère. Peut-on la dire sereine ? Je n'oublierai pas sa dernière remarque : « Je n'ai pas encore vécu une mort d'enfant. »

*MARIE-ANGE D'ADLER*
**Journaliste**

MARIE-ANGE D'ADLER

# FAIRE LE MEILLEUR USAGE DU TEMPS COMPTÉ

LE DOCTEUR MONIQUE TAVERNIER PRATIQUE UNE NOUVELLE SPÉCIALITÉ, LES SOINS PALLIATIFS À DOMICILE.

« La seule mort que je n'ai pas ressentie comme un échec, c'est celle de ma mère. Lorsque le cancer du foie a été diagnostiqué, on lui donnait trois mois à vivre. Elle a vécu dix-neuf mois. Je l'ai soignée en suivant les conseils du docteur Monique Tavernier qui m'a fait découvrir les techniques de soins palliatifs. Je ne voulais pas qu'elle souffre : elle n'a pas souffert. Certes j'ai eu deux ans pour faire mon deuil, certes sa mort a été une délivrance, mais j'ai la conscience en paix. »

C'est un médecin généraliste qui parle. Le docteur S., cinquante-quatre ans, exerce depuis vingt-cinq ans à Paris. Avec le docteur Tavernier, il a appris les techniques modernes de soins palliatifs aux mourants, mises au point et constamment perfectionnées en Angleterre et au Canada.

## POTION À LA MORPHINE

Anesthésiste-réanimateur, retraitée d'un hôpital parisien, le docteur Tavernier est généralement appelée auprès d'un malade, en ville, pour traiter des douleurs incontrôlées. Elle pratique un traitement global de la douleur, qui associe antalgiques, anti-inflammatoires et neuroleptiques. Dans ses mains, la potion à la morphine est un instrument « essentiel ». Sa formule : morphine pure dans de l'eau. Avec du sorbate de potassium comme conservateur s'il le faut. « Pas de cocaïne : plusieurs études anglo-saxonnes ont démontré qu'elle n'apporte aucun bénéfice. Pas d'alcool : il peut être douloureux dans des bouches abîmées. Pas de chloroforme : c'est un mauvais conservateur. »

Les doses de morphine qu'elle utilise en potion n'ont rien de commun avec celles qui sont pratiquées habituellement en France (cinq à vingt milligrammes). Le docteur Tavernier prescrit de cinq milligrammes à trois cents milligrammes toutes les quatre heures. Elle cite le cas d'une patiente atteinte d'un cancer à la langue qui, prenant cent milligrammes de morphine en potion toutes les quatre heures, a fêté l'anniversaire de son mariage en allant au théâtre, conduisant elle-même sa voiture[1]. Pas question de réserver ce traitement aux derniers jours de la vie : elle a soigné une vieille dame, précisément la mère du docteur S., pendant dix-neuf mois sous morphine. « Une fois la dose utile atteinte, on y reste et on peut généralement la diminuer pendant les derniers jours. » Elle ajoute : « Quand je prends un malade en charge, le plus souvent je multiplie par trois la dose de morphine et je divise par trois celle de neuroleptiques : pas besoin de bourrer quelqu'un de médicaments pour changer son comportement quand il ne souffre plus et qu'il est bien entouré. »

Avec l'aide de la famille, le docteur Tavernier met en œuvre une médecine complète. Il faut soigner tous les maux, hémorroïdes ou rhumatismes, escarres, mycoses, hoquet... « toutes les misères de la fin de la vie ». Il faut nourrir un patient qui n'a plus d'appétit, car « l'alimentation conditionne l'idéation ». Cela va du bouillon concentré à l'œuf aux concentrés protidiques. Il faut prendre aussi le temps de parler avec le malade et sa famille : « J'ai mis une heure et demie à convaincre une femme de laisser ses enfants venir voir leur père mourant. Il m'avait dit : "J'ai un instant de bonheur quand j'entends la porte d'entrée l'après-midi, au retour de l'école..." »

### SOINS PALLIATIFS

Ses visites sont longues : une heure et demie pour la première, jamais moins de trois quarts d'heure pour les suivantes. « Pas plus d'une visite par semaine, mais on peut me joindre tous les jours au téléphone. L'essentiel de ces dernières semaines doit être réservé à la famille. Le malade doit pouvoir vivre jusqu'au bout. La qualité de la vie peut être merveilleuse pendant les dernières semaines. Il y a des remises en question, des réconciliations, des échanges intenses. Le mourant laissera de lui une image revalorisée, la famille vivra mieux son deuil. Le temps est compté : il faut en faire le meilleur usage. »

Son regret : « Bien souvent, quand on commence les soins palliatifs, le malade a déjà trop souffert. Cela ne peut plus bien se passer. Les soins palliatifs pourraient commencer pendant la chimiothérapie. Et la chimiothérapie devrait être interrompue plus tôt, à partir du moment où elle est source de plus de complications que de bienfaits. » Mais peu de cancérologues s'intéressent aux soins palliatifs.

Monique Tavernier cite le cas de parents dont la fillette était atteinte d'un cancer pulmonaire : « A l'hôpital, on leur avait dit : vous nous la ramènerez quand elle étouffera. Il m'a fallu deux mois et demi pour les convaincre que cela pouvait se passer autrement. Sous cortisone, elle n'a jamais eu d'étouffement. Elle est morte en dormant[2]. »

**1. Le docteur Tavernier a entendu un collègue britannique citer le cas d'un patient qui conduisait sa voiture en absorbant 300 milligrammes de morphine, en potion, toutes les quatre heures.**

**2. Pour en savoir plus long sur les soins aux mourants : *L'Accompagnement du mourant en milieu hospitalier*, par le docteur Blandine Beth, 220 pages, Éd. Doin, 1985 (très concret, très utile). *La vie aidant la mort* par C. Saunders et M. Baines (deux médecins du fameux centre St Christopher de Londres) traduit par le Dr M. Salamagne, éd. Medsi, 1986. *Revue du praticien* (11 fév. 1986) : « Mourir accompagné (pratique soignante en long séjour) » par Reace Seabag-Lanöe, éd. Desclée de Brouwer, 1986.**

MARIE-ANGE D'ADLER

# UN DIALOGUE SINGULIER

Témoignage

**La malade.** - Je suis arrivée à B. en désespoir de cause parce que l'hôpital de la ville où j'habite a traité légèrement mes problèmes, pensant que c'étaient des douleurs rhumatismales.

Ils m'ont fait des tas de radios inutiles et finalement un docteur plus intelligent que les autres m'a recommandé un médecin de l'université de M. Ils ont pris le problème très sérieusement et, en vingt-quatre heures, ils ont découvert que j'avais un cancer du pancréas, décidant d'opérer le plus vite possible parce que la radio montrait une certaine ombre noire ; le pancréas n'était pas totalement visible et ils pensaient que derrière cette ombre noire il y avait quelque chose. Effectivement, ils ont découvert la tumeur. Ils ont donc opéré, ouvert.

A mon réveil, on m'a dit qu'il n'y avait pas de grandes chances d'opérer cette forme de tumeur à l'endroit où elle était placée et qu'on m'avait injecté de l'alcool pour calmer les douleurs qui étaient déjà très fortes, très violentes, insoutenables. En effet, ça a calmé mes douleurs et j'ai commencé à suivre le traitement : irradiation, puis chimiothérapie. Ensuite, je n'étais pas en mesure de rester à l'étranger étant donné que j'étais seule. J'ai décidé de vendre mon affaire, de venir au plus tôt auprès de mes enfants et éventuellement finir mes jours près d'eux.

Donc, je suis venue en France. J'ai commis une erreur parce que je pensais vivre dans le Midi où le climat est agréable. Seulement, je m'y suis trouvée très isolée. Mes enfants venaient toutes les semaines mais ils ont des emplois importants et c'était difficile pour eux.

J'ai donc décidé de revenir à Layar. Tout d'abord, j'ai voulu louer un appartement pour moi toute seule, et puis mes enfants ont suggéré que je reste avec l'une d'elles, que je serais beaucoup mieux en famille, et je suis beaucoup plus à l'aise d'ailleurs depuis que je me sens un petit peu protégée contre l'inconnu.

**Le médecin. - L'inconnu, c'est-à-dire ?**

C'est-à-dire : la mort. Disons le mot tel qu'il est. Bien sûr, on est seul devant la mort, mais il est bon d'avoir des parents autour de vous dans ces cas-là.

Lorsqu'on m'a annoncé la nouvelle de ma tumeur on m'a très brutalement annoncé aussi que je n'avais pas très longtemps à vivre, que ça pourrait être six mois, un an peut-être, avec un peu de chance deux ans, m'a-t-on dit, avec un peu de chance... mais très peu de chance. Toujours est-il, comme je vous l'ai dit, que j'ai décidé de tout vendre et de partir.

A ce moment-là, je l'ai pris très froidement. J'ai demandé des informations car de toute manière personne d'autre ne pouvait le faire étant donné que j'étais seule. Il fallait bien que je sache où j'en étais. J'ai demandé l'état des choses et il m'a été dit très brutalement, mais je n'ai pas eu tellement de réactions, je m'y attendais un peu. Je souffrais tellement, les douleurs étaient tellement étranges que je savais que quelque chose n'allait pas. Et je l'ai bien pris jusqu'à mon arrivée en France. Là, j'ai commencé à changer d'attitude : j'ai commencé à penser beaucoup à la fin. D'abord, je me pose des tas de questions...

**Oui, lesquelles ?**
Comment cela va arriver ? Quand ? C'est très difficile à dire. Devrai-je souffrir beaucoup ? La peur de la mort est apparue, chose que je n'avais pas éprouvée avant. J'étais même très calme devant la mort.

**Est-ce que c'est la peur de la mort ou la peur de la souffrance ?**
Les deux : peur de la mort qui est une inconnue, peur de la souffrance parce que c'est connu ! Très connu, mauvais. Mais alors, bien sûr, un malade sachant qu'il va mourir voudrait au moins éviter la souffrance. Donc des idées, de mauvaises idées, me viennent quand je souffre.

**Les mauvaises idées, c'est... ?**
C'est le suicide.

Puis, lorsque la douleur disparaît, je me dis : « Allons, soyons honnête : tu as peur de la mort, c'est donc que tu veux survivre, donc c'est une contradiction. » Oui, je me fais mon propre cinéma.

Mais, malgré cela, j'ai cette constante crainte de cette fin parce que je ne sais pas comment elle arrivera, de quelle manière. J'ai songé à lire beaucoup à propos de la forme de cancer que j'ai, parce que je suppose que je peux avoir des informations. Mais j'ai un petit peu peur de les lire : est-il préférable de savoir ou de ne pas savoir ? C'est comme une épée de Damoclès sur ma tête parce que je ne sais pas quelles décisions prendre : aller en profondeur et savoir exactement ce qui va m'arriver ou alors laisser faire les choses.

**Pour autant que ce soit prévisible... Enfin, je veux dire que la science médicale peut faire des prévisions, mais avec une part d'incertitude quand même assez grande. Mais d'un certain point de vue cela vous rassurerait sans doute d'avoir non pas un programme mais des prévisions à peu près précises auxquelles vous préparer.**
Si elles ne sont pas horrifiantes !

**Non, je pense que maintenant on peut vous assurer que, quoi qu'il arrive, on peut vous empêcher de souffrir. Nous avons les moyens actuellement de vous empêcher de souffrir.**
C'est cela qui est important, très important. Bien sûr, ça ne résout pas le problème des nuits, des soirées, des jours maintenant, la journée aussi bien où je pense de plus en plus à... J'y crois, c'est ça le problème, c'est que j'y crois, je n'ai aucun doute.

J'ai une certitude et je me laisse aller à cela. J'ai renoncé à lutter parce que je ne crois pas à la guérison du tout. Ils ont été très catégoriques sur ce problème, alors comment croire ? Éviter que la tumeur ne prenne plus d'ampleur, c'est tout ce qu'ils peuvent faire. Mais enfin mon problème est aussi d'essayer de convaincre mes enfants que cela va arriver parce qu'ils n'y croient pas du tout. Ils croient que je suis pessimiste alors que je voudrais être plutôt réaliste et leur expliquer que ça doit arriver. Ils n'y croient pas du tout.

Peut-être ont-ils aussi peur de réaliser la vérité... Nos rapports sont très bons actuellement. Mais c'est aussi contradictoire, parce que je ne voudrais pas que mes enfants me prennent en pitié. J'ai besoin de leur aide morale, mais non pas de leur pitié. Je veux être traitée comme une malade, car je suis malade. Je préfère leur attitude naturelle. On n'est pas naturel quand on est persuadé que quelqu'un va mourir très bientôt. Je suis passée par là avec ma mère.

J'ai appris que ma mère avait un an à vivre, elle a d'ailleurs vécu un an (elle était atteinte d'un cancer du sein évolué). Toujours est-il que je me suis comportée d'une manière trop ouverte, dans ce sens que je l'ai sortie beaucoup, je lui ai presque montré trop d'attention, chose que je ne faisais pas auparavant, alors qu'elle ignorait complètement le pronostic.

**Mais votre attitude excessive par certains côtés l'a inquiétée ?**
Un doute, un doute. Elle n'a jamais prononcé le mot cancer. Jamais. Mais je pense qu'elle savait.

**Sans pouvoir en parler ?**
Jamais en parler.

**Donc, il y avait un rapport qui était difficile entre vous ?**
Exactement.

**Bien que chargé d'affectivité de part et d'autre, qui manquait de simplicité.**
Je ne veux pas que cela arrive à mes enfants.

**Vous voulez garder le dialogue ouvert entre vous ?**
Oui, exactement, parce que je crois que le problème, et surtout le mien actuellement, c'est que j'aimerais être plus calme devant tous ces événements. Non pas m'habituer parce qu'on ne s'habitue pas à cela, mais prendre une attitude un petit peu plus optimiste, même si il n'y a pas de raisons. Et là est votre devoir, de m'aider !

**Enfin, disons que l'objectif serait de jouir au maximum du temps que vous avez à vivre...**
Exactement.

**Aussi longtemps que ça durera.**
Exactement, alors que je passe trop de temps au lit, que je m'enfonce profondément dans l'idée de la mort, tellement que je me complais à ne plus bouger, à ne plus me rendre active.

**Comme s'il y avait une sorte de mortification par avance ?**
Absolument. Ce que je ne peux pas accepter ! Je le fais sans le vouloir.

**C'est ça, oui, c'est une partie de vous-même, il y a une inertie chez vous qui vous pousse dans ce sens-là alors que votre volonté serait d'être au contraire présente et vivante...**

***La malade est décédée quinze jours après cet entretien retranscrit par le médecin-psychanalyste qui préfère conserver l'anonymat afin de préserver celui de la patiente.***

# LE RESPECT DE LA VIE AVANT TOUT

Entretien avec
*LÉON SCHWARZENBERG*
**Cancérologue**

« VOUS FAITES QUELQUE CHOSE SUR LA MORT ? ALLEZ INTERVIEWER LÉON SCHWARZENBERG ! » UNE ASSOCIATION D'IDÉES QUI IRRITE POUR LE MOINS LE CANCÉROLOGUE.

**Autrement. - Je voulais que nous parlions du mourir ordinaire...**
**Léon Schwarzenberg**. - Je vous le dis franchement : j'ai envie de parler de la vie, pas du « mourir ordinaire ». S'il m'est arrivé d'aider des malades, c'était pour sauvegarder leur vie et leurs derniers moments. Pas du tout par amour de la mort que je déteste, qui fait partie de notre existence mais pour laquelle je n'ai aucune sympathie particulière.

**Par mourir ordinaire, j'entendais la période de la fin de la vie... L'approche de la mort, ça concerne quand même beaucoup les médecins ?**
Il ne faut pas exagérer. La fin de la vie, ce n'est pas le mourir. Mourir, c'est quitter la terre. Ce n'est pas parce que vous exercez la médecine et que vous voyez des gens périr que vous connaissez mieux la mort qu'un ouvrier agricole ou *a fortiori* un poète. Il faut complètement dissocier le problème technique et médical de celui de la vie et de la mort en général. La médecine a pour but d'aider les gens à vivre. Donc, elle doit les guérir s'ils sont malades, les aider à vivre avec leur maladie si elle est inguérissable, et, si on ne peut hélas pas prolonger leur vie plus longtemps, répondre à leur demande de sauvegarde, même lorsqu'elle s'accompagne de la nécessité d'interrompre une existence amoindrie, justement par respect de leur vie. Il n'y a qu'un « faire bien », faire bien c'est guérir. Lorsqu'on aide quelqu'un à mourir, on fait mal. Sauf qu'on fait moins mal que si on n'aidait pas, si on se cachait la face en ne regardant pas les problèmes. Le médecin doit essayer de guérir son malade à tout prix. Mais *pas à n'importe quel prix !*

**Alors, qu'est-ce qu'il faudrait apprendre aux futurs médecins à ce propos ?**
Pas seulement aux médecins, aux gens en général. Le plus important, c'est d'écouter autrui, et d'essayer de comprendre ce qu'il dit, à la fois au premier et au second degré. Il y a des médecins qui ne veulent comprendre qu'au premier degré, et qui occultent toute réflexion profonde de la part du malade. Et d'autres qui ne veulent comprendre qu'au second degré, qui n'écoutent même pas les paroles prononcées auxquelles ils donnent une interprétation différente. Mais ce qui est vrai des rapports entre médecins et malades l'est des rapports entre hommes politiques et citoyens. C'est plus un problème de société que de médecine.

**Vous dites « essayer de guérir, mais pas à n'importe quel prix ». Cela veut**

**dire qu'il peut y avoir contradiction entre le respect de la vie et le respect de la personne...**

Pas une contradiction, une mauvaise définition des termes. Le respect de la vie, c'est toujours le respect de la personne. Quand on ne respecte plus la personne, c'est qu'on ne respecte plus la vie puisque celle-ci se définit par sa dignité et sa liberté. Un être humain et une plante verte sont deux êtres vivants différents. Moi, je respecte la plante verte. Mais dire qu'on respecte la vie de quelqu'un sous prétexte qu'on le fait respirer et qu'on fait battre son cœur, alors qu'il est réduit à l'état de plante verte qui ne survit qu'avec le secours d'appareils, ça non. Il n'y a pas de « qualité de la vie » : la vie c'est la qualité ou ce n'est plus la vie.

**L'association médicale des États-Unis considère désormais que face à un coma prolongé, le médecin est en droit d'arrêter tous les traitements, y compris l'hydratation et l'alimentation. Qu'en pensez-vous ?**

M. Crick, le prix Nobel de médecine le plus important du siècle, puisque c'est lui qui a découvert la structure du DNA, avait déjà proposé que dans les hôpitaux, la fiche des malades ayant dépassé un certain âge comporte la mention « NTBR » : « Ne doit pas être réanimé ». C'est très difficile de décider qu'on ne doit pas réanimer.

Si une personne de quatre-vingt-douze ans est victime d'une fracture du col du fémur mais veut vivre encore six mois ou un an, je ne vois pas de quel droit on l'en priverait, même s'il faut pour cela mettre en route tous les systèmes de réanimation. On ne peut pas établir de lois générales, dire qu'à tel âge ou dans tel état on ne doit pas réanimer. Parce que si on commence à mettre la barre à quatre-vingt-douze ans, on va descendre bientôt à quatre-vingt-huit ans, puis certains voudront que ce soit encore plus tôt...

Je crois qu'il faut toujours être complètement dépendant de la volonté du malade, car il est le seul détenteur de son existence. Ceci dit, on ne peut pas laisser un malade comateux avoir soif sans le perfuser.

**Cela pose le problème des limites au-delà desquelles on tombe dans l'acharnement thérapeutique...**

Ces problèmes, que se posent des associations comme l'ADMD ou d'autres, sont des problèmes contemporains, liés à l'essor de la médecine. Il y a vingt ans, les malades atteints d'un cancer mouraient dans la douleur. Aujourd'hui, avec le sirop de morphine ou la péridurale, cela ne doit plus être le cas dans la plupart des services hospitaliers. C'est un progrès.

Ce qui n'en est peut-être pas un, c'est qu'on peut maintenir un malade en le faisant respirer avec un respirateur artificiel, faire battre son cœur avec un pacemaker, filtrer son sang... et cela peut devenir de l'acharnement thérapeutique. Lequel commence parfois sans que vous en preniez conscience, parce que vous vous battez jusqu'au bout pour tenter de guérir le malade. Si un moment arrive où ce malade ne peut plus être guéri, vous basculez d'un coup de la persévérance médicale dans l'acharnement thérapeutique.

C'est pourquoi il est nécessaire que les médecins disposent de grilles, de repères précis et objectifs montrant que lorsqu'un organisme est gravement atteint, à un certain stade on peut encore se battre, à tel autre c'est devenu limite, au-delà on ne peut plus.

**On peut arriver à calmer les douleurs, mais on ne le fait pas encore partout...**

Oui, mais cela, c'est un problème de civilisation. Il faut arriver à le faire comprendre.

**Il circule à votre propos deux discours très passionnels ; d'un côté, des malades, pour lesquels vous représentez le sauveur, le recours, celui qui va aider ; et de l'autre, certains médecins auprès desquels vous avez un peu une image d'exécuteur. Comment réagissez-vous ?**
Il y a quatre ou cinq ans, un médecin soi-disant progressiste m'a appelé le « médecin des hautes œuvres ». D'abord, je n'exécute personne, c'est la maladie qui exécute. Ensuite, c'est l'insuffisance médicale et scientifique qui n'est pas encore fichue de guérir certains malades jeunes, c'est le laisser-aller qui prolonge l'agonie et le désespoir des malades très âgés. Moi, je ne suis l'exécuteur de rien. S'il y a des bourreaux, ce ne sont pas ceux qui aident les gens, ce sont ceux qui les forcent à continuer de souffrir. Je récuse donc le terme d'exécuteur, et je défie qui que ce soit d'agir autrement, sans mériter lui-même le qualificatif de bourreau !

**Qu'est-ce que vous pensez des soins palliatifs ?**
Indispensables. Les soins palliatifs, c'est la prise de conscience par le médecin que plus aucun traitement spécifique ne peut être efficace. Dans ce cas, il faut avoir le courage de reconnaître qu'on ne peut plus se battre contre la maladie, qu'on va désormais se battre pour le malade, traiter les symptômes, la douleur, la soif, l'inconfort, tout ce qu'on range sous le terme de soins palliatifs.

**Je vous pose la question, car certains estiment que s'ils étaient plus répandus, on n'aurait pas besoin d'aider les malades à s'endormir...**
Celui qui dit ça, je l'invite à venir voir ce qu'est un malade qui n'en peut plus malgré les soins palliatifs. L'euthanasie, à la limite, je m'en fiche. C'est un terme abstrait. Je vais lui parler de Mme Untel dont l'estomac se rétrécit de plus en plus, qui ne veut pas qu'on réopère pour faire une gastrostomie, parce qu'elle sait que sa tumeur, déjà opérée deux fois et traitée, augmente sans cesse. Je vais lui parler de la jeune fille de quinze ans — je raconterai inlassablement cette histoire — dont le visage était défiguré par une tumeur nauséabonde, chez qui on avait enlevé tous les miroirs, et qui chaque soir, lorsqu'elle s'endormait, souhaitait ne pas se réveiller. C'est pour ces personnes-là que je demande une réponse.

**On vous reproche beaucoup de raconter des choses comme ça, aussi concrètes...**
Ce n'est pas moi qui les raconte. C'est la vie qui les raconte, qui est parfois horrible, c'est tout ! Ce n'est pas ma faute si cela se passe ainsi. Chaque fois que je demande : « Alors, qu'est-ce qu'on fait dans ce cas ? », on me répond : « Ce n'est pas le problème. » Si, c'est le problème ! Je m'occupe de la maladie, et du malade. Autrement, je pourrais dire comme certains : « Au revoir, madame. Moi, je suis fait pour lutter contre le cancer, mais je ne peux plus rien pour vous. Maintenant, vous allez vous débrouiller avec votre médecin traitant qui va vous calmer. Moi, ma lutte contre le cancer est terminée, au revoir, madame. »

**Vous êtes très attaché à ces « contrats de vérité » qui vous lient à vos malades...**
Certains malades avec des cancers difficiles acceptent aujourd'hui d'être traités « jusqu'au bout » comme ils disent, parce que justement ils savent qu'on n'ira pas plus loin que ce bout. C'est pour cela qu'ils ont confiance. Et croyez-moi, quelquefois, lorsqu'on arrive au bout, on est bien ennuyé d'être obligé d'honorer ce contrat. Ceci dit, la parole donnée à un malade, il faut la respecter. C'est tout.

**Et la vérité sur la maladie ? Vous ne croyez pas que si certains médecins n'osent pas la dire à leurs malades, c'est aussi à cause de leur propre angoisse ?**
Cela, je n'y crois pas. C'est indépendant. Si on ne dit pas la vérité aux malades, c'est d'abord une question d'habitude. C'est un problème de facilité des rapports sociaux et de superficialité des relations humaines. Et certainement pas de charité et de miséricorde comme certains disent, on en a la preuve avec le SIDA. En effet, si ces motivations jouaient, elles devraient le faire *a fortiori* pour les malades atteints de SIDA, puisqu'ils sont condamnés à cent pour cent. Or, sous prétexte de sauvegarder la société et d'éviter la contagion, ce qui est légitime, ces malades échappent aux lois de la charité et de la miséricorde qu'on invoque pour ne pas dire la vérité aux cancéreux. Alors qu'on ne nous bassine plus avec les grands mots de pitié qui enveloppent le mensonge !

**Comment cela va se passer, si demain Léon Schwarzenberg rencontre la statue du Commandeur ?**
Moi ? Je n'en sais rien. Franchement, je ne me suis jamais posé le problème pour moi, en me demandant si j'aurais peur, comment je réagirais si j'avais un cancer du poumon ou du pancréas. On ne peut pas savoir. J'ai l'impression que ce n'est pas pour demain. Tout ce que j'espère, c'est que je serai conforme à la conduite d'autres personnes, et que cette saleté de maladie n'abaissera pas trop mon niveau de conscience.

D'ailleurs, j'aime autant vous dire que je suis guetté au tournant par un certain nombre d'hommes de pitié qui attendent de voir... La mort vient bien assez tôt.

Propos recueillis par
*CLAUDINE BASCHET*
*ET*
*MARTINE LOCHOUARN*
**Journaliste**

BERNARD FONTY

# EUTHANASIE : LE DÉSIR ET LA RÉALITÉ

À LA FOIS ACCOUCHEUR ET CHIRURGIEN-GYNÉCOLOGUE, IL M'ARRIVE D'ÊTRE CONFRONTÉ, DANS CHACUNE DE CES PRATIQUES, À UNE DEMANDE D'EUTHANASIE. CONVAINCU QUE LE MÉDECIN EST AU SERVICE DE CELUI OU CELLE QUI SOLLICITE SON AIDE, JE FUS PARFOIS AMENÉ À PROMETTRE CE GESTE, ET, CONVAINCU QU'ACCEPTER CE GESTE DE MORT PEUT ÊTRE UN GESTE DE RESPECT DE LA VIE, IL M'EST ARRIVÉ DE PARTICIPER À PLUSIEURS EUTHANASIES. TOUTEFOIS, DEMANDER UNE EUTHANASIE NE VEUT PAS DIRE S'ENGAGER VERS UNE EUTHANASIE, AUTANT POUR LE MÉDECIN QUE POUR CELUI OU CELLE QUI LA RÉCLAME, ET À CE PROPOS, DEUX HISTOIRES CLINIQUES M'ONT PARTICULIÈREMENT INTERROGÉ.

Je ne suis pas prêt d'oublier les regards de Mme A... Elle m'avait été confiée pour le traitement d'un cancer du col de l'utérus, déjà au stade III mais découvert récemment et fortuitement. Agée de trente-cinq ans, frêle mais d'une belle allure, effacée mais dynamique, elle aborda la question de l'euthanasie dès la première consultation. Plus particulièrement, elle me fit promettre de ne pas la réveiller si j'étais dans l'obligation de pratiquer une dérivation urinaire pour extirper son cancer. L'idée de porter une poche à urine sur son ventre lui était intolérable et, à maintes reprises, elle me souligna ne pas vouloir imposer ce spectacle à son mari et à sa fille de dix ans.

Une radiothérapie première, suivie d'une curie-thérapie, permit de réduire le volume tumoral et l'intervention chirurgicale put se dérouler dans d'excellentes conditions. Neuf mois plus tard, une première récidive m'amena à promettre, à nouveau, le même geste. Cette fois, le processus cancéreux envahissait la corne vésicale gauche, une partie du vagin et surtout l'uretère ainsi responsable de coliques néphrétiques dont les douleurs étaient mal calmées par les antalgiques majeurs. Il fallait réintervenir, ne fût-ce que pour soulager cette femme épuisée par son mal. Tout en permettant de conserver la continuité urinaire, cette deuxième intervention chirurgicale se déroula dans de bonnes conditions carcinologiques. Dans les suites, nous décidâmes, ensemble, d'une radiothérapie complémentaire, apportant plus de sécurité pour tenter de stopper l'évolution, tout en sachant bien, tous les deux, que cette irradiation supplémentaire du pelvis comportait un risque important de fistulisation des conduits urinaires dans l'intestin ou dans le vagin. C'était, pour cette femme, là encore, une idée insoutenable et elle me fit à nouveau promettre que je l'aiderais à mourir si cette éventualité survenait.

Trois mois plus tard, cette complication se manifesta, beaucoup plus invalidante qu'un appareillage amenant l'urine à la peau dont Mme A... ne voulait toujours pas entendre parler. Puis, ce fut une longue série de complications dont la survenue éventuelle nous faisait chaque fois discuter de l'euthanasie possible. Son calvaire dura six mois. L'installation à demeure d'un cathéter dans l'espace péridural permit de calmer la douleur par des injections pluriquotidiennes de morphine. Les deux derniers mois, alors que la fistulisation tant redoutée venait d'apparaître et faisait communiquer vessie, rectum et vagin entre eux, ses appels à l'aide devinrent moins fréquents et surtout moins pressants. Du fait d'une compression des vaisseaux assurant la vascularisation de sa jambe gauche, cette dernière quadrupla de volume, et Mme A... contempla cette nouvelle complication avec une certaine sérénité. Plus la situation se dégradait, moins l'euthanasie était évoquée. Que je calme la douleur lui suffisait et, pour les quinze derniers jours de sa vie, elle ne fit plus appel à moi.

C'est son mari qui est venu m'annoncer son décès ; il a tenu à ce que je le reçoive en consultation pour me remercier et, me dit-il, « tout autant pour la qualité de vos soins que pour avoir su vous éclipser ». Lui, au début de la maladie, je ne l'avais vu que de rares fois. Il ne comprenait pas l'attitude de sa femme et il lui arriva même, devant elle, de dénier sa demande d'euthanasie. Par la suite, il accompagna sa femme plus souvent, venant la soutenir dans sa demande, soutien qu'il maintenait dans les entretiens que j'avais avec lui seul.

En dépit de ce que chacun pourrait considérer comme une déchéance physique, cette femme vécut un amour particulièrement fort avec son mari. Ce couple, un peu bancal quand je l'ai rencontré, s'est véritablement redressé et, plus le mal évoluait, plus M. et et Mme A... se rapprochaient l'un de l'autre. Pour cette femme, c'est le réaménagement de son couple qui lui permit, pour une part, d'affronter chaque nouvelle complication qui survenait, de contredire son discours de la veille, de récuser l'image qu'elle s'était faite d'elle-même et finalement de vivre en harmonie avec son propre idéal. Il n'est pas invraisemblable de penser qu'elle aurait voulu interrompre cette survie si, avec son mari, la communication amoureuse n'avait pas été retrouvée. Au travers de cette maladie, chacun a sans doute trouvé quelque chose à dire à l'autre, chacun s'est accommodé d'une situation jugée comme intolérable auparavant, et, devant l'incompréhension de l'entourage, ils furent amenés à s'isoler de plus en plus ; ils finirent même par confier leur fille aux grands-parents. Cette femme se disait incapable d'imposer ce spectacle à sa fille alors que, maintenant, elle pouvait le vivre avec son mari.

## *JE VEUX LE GARDER AVEC MOI*

Je ne suis pas prêt d'oublier non plus Mme B..., hantée par l'idée de porter un enfant mongolien. Agée de trente-cinq ans, elle était psychomotricienne dans un institut accueillant les enfants handicapés. Seule une amniocentèse aurait pu la rassurer, mais, en France du moins, ce geste n'est accepté que si la femme a franchi la barre des trente-huit ans au moment de la conception. Sa grossesse se poursuivit dans une angoisse profonde, et nous fûmes amenés à aborder la question de savoir ce que nous ferions à la naissance si, par malheur, l'enfant était anormal. Pour ces parents, comme pour beaucoup en début de grossesse, l'euthanasie allait de soi. Elle était évoquée à chaque consultation, et il était chaque fois plus évident que le couple souhaitait que j'aide cet enfant à mourir s'il se révélait mongolien.

En fait, ils ne venaient en consultation que pour réentendre cette assurance. Le père ne croyait pas à la malformation, mais il soutenait sa compagne dans sa détermination. Le destin voulut que cette angoisse devienne réalité, elle accoucha d'un enfant mongolien. Le constat fut immédiat et la réaction du père sans aucune ambiguïté : cet enfant devait mourir. Dans un premier temps, la jeune mère accepta le terrible verdict, et puis, tout bascula en un instant. Alors que je prenais l'enfant pour l'amener dans un autre endroit, brusquement, elle s'est dressée sur la table d'accouchement et, poussée par une violente pulsion, elle s'est écriée : « Non, pas ça, c'est mon enfant, je veux le garder avec moi. »

Elle était déjà debout. Je lui ai donné son bébé et, avec mon aide, c'est elle-même qui l'a baigné. Le père n'a pu supporter la scène, il a quitté la salle. Il ne comprenait pas la réaction de sa compagne qui, après m'avoir fait plusieurs fois promettre une euthanasie pour son enfant, s'il était mongolien, ne pouvait plus se séparer de la chair de sa chair. Il ne comprenait pas non plus mon attitude à moi qui, brusquement, faisais tout pour que cet enfant soit adopté par sa mère. Depuis, Mme B... assume l'éducation de son enfant, elle vient me voir de temps en temps pour sa contraception, accompagnée parfois de son fils. Déjà, quelques semaines après son accouchement, elle était venue me le présenter. Ce jour-là, elle m'avait embrassé en me disant : « Merci, docteur, merci de m'avoir permis de m'occuper de lui. »

A l'évidence, les deux situations sont fort dissemblables. Pour l'une, la demande concerne son propre corps, son droit à disposer d'elle-même, alors que pour l'autre, elle porte sur la vie de son enfant, la vie d'un autre. Même si je pense que le droit à disposer de soi ne mérite que quelques interrogations restant du domaine de l'éthique de chacun, disposer de l'autre soulève un questionnement insoluble.

Pour les parents, cette lourde prérogative, envisagée et même revendiquée par eux avec une certaine sérénité pendant la grossesse, se révèle inassumable devant la réalité de l'enfant qui vient de naître. Plus tard, même si je me suis substitué à eux dans la décision d'euthanasie, le simple fait de m'avoir donné leur accord risque de rendre insupportable le geste commis, et ainsi peut empêcher le deuil des joies de la grossesse et du premier émerveillement de l'enfantement, le deuil de l'enfant rêvé.

Pour le médecin, le problème n'est fait que de questions. Quand, à la naissance, je me retrouve face à un enfant porteur d'un handicap grave, suffisamment grave pour que je juge sa vie intolérable tant pour lui que pour sa famille, que dois-je faire ? En informer les parents pour qu'ensemble une décision soit prise ? Ou bien, dans le silence de ma conscience, m'autoriser à arbitrer le destin ? Dois-je prendre la décision seul, ou en accord avec les parents ? Chaque fois, je voudrais leur éviter la douloureuse obligation de décider par eux-mêmes, j'aimerais les protéger sous couvert d'une autorité médicale qui déciderait à leur place. Et, je dois l'avouer, il est des situations où je fus amené à masquer la vérité aux parents sur les circonstances de la mort de leur enfant.

## *LA RÉALITÉ SURPREND TOUJOURS*

Bien que différente, la demande de ces deux femmes présente de nombreuses similitudes.

L'idée de porter l'anomalie, qu'il s'agisse d'un cancer ou d'un enfant anormal, est intolérable. L'euthanasie, ou du moins son évocation, semble permettre de franchir des étapes qui paraissaient insurmontables. Dans ma pratique, comme dans ces deux histoires, ce que je constate c'est que ce sont des femmes qui, majoritairement, ne supportent pas l'idée imaginaire du handicap, qui sont dans l'incapacité de se projeter dans l'avenir en pareille situation, et elles me parlent ouvertement d'euthanasie. Je me dois, au moins, de les écouter. Toutefois, mon écoute est bien différente, plus naturelle, plus accueillante depuis que je suis en accord avec cette demande, et surtout depuis qu'elle est corroborée par le fait qu'il m'est arrivé de participer à des euthanasies. Pour le médecin que je suis, réaliste, l'euthanasie, dans son sens exact, représente une matérialité et non une illusion du possible. Qui plus est, l'euthanasie n'est qu'un des gestes de ma pratique de vie, n'est qu'un élément d'un ensemble me permettant l'accompagnement d'une femme dans sa grossesse jusqu'à la mise au monde de son enfant dont la réalité ne correspond jamais exactement à l'imaginaire, ou me permettant l'accompagnement d'une femme dans sa maladie, dont les modalités imaginaires sont rarement en accord avec la réalité et dont le moment de l'étape ultime, la mort, demeure exceptionnellement choisi.

Le même désir de maîtrise anime ces deux femmes. Désir combien illusoire devant la réalité, qui surprend toujours et fait disparaître la demande imaginaire d'euthanasie.

Dans ces deux histoires, je n'ai fait qu'accompagner une personne dans son destin et, pourtant, on est venu me remercier. Mais pourquoi ? Pour mon accord avec l'euthanasie ? Ou bien pour ma bienveillance devant le changement d'attitude ? Lorsqu'un malade demande à mourir, le plus souvent, il exprime aussi bien autre chose. Il faut l'écouter, entendre sa souffrance, il faut entrouvrir la porte, parler de son questionnement sur la validité de la poursuite de sa vie, et, le moment venu, l'aider à mourir comme il le souhaite. Le médecin doit donc répondre oui, sinon il n'est plus crédible, il n'est plus l'interlocuteur privilégié ou même le partenaire du moment douloureux. Avec les enfants, ce sont les parents qui expriment le désir d'être aidés, et c'est avec eux que le médecin doit dialoguer avant parfois de décider.

L'évolution de l'attitude de ces deux femmes démontre que le débat sur l'euthanasie, poussé dans sa radicalité, est un faux débat. Ceux qui discourent sur la médecine, la maladie, la mort, ce sont des bien-portants, des gens qui sont hors-situation. Et si l'on rencontre, avec l'euthanasie, autant d'avis à l'emporte-pièce, sans nuance, c'est bien parce que ceux qui en parlent ne sont que rarement et encore moins concrètement confrontés à la réalité. Un homme en bonne santé ne peut jamais savoir à l'avance quel sera son rapport à la maladie, non plus que sa véritable demande à la phase ultime de sa vie. Le débat est exactement le même pour l'anomalie à la naissance, ce n'est un problème que pour ceux qui, inconsciemment, se considèrent à l'abri de l'anormalité. Cela peut sembler bien radical, mais c'est ce que j'entends dans la pratique quotidienne et plus particulièrement quand une femme de quarante ans rechigne à faire pratiquer une amniocentèse, tandis qu'une jeune femme de vingt-cinq ans s'étonne que celle-ci ne soit pas proposée de principe.

Pour ces deux femmes, il a fallu la douloureuse expérience de la vie pour qu'elles apprennent leur véritable désir leur permettant de vivre en accord avec elles-mêmes. Chacun devrait avoir conscience que réclamer le droit à l'euthanasie, quand on est hors-situation, ne veut pas dire que cette demande doive forcément se maintenir le moment venu. Et, nuancer sa position, voire se dédire n'implique pas la perte de la dignité de soi.

L'histoire de ces deux femmes montre combien notre système social nous empêche de nous projeter dans le handicap qui, pourtant, demeure toujours possible, et de nous imaginer à l'étape ultime de notre vie, pourtant inéluctable. Les malformés, on les cache. Comme si l'on avait seulement le droit d'avoir un enfant normal. Les cancers, on ne parle d'eux que dans les situations de guérison. Comme si on avait seulement le droit, et même le devoir, d'être bien portant grâce aux mesures de dépistage et de prévention. Et c'est pour tout le même consensus, nous ne sommes jamais confrontés au phénomène de l'anormalité. Dès que l'on est malade, c'est l'hôpital. Dès que l'on est vieux, c'est l'hospice. Dès que l'on déraille un peu trop, c'est l'asile. Et maintenant, dès que l'on est mourant, c'est le centre de soins palliatifs. Cela n'est pas une critique, mais un constat, car la création de tels centres m'apparaît comme un mal nécessaire, que j'espère temporaire, devant l'inadéquation du système médical actuel pour l'accompagnement des mourants. D'une façon analogue, la création des centres d'interruption de grossesse a été imposée par le comportement aberrant de la majorité des accoucheurs au moment de la légalisation de l'avortement.

## *OFFRIR UN ESPACE DE CHOIX AU MALADE*

Ma conviction est que le médecin que je suis ne peut accepter d'emblée le geste de l'euthanasie, non pas sous couvert du discours habituel, c'est bien ou c'est mal, ou parce que sa fonction est d'aider et non de tuer, mais pour des raisons bien différentes, au premier rang desquelles se trouve la nécessité de la relation que j'ai pu avoir avec la personne qui m'a fait confiance pour l'aider. Quand j'accompagne un mourant qui souffre, dans sa demande de mort la plus douce possible, est-ce l'aider ou le tuer ? Difficile de confiner ces deux conceptions dans des territoires bien délimités qui, dans la pratique, s'obstinent à se chevaucher.

Dans ma démarche, l'euthanasie n'est pas geste de mort mais geste de respect de la vie. Cette contradiction n'est qu'apparente et s'efface devant le long chemin parcouru avec celui ou celle que j'aide à mourir. C'est après l'avoir, longuement et souvent, écouté. C'est après avoir appris à l'entendre sinon le comprendre. C'est après avoir, avec lui, élaboré cette demande et démêlé ses éventuelles autres significations. C'est après avoir eu pleinement conscience, à maintes reprises, que je pouvais être amené à y répondre. C'est parfois après que l'on m'a, pour un temps, fait entendre que je devais m'effacer.

Le médecin devrait recevoir une formation lui permettant d'être conscient de l'ambivalence des projections imaginaires de chacun et, qui plus est, ne pas omettre les siennes. Ainsi aiderait-il à la constitution d'un espace de choix où le malade pourrait se réapproprier en tant que sujet et non demeurer objet de la maladie. Cela m'évoque le subterfuge que j'employais quand je pratiquais des interruptions de grossesse avant que la loi Veil soit votée. Lorsqu'une femme venait me demander ce geste, il était, alors, impossible de l'aider dans les motivations de son choix, et si je me permettais de soulever quelques contradictions j'étais, aussitôt, vécu comme celui qui finirait par refuser d'accéder à sa demande. C'est pourquoi, à cette époque, pour toute femme me demandant une interruption de grossesse, je commençais par lui donner un rendez-vous précis pour la pratique de cet acte, dans un deuxième temps, je lui en expliquais les modalités, et dans un troisième temps seulement, j'évoquais les ambivalences possibles. Parfois nous allions vers la conservation de cette grossesse, pour éventuellement revenir vers son interruption. Mon attitude lui avait permis de retrouver un espace de choix que l'illégalité du geste avait limité. Toutes proportions gardées, il en est de même avec l'euthanasie.

Le médecin, dans le parcours de son aide, devrait pouvoir accepter profondément que se dédire ne veut pas dire se renier, que l'idéal de soi n'est pas obligatoirement dans la maîtrise, qu'un changement d'attitude n'est pas la preuve d'une inconséquence mais plus simplement le témoin d'un cheminement qui peut encore prendre bien des détours. Il devrait aussi savoir que, s'il n'y prend garde, il risque d'être vécu comme le reproche vivant de ces changements d'attitude, comme le témoin d'une faute par rapport à l'image idéale que le sujet, aujourd'hui malade, s'était faite de lui-même.

## *UNE SITUATION PARADOXALE*

Curieuse relation. Le médecin est investi d'un tel pouvoir que les gens sont incapables d'envisager que leur demande puisse être répréhensible au regard de la loi. Ils sont convaincus que le médecin a tous les droits, qu'il peut tout décider, et que, lorsqu'il dit non, c'est en fonction de son seul bon vouloir. C'est ce qui survient, par exemple, lorsqu'une femme vient me demander une ligature des trompes. Bien que l'acte chirurgical soit formellement interdit par la loi, elle n'imagine pas un instant que mon refus soit dicté par un texte législatif, et elle pense tout simplement que je ne veux pas la ligaturer. Cela est vrai aussi pour l'interruption de grossesse. Tout en légalisant, il a fallu l'assortir d'une clause restrictive, dite clause de conscience, permettant au médecin d'en refuser la pratique si telle est sa conviction. Il est évident que dans sa pratique quotidienne, le médecin ne se définit pas par rapport à la loi, mais par rapport à sa conscience, devant un individu qui lui demande de l'aider. Au moment où il s'agit de poursuivre la vie, ou de la retirer, il est finalement seul à décider, il est bien au-dessus de la loi. Ainsi, la boucle est fermée. Le médecin vécu par les gens comme au-dessus de la loi, se vit, du moins dans sa fonction, comme au-delà de la loi. Bien étrange, cette relation hors la loi.

Curieuse situation. Le médecin porteur de geste de vie ne peut être, dans le même temps, investi d'un geste de mort par celui ou celle qui lui demande son aide. Pourtant chacun sait, et plus particulièrement le médecin, qu'il y a de la mort dans la vie et de la vie dans la mort. Cela m'évoque ma double fonction d'accoucheur et d'avorteur. En dehors d'une relation chaleureuse, il demeure rare qu'une femme chez qui j'ai pratiqué un avortement revienne me voir pour son accouchement ; à l'inverse, il n'est pas rare qu'une femme que j'ai aidé à accoucher n'ose pas revenir me voir pour avorter. Quant à celles que j'ai opérées pour stérilité et qui désirent avorter, je n'en ai rencontré que deux ; par contre, j'en ai aidé de nombreuses qui avaient été opérées par d'autres chirurgiens.

Dans notre société, la mort a été remplacée par la maladie, maladie que les médecins pourront s'acharner à guérir, s'évitant ainsi, eux aussi, cette problématique de la mort. Trop souvent, le désir de guérison de la maladie semble prendre le pas sur celui de l'aide à la personne, et on est parfois amené à se demander la maladie de qui : celle du médecin ou celle du patient ? Et ainsi, il faut avoir bien conscience que l'euthanasie légiférée risque de devenir un apport technologique supplémentaire à la disposition du médecin pour vaincre la maladie, un outil supplémentaire permettant au médecin de s'en débarrasser ! Pendant ses longues années d'études, le futur médecin, formé pour la guérison, n'est jamais confronté aux problèmes posés par l'accompagnement d'un mourant, et encore moins à sa demande éventuelle d'euthanasie.

Le silence du corps médical sur ce sujet n'est que l'expression de ce que la société souhaite. La mort semble comme le soleil, et on ne peut la regarder en face sans prendre le risque de s'aveugler. Pour le médecin, même si je suis en accord avec une démarche d'euthanasie, même si je me déclare prêt à accomplir ce geste, personne ne pourra empêcher que je souhaite échapper à cette responsabilité.

Aujourd'hui, la mort semble ne pas pouvoir échapper à la médecine, ne serait-ce que par le lieu habituel de ses circonstances : l'hôpital. L'homme y est, du moins dans son vécu, dépossédé de sa propre mort et effectivement, si la frontière entre acharnement et abandon thérapeutique se fait trop nette, cette dépossession devient réalité. Ceux qui réclament le droit à l'euthanasie voudraient échapper à ce pouvoir décisionnel des médecins, éviter que cette euthanasie réclamée devienne imposée, et présider leur mort comme ils ont cru diriger leur vie. Ils voudraient s'assurer de la possible réappropriation de leur propre mort, et demeurer des sujets jusqu'à l'étape ultime de leur vie.

*BERNARD FONTY*

**Chirurgien, gynécologue-accoucheur. Auteur de *Bonjour l'aurore*, éd. Clims, 1986.**

GILLES ALEXANDRE

# « GRAND ÂGE, NOUS VOICI »

**« Grand âge, nous voici. Fraîcheur du soir sur les hauteurs, souffle du large sur tous les seuils, et nos fronts mis à nu pour de plus vastes cirques... »**
**Saint-John Perse *(Chronique)***

Le gamin est péremptoire : « J'te ferai dire... dans la vie, il y aura toujours plus de vieux que de jeunes, parce qu'un jour, tous les jeunes ils deviennent vieux... »

Candide et élémentaire constatation ! Certes, la vieillesse, non plus que l'accouchement, n'est pas une maladie. Le vieillissement, pourtant, c'est irréparable. Dans un monde qui ne veut voir que sa vigueur et sa jeunesse, voici une usure, une fatigue qu'aucune eau minérale ne peut éliminer, mais qui gênent et qui font peur d'autant plus qu'elles annoncent aussi une mort irrémédiable. La mort comme un bel arbre désolé qui cache une forêt ignorée, touffue, pleine de pièges et murmurant un seul mystère, le vieillissement.

Déjà, par une sorte de chamanisme on a voulu purifier le langage. Par décret, les « ci-devant vieillards » sont devenus des personnes du « troisième » et du « quatrième » âge.

Or ça fait beaucoup de monde. On estime à 7 000 000 le nombre de Françaises et de Français âgé de plus de soixante-cinq ans, dont 3 500 000 âgés de plus de soixante-quinze ans et 600 000 personnes dépendantes âgées de quatre-vingt-cinq ans et plus. En l'an 2000, celles-ci seront un million, car les conquêtes de la science et de la technique font progresser le vieillissement de saison en saison.

Dépendantes, elles accomplissent ce long pèlerinage où l'on ne va plus vers les autres mais où l'on attend que les autres viennent vers vous, car toute initiative est soumise au bon vouloir d'autrui. « Je n'urine plus, mais On me sonde, On me glisse un bassin... (C'est une soignante qui raconte[1].) Je ne me lave plus, mais On me lave, On m'habille, On me déshabille... On me lève, On me fait marcher... »

Grabataires, incontinentes, démentes, mais le plus souvent, seulement psychiquement et socialement désorientées, ces personnes ont été placées en maison de retraite ou en long séjour. Elles, déjà depuis des années rayées des listes de la vie active, les voilà encore privées de leur cadre habituel — adieu meubles, environnement, voisins — et soumises à des horaires fixes... en fait, des personnes déplacées.

Et pourquoi, là, ce voyage au bout de la vie ? Tout simplement parce que l'entourage, la famille a craqué.

Songez qu'au moment du placement d'un vieillard de quatre-vingt-cinq ans ou plus, ses enfants en ont soixante ou soixante-cinq, ils arrivent eux-mêmes dans le troisième âge ; les petits enfants en ont quarante ou quarante-cinq, ils paient les traites de la maison et entretiennent les arrière-petits-enfants qui, eux, à vingt ans, poursuivent leurs études ou entrent dans la vie active et songent à se marier...

On voudrait, dans l'opinion publique, que la vieillesse restât seulement une affaire de famille. Mais pour 600 000 vieillards, à raison de deux enfants à chaque génération, voilà 12 000 000 de Français directement ou indirectement concernés. Ils le sont peu ou prou affectivement et socialement. Financièrement aussi, car, même s'ils l'ignorent, la loi l'exige : d'après les articles 205, 206 et suivants du Code civil, sont en effet tenus à « l'obligation alimentaire » les enfants, petits-enfants, conjoints, ascendants, gendres, belles-filles...

Cette affaire de famille est aussi une affaire d'État ! La camarde qui se pointe, plus que jamais une affaire de vivants !

## *DE L'HOSPICE AUX MAISONS DE CURE*

Et, certains s'en désolent, une affaire médicale. Mais, comme dit le docteur Chapuy, de l'hôpital des Charpennes à Villeurbanne, « avant cent dix ans, on a toutes les chances de mourir de maladie ! »

Effectivement, 58,5 % des Français, après soixante ans, meurent en milieu hospitalier, près de 8 % en maison de retraite ou de repos, seulement 30 % décèdent à la maison. C'est bien là, pourtant, que la plupart voudraient finir leurs jours. Hélas, pour plus de 1 million d'entre eux, il y a longtemps qu'ils n'ont plus de chez-soi ou qu'il est devenu impossible d'y demeurer. Et, paradoxalement, ce million qui représente, en fait, le nombre de places disponibles en établissements d'hébergement pour personnes âgées, c'est à la fois trop et trop peu.

Trop, parce que cela signifie d'importantes concentrations de vieillards. Trop peu, parce que c'est largement insuffisant par rapport à une demande considérable, surtout en ville où le tissu familial s'est beaucoup distendu, et où chacun, on l'a vu, va et vient selon l'emploi, l'affectation, de moins en moins capable d'assumer la fragilité de si nombreux anciens.

Autrefois, il y avait l'hospice. La honte de devoir solliciter l'aide publique. Pas tout à fait l'enfer, mais presque. La vie de caserne.

Des règlements imbéciles. Un désert habité de regards perdus ou révoltés. Des vieux confinés à l'étage, reclus, plus jeunes que les murs vétustes, suintants, malodorants. Sur leur chaise percée, ils attendaient... dans la seule amitié de leurs genoux. Il y a toujours des hospices, de plus en plus vétustes, et des vieux de plus en plus vieux...

A partir des années soixante, on a remplacé les hospices par des maisons de retraite qui en conservaient l'aspect disciplinaire. On y accueillait des personnes autonomes ou semi-valides. Sauf la chambre, toute la vie y était collective, ce qui, bien entendu, n'a jamais voulu dire communautaire. On a établi par la suite des foyers-résidences où chacun était locataire d'une ou deux pièces et disposait d'une petite cuisine ; on pouvait amener ses meubles ; on se sentait un peu chez soi.

Oui, mais voilà, beaucoup de pensionnaires de ces établissements sont restés plus longtemps que prévu. Certains y vivent depuis vingt-cinq ans des jours plus ou moins heureux, ils sont nonagénaires.

Par ailleurs, la demande d'entrée se fait plus tardivement. Là où il y a des places, arrivent des hommes, des femmes surtout, plus âgés et dont l'état de dépendance est plus considérable.

Avec l'arrière-pensée, sans doute, qu'ainsi on éviterait la mort, on a donc médicalisé ces institutions en leur adjoignant une section de cure médicale. « Très coûteux et tout à fait inadapté », reconnaît-on aujourd'hui au ministère des Affaires sociales.

Parallèlement à cette médicalisation, dès 1975, se créaient en milieu hospitalier des services de moyen et de long séjour. D'anciens hospices (à Paris, Broca, Sainte-Périne par exemple) étaient ainsi transformés par l'Assistance publique. Le moyen séjour, on y vient pour une convalescence ou une rééducation qui, en principe, ne peut excéder une durée de quatre-vingt-dix jours. On y place parfois toutes sortes de gens : de vrais convalescents, mais aussi des personnes en phase terminale, des personnes âgées avec des troubles psychiques... « Ça fait des prix de journée ! »

Le long séjour, c'est définitif. « Là, dit Mme F., formatrice d'infirmières et d'aides-soignantes, le personnel est hautement menacé, le médecin surtout, car la technique ne lui sert de rien ; jamais il ne voit ses clients s'en tirer la tête haute et les pieds à l'équerre. » Dans la région lyonnaise, il faut compter de douze à dix-huit mois pour trouver une place en long séjour ; à Paris, au moins deux ans. Ce n'est qu'au dernier moment, explique-t-on ici et là, quand on en a ras-le-bol, qu'on se résout à « placer » quelqu'un. La séparation est alors aussi radicale qu'un divorce, une déchirure ; pour tous une manière, déjà, de succomber, de mourir à soi-même et aux autres.

## *UN MARCHÉ CONSIDÉRABLE*

Mais croire que tout irait mieux pour les vieux si on les mettait tous ensemble avec du personnel adéquat, était-ce bien avisé ? L'hypothèse n'a pu naître que dans la tête de décideurs bien intentionnés mais qui n'étaient pas encore des vieux et qui voyaient le grand âge à la lorgnette, celle de leurs quarante ans. « A rassembler trente personnes qui ont les mêmes difficultés, dit Mme F., on résout peut-être le problème des soignants et celui des gestionnaires, mais pas celui des soignés ! »

Or non seulement on rassemble les vieux, mais encore on les infantilise. Il était d'usage dans certains établissements d'hébergement de faire saisir par le percepteur les retraites et pensions des personnes âgées, dès la demande de prise en charge par la Sécurité sociale. Ailleurs on assistait à une confiscation pure et simple de leurs ressources par le comptable de l'établissement. Ces pratiques sont désormais réglementées par une loi de janvier 1986. De même, des comités d'établissement ont été institués, regroupant les usagers, les familles et le personnel. Mis en place à partir du printemps 1986, ils devraient voir la modification d'un certain nombre de règlements intérieurs abusifs comme ceux qui interdisent d'apporter des objets personnels ou de s'allonger sur son lit pendant la journée !

Les scandales comme celui de la Tête d'Or à Lyon sont exceptionnels, dit-on au ministère des Affaires sociales. Dans cette maternité transformée en « maison de cure médicale », une enquête avait été engagée à la suite du décès, en octobre 1985, d'une personne retrouvée morte un beau matin après être tombée de son lit dans la nuit. Le vrai scandale, dit-on encore, c'est la vétusté de certains locaux, le manque d'équipement, le personnel insuffisant. Et plus encore ce trafic qui s'opère sur le dos des vieillards : des pensions de familles non déclarées où plusieurs personnes sont « accueillies » moyennant rémunération, ce qui n'est pas interdit, mais dans des conditions invraisembables d'insalubrité, comme ce garage dans les Charentes où l'on a découvert des vieux de plus de soixante-dix ans.

Car les vieux représentent aussi un marché considérable. Certains l'ont bien compris. Très légalement, le groupe ACCOR (hôtels Ibis, Sofitel, Novotel, etc.) a transformé trois de ses établissements en résidences de retraite. Comme dit Florence Buis, qui dirige celle de la Pompignane à Montpellier (les autres sont à Vitrolles et à Nancy), « le groupe fait du social par nécessité, mais son objectif est, bien évidemment, de gagner de l'argent ». Pourtant, il ne semble pas qu'on soit plus mal traité qu'ailleurs. Le régime est celui de l'hôtellerie, payable à la journée, service infirmier et médical en plus. Un gros effort est fait en faveur des familles qui sont accueillies aussi souvent qu'elles le veulent. L'expérience hôtelière évidemment rend parfois les choses plus commodes. Le groupe néanmoins a décidé d'arrêter là l'expérience et de construire désormais des établissements appropriés.

Les pouvoirs publics, à partir de 1969, dans le cadre des VI$^{e}$ et VII$^{e}$ Plans, s'étaient inquiétés des concentrations de vieillards. Ils ont jugé préférable de maintenir autant que possible à domicile ceux qui auraient normalement demandé à aller en maison de retraite. Allocations compensatoires, aides-ménagères, soins infirmiers à domicile, aides à l'amélioration de l'habitat, autant de mesures utiles, humaines, pour maintenir les personnes âgées dans le milieu, le rythme où elles ont vécu. En 1986, la plupart (un peu plus de 75 %) vivent donc chez elles.

D'autres initiatives comme les MAPA ou les Cantous (foyers communautaires en externat ou internat) on été mises en œuvre. Elles visent autant que possible le petit nombre, l'entraide, le maintien des personnes âgées en contact avec leur entourage.

## *UN CRUEL MANQUE DE PERSONNEL QUALIFIÉ*

Quelle que soit la solution adoptée, elle reviendra de toute manière très cher à la collectivité dans le cas où la personne âgée est complètement prise en charge — par le Bureau d'aide sociale par exemple —, au vieillard selon ses revenus, ou bien à sa famille de façon complémentaire compte tenu également de ses revenus.

Qui peut en région parisienne s'offrir le service de garde-malade à domicile au tarif de 9 612 francs par mois pour la nuit, 9 000 francs par mois pour le jour ? C'est prohibitif, non ? Et le long séjour, c'est à peu près pareil. Jamais moins de 215 francs par jour, mais souvent beaucoup plus. Soit 6 200 francs par mois aux Charpennes, mais plus de 10 000 francs à Marseille et en région parisienne, à Paul Brousse, Broca, Sainte-Périne... Tous les soignants de ces établissements le disent : « Pour venir ici, il faut être ou très riche ou très pauvre ! »

Le mouroir, entend-on dire quelquefois, ne survient que là où fait défaut la fraternité : dans le village ou la municipalité. Il y a là sûrement quelque chose de vrai. Mais ce doit être encore plus grave ! Car malgré des prix exorbitants tous les services de gériatrie avouent manquer de personnel. Dans les meilleurs services, on arrive à peine à 0,5 agent par malade hospitalisé, alors que, selon le docteur Chapuy, il en faudrait, 24 heures sur 24, au moins 1 en long séjour, et 2 ou 3 en phase terminale. « Certains, dit-il, sont amenés à sélectionner ; ils ne prennent que les malades "qui sont propres"...

Est-ce qu'on pourra rester longtemps ceux qui prennent les malades que les autres refusent ? Est-ce que les équipes soignantes tiendront le coup ? Une femme qui arrive avec trente points d'escarre, ça demande trois heures de soins par jour... On ne peut pas en prendre beaucoup comme elle ! »

Un personnel pas si nombreux, pas si bien payé que ça, et formé comment ? Il n'y a pas si longtemps, on plaçait en gériatrie des agents qu'on jugeait indésirables ailleurs, des mauvaises têtes, des incapables... aussi insupportables aux âmes bien nées que les « débris » auxquels on allait les affecter, aussi révoltés et prêts à se revancher au moindre écart du triste sort qui leur était fait.

Aucun, presque jamais, n'avait reçu une formation adéquate. Il faut savoir que, dans le privé, une telle formation revient au bas mot à 130 000 francs. Dans le public, la gériatrie figure désormais au programme d'enseignement des infirmières. Toutes effectuent un stage au cours de leur formation. Parmi les têtes de promotion qui, naguère, se précipitaient sur la chirurgie ou la réanimation, on en trouve maintenant qui choisissent la gériatrie.

## *DES MÉDICAMENTS, DE LA TENDRESSE MAIS AUSSI DE L'IMAGINATION*

Chez les étudiants en médecine, un enseignement spécifique devrait aussi être consacré à cette discipline. Mais combien d'heures faut-il pour apprendre que ce métier est multidisciplinaire ? De la polypathologie des vieillards qui souffrent généralement de plusieurs affections en même temps et chez qui les interactions médicamenteuses peuvent avoir des effets désastreux... jusqu'aux indispensables techniques de nursing. Combien de temps pour comprendre la psychologie de la personne âgée ? Pour admettre dans son cœur et dans sa tête que soi-même, à vingt-cinq ans, on va se retrouver dans le rôle de père ou de mère vis-à-vis d'un être qui pourrait être votre grand-père ou votre grand-mère ?

Comment prendre la mesure du temps des vieux ? « Grand âge nous voici ! » Leur mémoire s'est bardée de rites et ils se hâtent en toute lenteur... Tandis que le personnel dispose de quarante minutes pour nourrir vingt personnes. Et sur les vingt, il y a celles qui rouspètent et celles qui n'ont pas faim... A chaque fois, il faudra négocier, admettre, peut-être, qu'un estomac de vieillard qui est nourri quatre fois par jour refuse, une fois ou l'autre.

Il arrive encore qu'on découvre dans certains établissements des malades attachés. On lui lie les mains « pour qu'il ou elle ne se "touche" pas » ou bien « pour qu'il n'arrache pas sa sonde ou sa perfusion », « pour qu'il ne se griffe pas contre le mur... » Et s'il le fait, n'est-ce pas tout simplement parce qu'il a mal ? Comme cette femme qui mordait, mais seulement, mais régulièrement, au moment où on la couchait. On lui faisait mal et elle ne pouvait pas le dire.

Écouter, comprendre des gens qui parfois ne parlent guère, c'est aussi indispensable que les potions analgésiques. « Aidez les soignants à soigner leur propre souffrance et les soins s'amélioreront », dit Mme F. Car, fait-elle observer, le personnel lui aussi a les mains liées. Indépendamment de son angoisse face à ces personnes fragiles dont on se demande toujours si elles sont là pour vivre ou pour mourir, il sait aussi le risque qu'il court d'être poursuivi pour non-assistance à personne en danger.

Mourir, tous y pensent bien sûr, bien peu le souhaitent réellement. « Une dame en larmes, le soir réclamera la mort et, le lendemain matin, demandera à changer de lunettes », dit une infirmière. En fait, les demandes d'euthanasie sont exceptionnelles et on trouve toujours des « moyens de s'arranger »...

Ils sont plus préoccupés de savoir où ça se passera. Et c'est souvent là le plus triste. Parfois, quand la famille est prévenue, elle est présente, avec toute son histoire en tête : la tendresse, la culpabilité, la révolte, la haine parfois... La mort venue et constatée, le cadavre est immédiatement, au plus dans les deux heures qui suivent, descendu à la morgue avec ses paquets. La plupart du temps c'est là que la famille découvre le défunt. Au moment où il n'y a plus rien « à faire », qu'à se recueillir et faire son deuil, l'espace et le temps manquent à tout le monde. Il faudrait un moment de paix et l'agitation reprend derechef. Ils sont rares, les établissements qui disposent d'une chambre funéraire. A Paul-Brousse, il y en a une. A Sainte-Périne, il est significatif de voir qu'un médecin de gériatrie ne sait pas répondre...

Dans l'accompagnement du mourant, il y a les médicaments, certes, et la psychologie, la tendresse pour des corps fatigués éperdus d'être touchés, caressés ; il y a aussi l'imagination. Pour Chantal, assistante sociale à Paul-Brousse, une tâche essentielle est de dresser la biographie des vieillards qui arrivent. D'obtenir des photos. Alors, ils ont un nom, un passé, riche de succès, d'aventures, d'échecs, d'amour, de peines. Le « grand-père » ou la « grand-mère » dont on parle souvent à la troisième personne sont redevenus quelqu'un. Les déments, explique une infirmière, il arrive qu'ils s'apaisent et qu'ils répondent simplement à leur prénom.

Une directrice de maison de retraite demandait un jour à une très vieille dame en phase terminale ce qui lui ferait plaisir... La vieille dame n'était pas démente mais veuve depuis longtemps. Dans un souffle elle jeta : « Appelez-moi Céline ! »

*GILLES ALEXANDRE*
**Journaliste**

**1. *In* Jalmav, *Jusqu'à la mort, accompagner la vie,* 12, rue Montorge, Grenoble.**

# LES FEMMES DU DERNIER ACTE

entretien avec
— *DEUX INFIRMIÈRES EN HÔPITAL* —

LORSQUE LA MORT APPROCHE, QUE LA REPRÉSENTATION TOUCHE À SA FIN, INFIRMIÈRES ET AIDES-SOIGNANTES RESTENT SOUVENT SEULES POUR DONNER LA DERNIÈRE RÉPLIQUE. COMME ANNETTE D. ET MICHÈLE R., TOUTES DEUX SURVEILLANTES DANS LE SERVICE DE PNEUMOLOGIE D'UN HÔPITAL PARISIEN.

**Autrement. - Dans un service comme le vôtre, quelle place tient le travail d'accompagnement des malades mourants ?**
*M. R.* - Une très grande place. C'est un service de pneumologie, mais il ne faut pas se leurrer. En réalité, nous avons ici 75 % de cancers du poumon. Chaque malade, ou presque, est pour nous un mort en puissance. Même si l'échéance est à deux, trois ans ou plus.

*A. D.* - D'emblée, le malade qui arrive ici avec un diagnostic de cancer du poumon devient pour nous un « client privilégié ». Parce qu'on sait ce qui l'attend, quel cheminement on va faire avec lui. Le contenu de notre relation va être beaucoup plus riche. Dès son entrée nous allons être à l'écoute. Ce n'est pas aussi vrai avec un malade atteint d'une tuberculose ou d'une bronchite chronique. L'urgence n'est pas la même.

**Les malades savent ce qu'ils ont ?**
*A. D.* - Ici, nous avons pour politique de dire la vérité à ceux qui la demandent. Nous prenons en charge de la même façon tous les malades, qu'ils connaissent ou non leur diagnostic, mais c'est vrai que nous sommes plus à l'aise avec ceux qui savent. La relation est plus franche, plus confiante, au bénéfice de tous.

**Cette qualité d'écoute, est-ce que c'est une volonté de toute l'équipe médicale, ou plus particulièrement des infirmières ?**
*A. D.* - C'est plutôt propre aux infirmières. On a plus conscience, ces dernières années, qu'il faut prendre en charge le malade dans sa globalité. Désormais, les jeunes infirmières sont formées dans ce sens. Quand j'ai commencé, on ne considérait pas que parler avec un malade fasse aussi partie de notre travail.

*M. R.* - La demande du malade n'est pas la même envers tout le monde. Du médecin, il attend surtout qu'il explique les résultats, qu'il dise l'amélioration ou l'aggravation. La relation dépend aussi beaucoup de ce dernier. J'ai l'impression que les jeunes médecins sont très mal préparés à affronter l'approche de la mort et les problèmes relationnels que cela pose. Sauf ceux qui ont travaillé comme infirmiers ou comme agents hospitaliers. Avec eux, nous parlons le même langage. Je crois qu'il faudrait rendre de tels stages obligatoires dans les études médicales. En revanche, celles qui connaissent bien les malades, ce sont les aides-soignantes. Elles ont des rapports très privilégiés avec eux. Souvent nous apprenons par elles des choses qui nous avaient échappé.

**Comment cela se passe-t-il quand la maladie arrive à son terme ?**
*M. R.* - Quand un malade va mourir, l'équipe l'entoure encore plus. Mais en même temps, on essaie de respecter cette relation plus personnelle qui existe avec l'infirmière qui s'en est occupée, et souhaite souvent l'accompagner jusqu'à la fin. Et puis, il y a cette perception des désirs du dernier moment, qui nous appartient en propre. Je me souviens d'un malade qui se savait mourir. Il souhaitait que sa femme, qui ignorait la gravité de son état, soit prise en charge par ses enfants. Quand on aide un malade à exprimer ou à accomplir un tel souhait, je crois qu'on l'aide aussi à mourir un peu mieux...

*A. D.* - La qualité de la fin de la vie dépend beaucoup des relations qu'on a établies avant avec le malade. Nous avons des malades à plein temps, mais d'autres ne viennent que deux jours par mois, pour leur chimiothérapie au Cisplat. Ceux-là ont une image épouvantable de l'hôpital : la chimio les fait vomir toute la journée, et nous n'avons pas le temps d'établir avec eux une relation qui puisse compenser cette image. A la fin, quand ils reviennent à plein temps, nous ne les connaissons pas assez pour les accompagner comme il le faudrait. L'hôpital de jour est idéal puisqu'il permet au malade de rester dans sa famille, mais la prise en charge des derniers moments est beaucoup moins satisfaisante.

**Il vous semble que la qualité de la relation que vous avez avec les malades joue un rôle dans le déroulement de la maladie ?**
*M. R.* - Moi, je m'interroge beaucoup. Ça n'engage que moi, mais je me demande, dans le cas du cancer du poumon, si ce qui est efficace, c'est la chimiothérapie ou le reste. C'est-à-dire le traitement, mais aussi les soins, l'équipe, les relations de confiance, le sourire... tout cela. Je me pose cette question, parce que j'ai trop vu, à forme histologique égale de tumeur et à même traitement, des gens s'en sortir de façon complètement différente. Ou alors, des malades avec une tumeur qui flambait être toujours vivants tandis que d'autres, entrés avec une petite opacité, mouraient en quelques mois. Comme si l'état de bien-être général jouait un rôle déterminant.

*A. D.* - Je crois aussi que l'image de soi du malade est déterminante. Ceux qui gardent une activité professionnelle ou un centre d'intérêt s'en sortent beaucoup mieux. Avec les malades qui ont eu de gros problèmes, deuils, divorces, chômage, ou qui sont seuls, c'est une catastrophe ! D'ailleurs, ils nous demandent souvent si on ne pense pas que leur cancer est en relation avec leurs problèmes.

*M. R.* - On a peut-être une vision déformée parce que beaucoup de malades sont déprimés, mais on a l'impression que les gens déprimés font plus facilement un cancer... comme si le cancer était une maladie globale de l'individu, contre laquelle il se défendrait plus ou moins bien suivant son état physique, mais aussi psychologique...

**Vous n'avez pas parlé de la douleur...**
*M. R.* - Je crois qu'il y a une notion de la douleur propre au cancer. J'ai aussi travaillé en médecine, mais jamais je n'ai vu de douleurs aussi épouvantables qu'en cancérologie. Heureusement, le traitement de la douleur a beaucoup évolué. Il y a dix ans,

on donnait les calmants au compte-goutte, ou on faisait une piqûre et on sortait très vite de la chambre. Maintenant, on parle avec le malade de sa douleur, on ajuste les doses avec lui. Avec le sirop de morphine, on rajoute si c'est nécessaire. Si le malade a mal au bout de trois heures, on rapproche les doses. On arrive ainsi souvent à enrayer la douleur jusqu'à la fin.

*A. D.* - C'est pareil pour les derniers jours. Ce que nous demandent les malades, c'est de ne pas souffrir. A nous de remplir ce contrat.

**Est-ce que, parfois, vos malades vous demandent de les aider à mourir ?**

*M. R.* - Le plus souvent, ils nous demandent de les aider jusqu'au bout. A nous de gérer cette douleur, avec tous les moyens dont nous disposons. Dans certains cas, très exceptionnels, la décision nous appartiendra de mettre un terme à leur vie. Mais le plus souvent, elle est négociée avec le malade, même si nous nous réservons de choisir le moment où elle sera appliquée. L'idéal, c'est lorsque la décision de recourir au cocktail lytique est prise longtemps à l'avance avec le malade.

Je me souviens d'un monsieur avec qui cela s'est passé ainsi. Il préférait arrêter avant que la maladie ne l'ait trop dégradé. Lorsqu'il a senti le moment venir, il a pu faire ses adieux à sa fille, qui est restée jusqu'au bout, et mourir plus sereinement. Plus rassurante pour le malade, cette décision est aussi la plus difficile à appliquer pour nous : c'est un tel « contrat de confiance » entre le malade et nous que l'étroitesse de nos liens en est renforcée. Ça nous devient donc beaucoup plus dur dans ces conditions de poser la dernière perfusion.

*A. D.* - Quand nous utilisons le cocktail lytique, c'est soit à la demande du malade, soit dans le cadre de notre lutte contre la douleur des derniers jours. Dans ce cas, c'est une décision collective de l'équipe des soignants. Parfois le médecin hésite, nous essayons de le convaincre parce que nous sommes souvent mieux placées que lui pour appréhender l'état de souffrance du malade. Au début, nous prenions la décision avec la famille. Nous y avons renoncé, car c'était trop culpabilisant pour elle.

*M. R.* - D'ailleurs, le malade souhaite souvent « protéger » sa famille. Beaucoup nous demandent de ne l'appeler que lorsque tout sera fini.

*A. D.* - Je ne suis pas tout à fait d'accord. Cela peut être aussi très frustrant pour la famille. Je crois qu'il faut favoriser cette dernière rencontre avant la fin, surtout entre conjoints. Même s'il est vrai, aussi, que certains proches fuient devant l'imminence de la mort.

**Avec une pression constante de la mort, comme vous la subissez dans ce service, certaines d'entre vous ne risquent-elles pas de craquer ?**

*A. D.* - Il faut avoir une vie extraprofessionnelle très bien équilibrée pour résister. Moi, j'ai la chance d'avoir une vie de famille, de jeunes enfants qui m'obligent à penser à autre chose qu'à l'hôpital. Mais nos collègues qui sont célibataires, ou divorcées, ont beaucoup plus de mal à se protéger. Certaines s'investissent complètement dans leur travail et n'arrivent pas à quitter le service le soir. Je crois que cela peut devenir très malsain.

*M. R.* - Il existe des sonnettes d'alarmes qu'il faut savoir entendre. Quand on n'arrive plus à être disponible, qu'on est fatigué dès le matin, mais qu'on pense quand même aux malades jour et nuit, c'est qu'il est temps d'arrêter.

Dans ce cas, il vaut mieux quitter le service, même temporairement. De toute façon, je pense qu'on ne peut pas faire toute sa carrière en cancérologie. C'est trop éprouvant.

**Vous avez fait l'expérience, ici, d'un travail en commun avec un psychiatre. Que vous a-t-elle apporté ?**

*M. R.* - Cela a duré six ans. Chaque semaine, nous nous réunissions, infirmières, médecins et aides-soignantes, pour discuter de notre travail avec lui. Au début, cela nous a été très utile. Nous pouvions discuter de notre travail avec les malades, mettre notre expérience en commun. La présence de quelqu'un d'extérieur nous permettait de comprendre ce qui n'allait pas, et le psychiatre nous a beaucoup aidées à analyser des réactions, parfois agressives, de malades, qui étaient en fait des manifestations liées aux différentes phases de la maladie. Mais cette expérience avait des limites. A la fin, ces réunions nous bloquaient plus qu'elles ne nous aidaient. Nous avions sans cesse l'impression de ne pas faire assez bien, et nous n'arrivions pas à savoir quel but exact il voulait atteindre.

*A. D.* - Je crois que, souvent, on espérait du psychiatre des solutions qu'il ne nous apportait pas. C'était à nous d'analyser nos attitudes, et nous avions l'impression d'une remise en cause permanente de notre travail. Nous ne nous sentions plus capables de répondre à une exigence, à un modèle de travail qu'on nous imposait. Cela nous a beaucoup appris, mais il faut rester concret. Nous avons d'abord un rôle à jouer sur le terrain. On ne peut pas nous en demander trop.

**Personnellement, la fréquentation de la mort vous a appris quelque chose ?**

*M. R.* - Pour moi, c'est certain. Pendant des années, je n'ai pas compris ce qu'était la mort. Maintenant, elle a pris une réalité. Je crois que je pourrais presque la dessiner... Mais cela m'a aussi donné une vision toute différente de la vie, plus joyeuse. J'accorde beaucoup moins d'importance à un tas de petits tracas, et beaucoup plus à un chant d'oiseau, à des enfants qui jouent, à des fleurs qui poussent, à toutes ces manifestations essentielles de la vie qu'on ne voit plus quand on est bien portant. Les malades m'ont appris à vivre comme eux... au jour le jour.

Propos recueillis par
*MARTINE LOCHOUARN*

GEORGES LORY

# MORT DOUCE À DELFT

TOUT INDIVIDU A DROIT À MOURIR SANS SOUFFRANCE, ESTIMENT BEAUCOUP DE NÉERLANDAIS. LE CHAMPION DE CETTE CAUSE, LE DOCTEUR ADMIRAAL, POSE CEPENDANT DES CRITÈRES TRÈS STRICTS À LA PRATIQUE DE L'EUTHANASIE.

« Avec un ciel si bas qu'un canal s'est noyé... » Comment penser à autre chose quand on débarque un matin d'hiver en gare de Delft et qu'on s'apprête à parler euthanasie ? Des flots de cyclistes bravent la bise, les canards dérapent sur la glace des bassins, les peupliers pleurent dans le crachin. Aux maisons de brique beige succèdent des bâtiments en brique brune, telle la maison Saint-Hippolyte. Cette section de l'hôpital régional de Delft est le haut lieu de la mort douce aux Pays-Bas, le pays le plus avancé en la matière.

Le pionnier du droit à mourir calmement est un anesthésiste affable. Le docteur Admiraal porte barbiche, bedaine et bretelles avec bonhomie. Depuis quinze ans, il mène campagne pour légaliser l'euthanasie ; ses thèses sont loin d'être partagées par tout le monde en Hollande. Certes, le temps des insultes est ici révolu (« Je refuse de parler à un assassin »), mais le débat demeure vif ; le docteur connaît nombre de contradicteurs au sein même de son hôpital.

Les Néerlandais se flattent d'être directs : ils appellent un chat un chat et préfèrent parler d'euthanasie plutôt que d'aide à la mort *(doodshulp)*. Le terme a du mal à franchir la bouche d'un francophone. A Delft, il est employé avec simplicité. Les quelque 4 % des médecins hollandais regroupés dans une ligue anti-avortement objectent que l'utilisation du mot rappelle les terribles pratiques nazies dont le souvenir est encore vivace aux Pays-Bas. Admiraal propose quant à lui la définition suivante : l'euthanasie est un acte délibéré pour abréger ou omettre de prolonger la vie dans le cas d'un malade incurable, dans le respect de ce patient, pour faire en sorte qu'une mort rapide et paisible s'ensuive.

Le docteur enfile une blouse et des sabots blancs, avale sans sourciller son thé brûlant et poursuit :

— Tout commence par la confiance qui se noue entre un médecin et son patient. Le second attend du premier qu'il le soigne et qu'il le libère de la douleur. Cet espoir vaut aussi dans les cas de très fortes souffrances physiques et psychiques. Un médecin ne peut pas trahir cette confiance. Il doit pouvoir répondre aux demandes les plus dramatiques.

— Que faites-vous si le patient n'est pas en état de formuler un souhait, en cas de coma, par exemple ?

La réponse fuse :

— Nous le soignons. Ce serait de l'assassinat que d'intervenir à son insu !

Admiraal est appelé pour une urgence. Une petite fille au doux prénom de Sjiradza doit être transférée pour opération à Rotterdam et le docteur tient à l'accompagner.

Cet intermède me fournit l'occasion d'améliorer ma documentation. Mais l'antre du maître, stores baissés, n'invite pas à la concentration : au mur, les féroces dessins médicaux de Serre voisinent avec de fines esquisses signées Admiraal (*Enfants s'ennuyant*, d'une justesse étonnante) et un zèbre sur fond zébré digne d'Escher. Les spots éclairent des étagères garnies d'un faisan empaillé, d'un modèle (pas si) réduit de Rolls Royce 1932, d'une balance et de livres d'art. On a punaisé sur la porte l'inévitable règlement du chef (vous savez : « Article 1 : le chef a raison ; article 2 : le chef a toujours raison... »). Admiraal est en tout cas un patron admiré : l'entrée est couverte des caricatures de son profil débonnaire.

## *DES CRITÈRES STRICTS*

Les textes apprennent que le débat sur l'euthanasie a pris une ampleur nationale aux Pays-Bas avec l'affaire Postma en 1973. Un médecin avait abrégé les souffrances de sa mère. Un mouvement d'opinion favorable au droit à la mort douce a gagné toutes les couches de la société. Depuis lors, la dizaine de procès pour des cas similaires s'est soldée par des peines légères, de l'ordre de six mois de prison. Un tournant s'est produit en 1984 avec deux affaires aux issues très différentes. Un jeune docteur avait administré des doses mortelles à plusieurs vieillards de l'hospice où il travaillait. Le tribunal a admis que le médecin était profondément bouleversé par la souffrance de ses patients, mais l'a lourdement condamné pour avoir agi seul (en liberté après cinq mois de préventive en attendant un adoucissement de la peine de huit mois de prison prononcée en première instance).

La même cour a jugé le docteur Admiraal. Elle l'a reconnu coupable d'euthanasie, mais ne lui a infligé aucune peine. L'État a même pris en charge les frais du procès. La justice a voulu sanctionner le principe, tout en reconnaissant la rigueur de l'anesthésiste. Le docteur Admiraal ne pratique en effet l'euthanasie que selon des critères très stricts : le patient qui fait la demande (écrite) doit être à un stade où la maladie est incurable, ses souffrances intolérables ;

il faut en discuter avec la famille ; enfin et surtout la décision doit être prise collectivement par le médecin, l'équipe soignante et une autorité spirituelle (l'hôpital emploie un prêtre, un pasteur et une représentante de la mission laïque).

Rencontrer le père chargé de l'assistance morale se révèle impossible. Une équipe de la chaîne CBS l'a interviewé récemment. Ses propos ont-ils été mal traduits ? Toujours est-il qu'un évêque américain s'est ému d'apprendre que l'on puisse donner l'extrême-onction à des personnes ayant demandé l'euthanasie. Il a saisi la hiérarchie néerlandaise. Le clergé des Pays-Bas n'est pas hostile à une euthanasie passive et préfère parler de sacrement des malades. Mais l'évêque en question a agité quelques sonnettes à Rome où les avis sont plus réservés. En attendant des réactions officielles, le prêtre de Saint-Hippolyte se tient coi.

Il est en revanche plus facile de discuter avec l'infirmière en chef du service de pneumologie. A son étage, le taux de mortalité est important. Les victimes d'affections des poumons développent souvent la crainte de mourir étouffées. Il faut donc entourer particulièrement les patients qui arrivent. « Notre premier devoir, dit *zuster* [sœur] Noor Van den Bergh, est d'accompagner le patient pendant sa maladie. S'il se sent moins seul, s'il peut parler régulièrement, en toute confiance, il augmente ses chances de s'éteindre paisiblement. C'est ainsi que sur huit cents patients qui passent chaque année par ce service, on n'en compte pas plus de cinq qui demandent l'euthanasie active. »

## *UN DROIT ABSOLU*

Les infirmières peuvent sonder la volonté du malade d'abréger ses souffrances en dialoguant régulièrement avec lui. Aucune demande n'est prise en considération avant un examen minutieux. « Nous arrivons à mesurer un peu l'intensité de la douleur : par le type de maladie bien sûr, mais aussi à la façon de marcher, de se coucher, de respirer. La détresse psychique est parfois plus forte que la douleur. »

La *zuster* insiste sur le fait que c'est au médecin de pratiquer l'euthanasie et non à la famille. Celle-ci risque en effet de se débattre dans d'interminables problèmes psychologiques (du style « J'ai tué mon père »). S'il est conseillé à la famille d'assister aux derniers instants paisibles, c'est en revanche une obligation pour l'équipe soignante. En cas de piqûre l'opération dure quelques minutes. S'il y a perfusion, cela prend un peu plus d'une demi-heure.

Sa collègue du service chirurgie rappelle que la première question d'un malade apprenant qu'il a le cancer est : « Est-ce que j'aurai mal ? » A Saint-Hippolyte, la réponse est claire : « On fera tout pour que vous n'ayez pas mal. »

Souvent les patients qui réclament la délivrance sont moins obnubilés par *het spuitje* (la piqûre) quand ils s'aperçoivent que l'on est décidé à combattre leur souffrance par tous les moyens, médicaments et dialogue.

Ce qui frappe à Delft, c'est le travail d'équipe. Les avis sont souvent contradictoires et les tensions fréquentes. Mais on s'accorde sur le fait que l'on puisse revendiquer de mourir dignement. « C'est un droit absolu, affirme *zuster* Anne-Marie Runderkamp qui ajoute : il se trouve que je suis catholique et je n'ai jamais eu de problèmes avec l'Église. »

Il faut des nerfs d'acier pour travailler avec des mourants, mais les *zusters* constatent que beaucoup d'infirmières-stagiaires reviennent travailler dans leurs services après le diplôme. Ces deux infirmières en chef, directes et ouvertes, ont plus de dix ans d'expérience à Saint-Hippolyte. Elles ont beaucoup lu sur la question de l'euthanasie. Elles citent fréquemment les livres d'Elisabeth Kübler-Ross. Elles participent toutes deux au Comité d'éthique médicale.

## *UNE BONNE LOI PLUS TARD*

Je retourne dans le bureau tamisé d'Admiraal, à nouveau mobilisé par une opération. La littérature qu'il m'a donnée est illustrée par quantité de cas poignants : personnes jeunes ou vieilles, riches ou endettées, seules ou entourées, toutes frappées de maladies atroces, subissant amputations, tubes multiples, défigurations. Un rappel judicieux que le débat d'idées repose avant tout sur des douleurs insupportables.

Admiraal revient et fait apporter par un garçon de salle surinamien un plateau avec le menu hospitalier du jour : riz, chou-fleur, steak haché et deux verres de lait. « La peur, voilà ce qui tenaille les gens qui refusent notre action, explique le docteur. On craint que nos critères ne soient pas assez stricts, ou appliqués avec laxisme. Il existe aussi la peur latente que l'euthanasie ne soit pas franchement volontaire. » Et Admiraal insiste sur le travail collectif, indispensable pour des questions aussi graves.

Tolérance et individualisme caractérisent l'opinion publique néerlandaise. Après le succès des mouvements en faveur des femmes à disposer d'elles-mêmes (en matière d'avortement), l'idée du droit à la mort digne fait son chemin. Avec leur sens de l'organisation bien connu, les Hollandais favorables à l'euthanasie ont agi avec efficacité dans les années 1970 : en plaçant à la tête de l'association pour l'euthanasie des médecins de haut niveau, respectés, et pour certains jouissant d'une envergure politique, ils ont su porter le débat dans les plus hautes instances du pays. Les militants inscrits dans cette association sont au nombre de 26 000, bien plus que dans tout autre pays du monde. C'est ainsi que la brochure d'Admiraal a pu être distribuée à tous les médecins et pharmaciens des Pays-Bas. Au Parlement, les partisans de la légalisation de l'euthanasie sont majoritaires et tout porte à croire qu'ils seront encore plus nombreux après les prochaines élections.

« Mieux vaut une bonne loi plus tard qu'une loi bancale aujourd'hui », estime Admiraal. Le projet de loi, déjà rédigé, va d'ailleurs trop loin à son sens : il fait obligation à un médecin défavorable à l'euthanasie de désigner, en cas de sollicitation par un patient, un confrère qui ne le soit pas. « La liberté du médecin doit rester totale », scande l'anesthésiste de Saint-Hippolyte. Ce qu'il espère avant tout, c'est de ne plus être obligé d'écrire « mort naturelle » sur le certificat de décès après euthanasie, mais une formule indiquant la démarche volontaire.

Admiraal reçoit des demandes de patients américains, anglais et français désirant mourir chez lui, mais il se cantonne farouchement à Delft et à sa région. Sur l'ensemble des Pays-Bas, on estime que 6 000 à 10 000 demandes d'euthanasie sont enregistrées chaque année par les généralistes.

L'individualisme des Néerlandais explique pourquoi l'idée fait particulièrement son chemin dans ce pays. Et le débat qui y est amorcé finira par gagner toute l'Europe. Les idées évoluant plus vite que la législation, on peut penser que dans les années à venir on pourra discuter de ce sujet sans se lancer d'anathèmes.

A Delft où reposent Guillaume le Taciturne et l'énigmatique Naundorf[1], une nouvelle attitude face à la mort est en gestation[2].

*GEORGES LORY*
**Journaliste**

**1. Aventurier qui se fit passer pour Louis XVII.**
**2. Du docteur Admiraal on peut lire : « L'euthanasie justifiable » in *Vivre sa vie, choisir sa mort*, Actes du colloque européen du 21 juin 1986, ADMD ; « Justifiable Euthanasia, a manual for the medical profession », *Nederlandse vereniging voor Vrijwillige Euthanasie*, 1980.**

MAURICE ABIVEN

# À L'HÔPITAL, POURQUOI NE PAS ESSAYER DE FAIRE AUTREMENT ?

**IL EN EST DES MORTS COMME DES VIES, CHACUNE SE DÉROULE DANS SON CONTEXTE PROPRE. IL EST DES MORTS SEREINES QUI SE PASSENT DANS LE CALME ET LA PAIX ; DES MORTS QU'IL FAUDRAIT SOUHAITER À CHACUN. MAIS UNE LONGUE EXPÉRIENCE HOSPITALIÈRE M'A APPRIS À EN CONNAÎTRE D'AUTRES : DES MORTS DOULOUREUSES, TRAGIQUES, DIFFICILEMENT SUPPORTABLES POUR LE MOURANT LUI-MÊME, SON ENTOURAGE ET LES SOIGNANTS QUI ONT À S'OCCUPER DE LUI.**

Il est incontestablement des morts tragiques, des morts douloureuses, des morts difficiles. Ceci n'entend pas, bien sûr, qu'il existerait des morts... faciles. Encore que certaines morts sont si brutales, ou bien se produisent tellement à l'insu du mourant lui-même qu'elles ne peuvent être nullement vécues, éprouvées par lui. Elles seront peut-être, ensuite, tragiques pour ceux qui restent, pour les proches, mais ceci ne concernera pas la mort elle-même. Il est aussi des morts très paisibles, comme la fin de vie de tel vieillard qui meurt « recru d'années », entouré des siens et confiant dans un au-delà, auquel sa foi n'a jamais failli tout au cours d'une vie.

Mais à l'opposé de ces morts très douces, pour reprendre le titre du beau livre de Simone de Beauvoir, certaines morts se déroulent dans la souffrance, dans le drame. Et trop souvent, il faut le reconnaître, il n'est pas fait suffisamment pour apaiser ces fins tragiques...

Les causes de ces insuffisances sont diverses. Il n'est pas inutile de s'y arrêter.

Une première tient à la souffrance physique qui touche un grand nombre de mourants. Une enquête menée dans mon hôpital il y a quelques années avait montré que plus de 50 % des cancéreux souffraient de douleurs physiques permanentes et qui étaient mal contrôlées par les médications antalgiques.

Et ces douleurs, permanentes, peuvent durer jour et nuit durant des semaines ou des mois, envahissant progressivement le champ de la conscience du malade qui en vient à ne plus penser à rien d'autre, à n'attendre plus rien d'autre que cette souffrance que les Anglais ont décrit sous le nom de *total pain*, mélange inextricable de douleur physique intense et de souffrance morale. Il n'est pas nécessaire alors de s'étendre sur ce que peut être la fin de vie de tels malades ni sur la somme de difficultés auxquelles sont confrontés ceux qui s'occupent d'eux.

Il n'est d'ailleurs pas que des douleurs directement liées au cancer qui posent problème. Tous ces symptômes qui souvent accompagnent l'agonie et que la médecine a tendance à négliger sont sources de difficulté et de souffrance : l'inappétence, les troubles du transit intestinal, les escarres, les ankyloses d'un malade trop fatigué pour déplacer lui-même ses membres ; tous ces malaises, s'associant le plus souvent les uns aux autres, peuvent faire de la fin de vie une somme de souffrances difficilement tolérables.

Des causes psychologiques peuvent elles aussi rendre la mort difficile. Toutes les morts ne sont pas accueillies comme celles que j'évoquais plus haut. Certains malades mal informés sur leur maladie et son issue, mais sentant leur vie les abandonner, vivent une angoisse profonde sans pouvoir trouver d'oreille à laquelle s'ouvrir de leur interrogation. Pour d'autres, l'issue est connue, mais la situation est telle qu'à elle seule elle est cause d'un drame incontournable : il suffit d'évoquer le cas d'une jeune mère de famille se voyant mourir en laissant à la charge de son seul mari de jeunes enfants. Comment vivre un tel drame dans la sérénité ? On pourrait évoquer ainsi quantité de situations sources d'angoisse : situations familiales et sociales irrésolues, interrogations métaphysiques mal assumées, etc. La liste en serait longue.

Tout ceci peut d'ailleurs être encore gravement compliqué par l'attitude de la famille et des proches. Dans notre société qui s'est employée depuis une cinquantaine d'années à évacuer la mort quotidienne de notre vie, un mourant pose des problèmes souvent insolubles. L'attitude la plus commune de la famille est de faire « comme si »... Comme si tout allait bien, comme si le malade devait guérir prochainement. Mais comment réussir à être naturel ? Comment réussir à tromper vraiment ?

Le résultat d'une telle attitude est souvent détestable, ne réussissant qu'à séparer un peu plus celui qui va mourir, à l'isoler des vivants, le laissant seul avec ses questions, ses interrogations, son angoisse. D'ailleurs la famille voudrait-elle faire autrement que les structures hospitalières (puisque je parle ici de la mort à l'hôpital) ne le lui permettraient pas. Il est peu d'hôpitaux où, dans les derniers jours d'un mourant, ses proches sont autorisés à vivre près de lui en permanence.

## *DES STRUCTURES HOSPITALIÈRES INADAPTÉES*

Pour faire face à de tels problèmes, il faut constater que les hôpitaux sont, à ce jour, assez mal préparés. De multiples raisons y concourent. L'administration a tendance de plus en plus à concevoir les hôpitaux d'« aigus » (cela comporte tous les services de médecine, de cancérologie, de chirurgie, de pédiatrie ; tous services où l'on meurt beaucoup) comme des « plateaux techniques ».

Ce qui veut dire que l'on privilégie tout le côté proprement matériel de l'hôpital au détriment de son aspect humain. Des interphones ou des caméras de surveillance coûtent moins cher à gérer que des infirmières ! Mais comment mourir dans (faudrait-il dire sur ?) un plateau technique ?

Les médecins hospitaliers eux-mêmes sont mal préparés à accompagner les mourants. Tout leur enseignement, tout l'idéal vers lequel ils tendent, les disposent à se battre pour la guérison. Quand le malade ne va plus dans ce sens, quand la maladie triomphe, alors trop souvent les médecins se sentent impuissants, certains même expriment qu'ils n'ont plus leur place auprès de ce malade pour lequel ils ne peuvent rien faire. Tant il est vrai que leur formation ne les prépare pas du tout à ce rôle. L'enseignement des facultés de médecine ne comporte pas une seule heure de cours sur ces sujets !

Les personnels infirmiers sont, eux, un peu moins mal préparés. Ils reçoivent une formation à l'accompagnement des mourants. Insuffisante peut-être mais réelle. Surtout ils considèrent que cette tâche fait partie de leur fonction. Pourtant, ils se montrent eux-mêmes bien souvent insuffisants. Manque de temps, sans doute. Mais aussi manque de soutien, manque d'une formation permanente qui leur permettrait d'assumer, sans trop d'épreuve personnelle, ce travail particulièrement difficile.

D'autres difficultés tiennent encore au manque de concertation entre les membres de l'équipe soignante. Dans la mesure où, le plus souvent, la mort à l'hôpital est vécue comme inattendue, un événement non prévu au programme, les équipes soignantes, médecins et infirmières réunis n'ont en général pas un plan concerté pour faire face à cet événement. Cela risque d'entraîner des attitudes très discordantes parmi les soignants. Et l'on verra des infirmières déjà prêtes à un comportement uniquement palliatif, à propos d'un cancéreux par exemple, supporter très mal les prescriptions médicamenteuses de leurs médecins qui s'acharnent à vouloir maintenir une chimiothérapie à laquelle ils ne croient plus vraiment eux-mêmes. Ces discordances sont fréquentes. Et c'est le malade qui en fait les frais, la discordance qu'il perçoit ne pouvant qu'aggraver son malaise et son angoisse.

Ce sont tous ces problèmes irrésolus qui rendent les morts à l'hôpital difficiles : problèmes strictement techniques, problèmes de personnes, problèmes de structures, et qui suscitent de temps à autre ces cris : Rendez-nous notre mort ! Assez de tuyaux ! Humanisez donc un peu l'hôpital ! etc.

Pour moi, qui travaille depuis longtemps dans ce milieu, qui depuis longtemps bute sur les difficultés auxquelles se heurte une amélioration de la condition des mourants à l'hôpital, qui ai analysé un certain nombre de ces difficultés, je me suis mis à rêver d'autre chose.

## *UN RÊVE QUI PEUT SE RÉALISER*

J'ai rêvé, au sein de l'hôpital lui-même et donc sans que soit nécessaire le transfert du malade dans une autre institution, d'une petite unité — douze lits, quinze lits — où tout serait organisé en fonction de ces malades en fin de vie. D'abord un cadre agréable et qui ne « sente » pas trop l'hôpital : des chambres accueillantes avec un équipement de nursing particulièrement adapté. Des locaux qui permettraient aux familles de vivre tout le temps qu'elles souhaitent auprès de leur proche et qui comporteraient donc des lieux de détente spécifiquement réservés à ces familles : un lit d'appoint dans la chambre même du malade, et dans l'unité quelques salons et salles à manger qui leur soient proprement réservés. Alors qu'actuellement les services n'ont trop souvent que les seuls couloirs à leur offrir. Tout ceci n'est pas impensable puisque déjà réalisé dans certains services de pédiatrie.

J'ai rêvé de médecins parfaitement documentés sur le traitement des douleurs chroniques et qui s'emploient à appliquer ces techniques. Les études étrangères sont unanimes à démontrer que 95 % des douleurs chroniques du cancer peuvent être vaincues complètement et sans le moindre obscurcissement de la conscience si l'on veut bien s'y employer. Des médecins qui ne considéreraient pas qu'ils font un travail inférieur parce qu'ils s'emploient à contrôler simplement les symptômes dont souffre le malade, sachant que toute tentative raisonnable de guérison est dépassée. Des médecins qui emploieraient chaque jour une partie de leur temps à converser avec leurs patients et leur équipe pour répondre aux interrogations, pour calmer leurs angoisses.

J'ai rêvé d'une équipe soignante, infirmières, aides-soignantes, assistante sociale, kinésithérapeute, psychologue, ministres des cultes, bénévoles, qui travaille en harmonie avec les médecins ; car tous ils auraient choisi de faire ce métier particulier, et tous ensemble ils se soutiendraient pour le réaliser au mieux.

Est-ce un rêve impossible ? Pourquoi le serait-il alors que depuis vingt ans il est réalisé en Angleterre, depuis dix ans aux États-Unis et au Canada ? Des unités du type que j'ai décrit y fonctionnent à la plus grande satisfaction de tous depuis longtemps.

Je sais les critiques qui leur sont faites en France, au sein et hors de la profession : quelle horreur, cette ségrégation des mourants ! Et comment les soignants résisteraient-ils à un tel type de travail ?

Mais je suis convaincu que les gens qui parlent ainsi sont des bien portants. Souvent ils ne savent rien de la mort et des mourants. Ils n'ont jamais vu un de leurs proches souffrir longuement et ne recevoir qu'une aide totalement inadaptée. Ils n'ont pas su ce que c'était que d'être rejeté de la chambre de quelqu'un qu'ils aimaient parce que « l'heure des visites était passée » et de quitter l'hôpital sans être sûr de le revoir le lendemain. Quant aux soignants, pourquoi n'y aurait-il pas aussi la satisfaction d'une tâche bien remplie quand un malade qui leur a été confié pour la fin de sa vie meurt paisiblement parce qu'ils ont su faire ce qu'il fallait pour que sa mort soit douce ?

Aujourd'hui mon rêve n'est plus tout à fait un rêve. En effet, à l'Hôpital international de l'université de Paris va s'ouvrir dans les prochains mois une unité de douze lits de soins palliatifs correspondant fidèlement à ce qui a été décrit plus haut. Premier élément, espérons-le, d'une série d'autres réalisations qui, à travers le pays, serviront, en même temps que de lieux de soins, de champ de formation pour les soignants se sentant concernés par cet aspect humanitaire de la médecine.

*MAURICE ABIVEN*

**Chef de service**
**à l'Hôpital international de l'université de Paris.**
**Auteur de *Humaniser l'hôpital,* Balland, 1976.**

Y. QUENNEVILLE ET J.-L. DUBREUCQ

# SOINS PALLIATIFS :

# L'ACCENT DU QUÉBEC

A L'HÔPITAL NOTRE-DAME DE MONTRÉAL, NOUS PRATIQUONS LES SOINS PALLIATIFS DEPUIS FÉVRIER 1979. DURANT TOUTES CES ANNÉES, NOUS AVONS CONNU DES MOURANTS HEUREUX, NOUS EN AVONS AUSSI RENCONTRÉ DES MALHEUREUX ; D'AUTRES N'ÉTAIENT NI HEUREUX, NI MALHEUREUX. DE FAIT, NOUS EN AVONS CONNU DE TOUTES SORTES. NOUS AVONS VU DÉSARMÉES NOS PRÉTENTIONS DE SERVIR DE GUIDES AUPRÈS DE CELUI QUI MEURT. IL N'Y A PAS DE MORT IDÉALE NI DE TECHNIQUES A OFFRIR POUR MOURIR DANS LA BÉATITUDE. NOTRE BUT N'EST PLUS D'AIDER À MOURIR MAIS À VIVRE JUSQU'À LA FIN UNE VIE DÉCENTE ET DIGNE.

On ne peut parler de soins palliatifs sans évoquer le rôle majeur de Cicely Saunders et du St. Christopher's Hospice dans la conception et la mise en œuvre des principes de base du *hospice movement*, à savoir, le contrôle optimal de la douleur et l'approche globale des patients parvenus à l'ultime étape de leur vie. Est-il besoin de rappeler les travaux d'Elizabeth Kubler-Ross sur la psychologie des mourants ? Sa contribution à une meilleure compréhension de ces derniers est immense. Enfin, puisque nous écrivons de Montréal, n'oublions pas Balfour Mount qui, en 1979, créa au Royal Victoria Hospital la première USP au Canada.

Depuis, de nombreuses réalisations ont vu le jour ; à la fin de 1984, on n'en comptait pas moins de deux cents sur l'ensemble du territoire canadien. Si toutes ont le souci d'offrir des soins palliatifs de qualité, elles ne le font pas selon les mêmes modalités.

Certaines, à l'instar des hospices anglais, ont une structure indépendante de l'hôpital ; d'autres, en revanche, sont directement implantées au sein de l'institution hospitalière. Il s'agit soit d'une unité géographiquement délimitée dans l'hôpital (USP), soit de quelques lits réservés dans un service traditionnel de médecine ou de chirurgie, soit d'une équipe « volante ». Enfin, certaines réalisations sont orientées vers les soins à domicile. Cette description sommaire n'est qu'un pâle reflet de la diversité des modalités d'application du concept de soins palliatifs. Chaque réalisation a sa particularité et plusieurs modalités peuvent être combinées entre elles.

Mais qu'en est-il des différences culturelles ? Ou, pour parler sans ambages, les soins palliatifs d'abord initiés par les « Anglais » peuvent-ils être réinventés par les « Français » ? Eh bien, la réponse est oui. Le concept de soins palliatifs s'incarne de façons diverses et s'expose volontiers à l'imagination créatrice de tout un chacun, c'est là sa richesse.

## *VOUS ÊTES ICI CHEZ VOUS*

Ainsi, l'USP de l'hôpital Notre-Dame fut façonnée par des « Français » pour des « Français ». La première USP francophone, à Montréal et ailleurs, était née. Il y a bientôt huit ans... Structure pilote au Québec, son rayonnement a vite franchi les frontières. Chaque année, elle reçoit des stagiaires et des visiteurs de toute la francophonie, en particulier de la France, de la Suisse et de la Belgique. A l'automne 1985, elle a organisé le premier Congrès international francophone sur les soins palliatifs qui réunit durant deux jours plus de trois cents personnes venues du Québec et de l'Europe.

Située dans un grand hôpital universitaire, elle peut accueillir douze patients atteints d'un cancer très avancé. C'est, en grande partie, en raison de la vocation particulière de l'hôpital Notre-Dame en ontologie et à cause de l'importance numérique des patients traités dans ce département, que nous n'admettons que des patients cancéreux. Nous reconnaissons toutefois que le concept de soins palliatifs peut s'étendre à des malades aux prises avec d'autres pathologies.

Que dire des locaux de l'unité si ce n'est l'essentiel ? L'agencement des pièces, l'ameublement, la décoration ne veulent signifier qu'une seule chose aux patients et à leurs familles : « Vous êtes ici chez vous. » Comme nous venons de le sous-entendre, les familles sont les bienvenues et, loin de les écarter, nous les associons à notre action. Dans les services hospitaliers traditionnels, la famille vient aux nouvelles ; ici elle peut si elle le désire vivre au rythme de son parent hospitalisé. Durant les moments difficiles, y compris après le décès, elle est assurée de trouver auprès de l'un ou l'autre membre de l'équipe la présence souhaitée.

Le patient qui vient chez nous ne veut pas ou n'a pas la possibilité de finir ses jours chez lui, même avec l'aide d'infirmières visiteuses. Il connaît son diagnostic depuis le début de sa maladie et sait avant d'y venir que son état n'est plus curable. Il est habituel à l'hôpital Notre-Dame de dire la vérité aux malades et nous pouvons affirmer que cette pratique n'a jamais provoqué de réactions suicidaires. Par ailleurs, sur les deux mille cinq cents personnes décédées à l'USP, seulement deux ont réclamé l'euthanasie et, voyant leurs douleurs mieux contrôlées, elles ont finalement renoncé à cette solution extrême.

Le fait de savoir la vérité n'implique donc pas les conséquences fâcheuses tant redoutées. Pour nous, il ne s'agit jamais d'une vérité à assener, mais plutôt d'une information à partager dans le cadre d'une relation de qualité. De plus, nous aurions beau la déguiser, nos gestes, nos attitudes la trahiraient : le langage du corps démasque invariablement le mensonge des mots. Celui qui demande à être accueilli à l'unité sait donc où il en est. Avant sa venue, il aura été visité à plusieurs reprises par notre équipe d'admission et à son arrivée nous aurons la certitude de tous parler des mêmes choses.

L'enjeu des soins palliatifs est assurément celui de la place que nous accordons à la personne que nous soignons. Dans les institutions hospitalières, nous voyons trop souvent disparaître la personne derrière une médicalisation abusive. Elle devient un objet dont on s'occupe, on la résume à n'être que ce qu'on en fait, c'est-à-dire un cas. L'autre s'évanouit, ce qui existe alors, ce sont nos exigences professionnelles et personnelles. Finalement, l'autre n'est plus qu'un prolongement de nous-mêmes, on ne s'adresse plus à personne. A l'unité, nous avons restitué au patient la place qu'il n'aurait jamais dû quitter : celle de sujet unique. Il a donc la parole, c'est notre point de départ... Nous le prenons au mot et le suivons sur sa trajectoire.

## *SEULE COMPTE LA QUALITÉ DE LA VIE QUI S'ACHÈVE*

N'allons pas croire qu'il suffit de mettre ensemble des professionnels et des bénévoles d'horizons divers pour obtenir une équipe de qualité. Bien sûr, l'ensemble de notre personnel a été soigneusement choisi pour sa compétence, son aptitude à travailler en équipe, mais aussi pour ses qualités personnelles et tout particulièrement pour sa capacité de prêter attention à l'autre. Nos bénévoles sont recrutés selon des critères semblables et reçoivent une formation qui leur permet de contribuer au confort des malades. Ils font partie de l'équipe à part entière et la qualité de leur travail nous est indispensable.

Accompagnants et non guides, les membres de l'unité ont en commun le respect du désir de l'autre, la conviction que si l'on ne peut plus rien contre la maladie on peut encore beaucoup pour le malade, l'envie d'utiliser toutes les ressources de leur imagination trop souvent stérilisée par le système hospitalier traditionnel. Ces gens qui forment l'âme réelle de l'unité ont également pour caractéristique commune d'avoir, à des degrés divers, d'autres intérêts professionnels et personnels. Cela leur procure une meilleure qualité de présence auprès des malades et facilite l'établissement d'une saine distance.

Un fort consensus existe autour du concept de soins palliatifs et garantit la cohérence de nos attitudes envers le patient. Nous reconnaissons qu'il vit la dernière étape de son existence et que la mort est à l'œuvre. Tout traitement curatif, aussi minime soit-il, est définitivement abandonné : pas de perfusion, pas de transfusion, pas d'antibiotique... Seule compte désormais la qualité de la vie qui s'achève.

Sans renier notre appartenance professionnelle, il est indispensable de nous laisser interpeller à un niveau tout simplement humain pour accomplir une telle tâche. Mais vivre cette expérience n'est certainement pas chose facile. Nous sommes bien conscients de notre vulnérabilité d'êtres humains sans cesse confrontés à la mort. Dès la création de l'USP, la mise en place d'un système de soutien au personnel a donc été jugée indispensable. La présence d'un psychiatre à l'unité est en partie justifiée par ce besoin.

Au cours de réunions bi-hebdomadaires, il suscite des échanges entre les membres de l'équipe à propos de chaque patient. C'est alors l'occasion de se dégager d'émotions et d'impasses provoquées par le contact quotidien avec une réalité souvent pénible. Il n'est pas rare que la relation soignant-soigné se trouve modifiée et renouvelée à la suite de ces rencontres.

Le psychiatre assure également une présence auprès des malades, discrète cependant, les occasions de psychothérapie étant très rares. Son rôle est essentiellement de rassurer les patients aux prises avec des phénomènes psychiques déroutants qu'ils qualifient à tort de « folie ». Par ailleurs, ce contact avec les malades permet au psychiatre de partager avec les soignants et les bénévoles une expérience commune et d'être ainsi mieux intégré à l'équipe.

Les soins palliatifs proposent une rupture avec le vouloir-guérir à tout prix et introduisent à côté du savoir technique, le savoir-écouter, le savoir-se taire, le savoir-dire et le savoir-faire. Y aurait-il des USP si la médecine contemporaine n'avait pas cédé si facilement aux promesses d'une science médicale toute-puissante ? Le mouvement des soins palliatifs témoigne qu'elle peut encore apporter beaucoup au malade lorsque la technique seule ne lui est plus d'aucun secours.

D'autres expériences de ce type sont appelées à se développer, chacune avec ses caractéristiques propres. Nous croyons en effet que le langage des soins palliatifs, tel le français, peut être parlé avec des accents différents. C'est ainsi qu'à Montréal les soins palliatifs parlent français avec l'accent québécois.

*YVES QUENNEVILLE*
*JEAN-LUC DUBREUCQ*

**Yves Quenneville. Psychiatre et directeur adjoint de l'Unité de soins palliatifs, Hôpital Notre-Dame, Montréal, QC, Canada, professeur-adjoint à l'université de Montréal.**
**Autres articles du docteur Yves Quenneville à propos des soins palliatifs : « L'Unité de soins palliatifs », *Union médicale du Canada*, vol. 108, n° 12, décembre 1979 ; « Le mourir : une maladie ? », *Union Médicale du Canada*, vol. 109, n° 1, janvier 1980 ; « Pourquoi dire la vérité au patient ? », *Union médicale du Canada*, vol. 113, n° 11, novembre 1984.**
**Jean-Luc DUBREUCQ. Interne des hôpitaux psychiatriques, CHS Ulysse Trélat, Saint-André-les-Lille, France, stagiaire à l'USP, Hôpital Notre-Dame, Montréal (Échanges France-Québec).**

# JUSQU'AU BOUT À LA MAISON...

Entretien avec
— *PAULE DULEU ET DENISE DIALA* —

**Paule Duleu, directrice, et Denise Diala, infirmière générale de l'hospitalisation à domicile (HAD) de l'Assistance publique de Paris.**

MOURIR CHEZ SOI. PAS FACILE DANS UNE SOCIÉTÉ OÙ LA MORT SE CACHE, S'ENFERME DERRIÈRE LES MURS DE L'HÔPITAL. PAS FACILE, MAIS POSSIBLE. MÊME LORSQUE LA MALADIE EST AU RENDEZ-VOUS...

*« Le 18 mars à 13 h 30, je fus appelé d'urgence à l'hôpital B., service de gastro-entérologie : ma femme était dans le coma.*
*« Je décidai aussitôt, les médecins m'ayant dit qu'elle pourrait survivre quelques jours, de la ramener chez nous et de faire appel à l'hospitalisation à domicile. Je ne pouvais plus supporter de la voir agoniser, fiévreuse, sous perfusion, paralysée mais encore consciente, dans une chambre où on plaça près d'elle d'abord une maniaque du transistor, puis une autre qui tenait la télévision allumée du matin au soir... Toutes mes réclamations s'étaient heurtées à une sorte d'indifférence excédée de la part des jeunes médecins et des infirmières, sans résultat.*
*« Sitôt ma femme prise en charge par l'hospitalisation à domicile, tout a changé. Une infirmière s'est présentée, a trouvé les mots qu'il fallait pour m'aider à me remettre, s'est chargée de toutes les formalités. Aux ambulanciers qu'elle avait demandés elle donna des instructions : il fallait que le transport se fît avec les perfusions et la sonde, en évitant les chocs dont le moindre tirait des gémissements à ma femme. Ils la transportèrent avec de grandes précautions et l'installèrent provisoirement dans ma chambre.*
*« Une heure plus tard survînt un infirmier dont le dévouement, la douceur et la gentillesse me tirèrent des larmes. Il partit après plus d'une heure de soins, puis revint me donner des conseils, m'apprendre à remplacer la bouteille de perfusion.*
*« Le lendemain, et pour la première fois, j'eus par mon médecin, auquel on avait fait porter le dossier, des explications complètes sur la maladie de ma femme. Il attendit vos deux infirmières et leur laissa ses consignes. Elles prodiguèrent leurs soins avec compétence et douceur. Je n'entendis plus ma femme gémir. Une heure après leur départ, une aide-soignante et un infirmier vinrent s'assurer que tout était en ordre. Le soir, l'infirmier revint, toujours aussi dévoué. Une infirmière fit de même le lendemain.*

*« Ma femme mourut dans l'après-midi. Mais son visage était calme et n'exprimait plus cette souffrance qui m'était intolérable durant son séjour dans son purgatoire de B. Quelle différence ! Si j'avais su !... »*

*P. Duleu.* - J'ai reçu cette lettre émouvante voici quelques jours. Je voulais vous la lire car elle décrit bien ce qu'est l'hospitalisation à domicile : le déplacement des compétences techniques de l'hôpital chez le malade afin qu'il puisse s'y soigner, et parfois y vivre ses derniers jours.

**Autrement. - A qui s'adresse l'HAD ?**
*P. Duleu.* - Aux mêmes malades, aigus ou chroniques, que l'hôpital, puisque c'est le médecin hospitalier qui demande l'admission. Sur dix mille admissions annuelles, 85 % concernent la cancérologie, la pathologie cardiovasculaire, la pédiatrie, la gynéco-obstétrique, la neurologie et l'orthopédie-traumatologie. Dès qu'un malade n'est plus en soins intensifs, il peut suivre son traitement chez lui.

Il n'y a pas de limites techniques puisque nous faisons même de la chimiothérapie en continu et de la nutrition parentérale[1]. Toutes nos infirmières — deux cents pour sept cent cinquante lits à Paris — ont une expérience hospitalière de trois ans minimum, acquise dans des services où les soins sont aussi variés que pointus. Mais comme elles ne viennent qu'une heure ou deux par jour, l'HAD s'adresse à des malades qui veulent rester acteurs dans leur maladie, et auxquels on apprend aussi à se prendre en charge, avec la collaboration de l'entourage.

**Dans sa lettre, ce monsieur opposait l'indifférence de l'hôpital à la chaleur des infirmières d'HAD. Qu'en pensez-vous ?**

*D. Diala.* - A l'hôpital, beaucoup de gens gravitent autour du malade, mais dans un environnement qui gomme sa personnalité. Quand l'infirmière va chez lui, c'est tout un individu qu'elle rencontre à travers son cadre de vie, ses proches. Même si elle reste peu de temps, la relation est beaucoup plus étroite. C'est cette dimension humaine, et aussi la plus grande autonomie professionnelle, qui attirent les infirmières vers l'HAD.

De plus, à l'hôpital, le groupe soignant exerce une sorte de pression : une infirmière qui consacre plus de temps à un malade ou à un mourant devient un peu suspecte aux yeux de ses collègues. Bien sûr, il y a beaucoup de travail, mais je crois que c'est aussi une réaction de défense. Nous, nous pouvons passer d'un mourant à une grossesse à risque, le trajet nous permet de retrouver une disponibilité entre deux malades. A l'hôpital, il n'y a pas d'échappatoire. La tension est constante.

**S'agissant de grands malades, la mort et son approche doivent être très présentes...**

*P. Duleu.* - 40 % de nos malades sont des cancéreux, pour beaucoup en phase terminale. Les décès constituent le dixième des sorties d'HAD ; il faut ajouter les malades réhospitalisés en dernière extrémité, mais que nous aurons quand même accompagnés.

*D. Diala.* - Le programme des études d'infirmière précise bien qu'elles ont aussi pour mission « d'aider la personne soignée à vivre ses derniers moments », ce qui n'existe d'ailleurs pas dans le code de déontologie des médecins. En HAD, nous apportons la plus grande attention à cette dimension de notre pratique.

**Vous avez donc un double rôle de soignant et d'accompagnateur, de passeur ?**

*D. Diala.* - C'est toujours lié. Même si, les derniers jours, il s'agit plus de médication de confort et de nursing, le soin est toujours le support de notre relation avec le malade et sa famille. Tout comme en apprenant à la famille certains gestes techniques, nous lui permettons de se sentir utile dans un moment où elle est démunie face au malade, et parfois de rétablir une relation avec lui.

**Ça ne doit pas être simple pour une famille de prendre en charge un mourant...**

*D. Diala.* - Quand les conditions matérielles et affectives sont réunies, ça se passe bien. Parfois, c'est moins simple. Les conflits, la culpabilisation, la peur, tout devient plus aigu dans une famille dont un membre va mourir. Là, nous avons un rôle de médiateur. Comme nous sommes malgré tout extérieurs, notre présence aide à faire sauter des bloquages. En faisant participer la famille aux soins, nous l'amenons petit à petit à reprendre en charge son malade sur le plan psychologique. Parfois ça ne marche pas, et nous restons le seul point d'écoute du mourant. Mais c'est rare.

*P. Duleu.* - La maladie, par sa durée, déstructure tout. C'est dur pour une famille de reconstruire un nouvel équilibre autour d'elle. Nous devons l'aider à trouver la bonne distance, à éviter l'investissement total comme la fuite éperdue, surtout s'il s'agit d'un enfant. Mais dans ce cas, l'accompagnement jusqu'au bout reste exceptionnel : souvent, la famille veut croire encore à l'impossible et fait réhospitaliser l'enfant. Ou, à l'inverse, fuit en anticipant inconsciemment le deuil.

**Ce rôle de médiateur, vous l'avez aussi entre le malade et sa propre mort ?**

*D. Diala.* - Certains cancéreux, et tous les patients atteints de SIDA connaissent le diagnostic. Pour les autres, c'est difficile de faire la part des choses entre ce qui est dit et ce qui est ressenti réellement. Chez les malades d'un certain âge, les contraintes de plus en plus lourdes de la maladie renvoient sûrement à l'image d'autres morts vécues dans l'entourage. Les jeunes, parce qu'ils n'ont pas cette expérience, ont souvent moins peur de la mort.

*P. Duleu.* - Nos soignants n'ont ni à éluder les questions, ni à les précéder. Il ne faut dire de la vérité que ce qui peut en être entendu. Ça, on le sent quand la qualité de la relation est bonne. Parfois cela nécessite, pour éviter les impairs, de définir une stratégie entre tous les intervenants. Et il y a presque toujours, dans l'environnement du malade, quelqu'un avec qui, même au-delà des mots, le dialogue et la confiance s'installent. C'est celui-là qu'il faut trouver.

**Quand la fin approche, certains malades vous demandent-ils de les aider ?**

*D. Diala.* - Rarement. C'est arrivé récemment avec un malade qui souffrait d'une tumeur au cerveau. Il y a eu consensus entre le malade, la famille, l'hôpital, le médecin traitant et nous pour l'aider à en finir. L'hôpital a prescrit le cocktail lytique, et quand le moment est venu, ça s'est passé doucement, en une demi-heure. Tout le monde a participé, les proches, le médecin traitant et nous, en « poussant chacun un peu la seringue ». J'en parle parce que c'est exceptionnel. Et très dur à vivre pour tout le monde, même si, intellectuellement, on est d'accord.

*P. Duleu.* - Une telle demande reste très culpabilisante pour le malade comme pour sa famille. Comment dire à des soignants qui se sont investis depuis des mois : « Bon. J'apprécie ce que vous faites, mais maintenant il faudrait m'aider à arrêter » ? Je crois aussi que plus l'accompagnement est bon, plus le recours aux drogues anti-douleur se répand — malheureusement les médecins traitants sont peu formés à leur usage —, moins cette demande existe.

*D. Diala.* - Dans certains cas, l'intimité entre l'équipe et le malade devient telle que ce dernier préfère agir seul. Ainsi nous avions une malade, infirmière, atteinte d'un cancer hypophysaire, dont nous restions la seule famille. Elle nous avait prévenus qu'elle ne nous demanderait rien. Elle s'est suicidée. En quelque sorte, elle a voulu nous protéger...

**Vous parliez des médecins. Comment s'établissent vos relations avec eux ?**

*P. Duleu.* - L'HAD constitue la charnière entre le médecin hospitalier, qui d'une certaine façon perd son malade, et le médecin traitant qui le suit à domicile. Nous avons donc un rôle de coordination important. Avec les médecins traitants, nous entretenons de bons rapports de coopération. Et nous dépendons des médecins hospitaliers pour les admissions. En cancérologie, on nous envoie beaucoup de malades parce que les hôpitaux manquent de lits. Un service qui ronronne retiendra plutôt ses malades.

**Est-ce à dire que, finalement, le malade n'a pas vraiment le choix ?**

*P. Duleu.* - On ne peut demander que ce qu'on connaît. Or l'hôpital ne fait passer l'information sur l'HAD que si cela correspond à ses besoins. Par exemple, un vent de panique a soufflé sur l'hôpital avec les diverses réformes qu'on a voulu y introduire ces dernières années. Que fait un médecin qui a peur ? Il remplit son service pour bien prouver qu'il existe et qu'il sert à quelque chose. Eh bien, la courbe de mes admissions suit à la trace le moral des médecins hospitaliers ! Alors maintenant, je guette...

**C'est assez pessimiste...**

*P. Duleu.* - Mais vrai. On ne peut s'attendre à la création de nouveaux lits hospitaliers. Il va donc falloir redéployer, fermer ici pour ouvrir là. Or l'HAD n'est pas prioritaire. Nous allons donc devoir nous adapter, faire encore plus appel au secteur libéral pour les actes infirmiers les plus simples, et garder pour nous les soins très techniques, l'éducation des familles, la coordination et l'accompagnement, c'est-à-dire ce que nous faisons de mieux. Vous savez, l'avenir de l'HAD c'est aussi un choix économique...

**1. Nutrition parentérale : après des lésions transitoires ou définitives empêchant l'absorption naturelle des aliments, le malade est nourri avec des aliments spécialement conçus pour être administrés par voie sanguine.**

**Chimiothérapie en continu : traitement des cancers par des substances chimiques (antimitotiques) qui sont administrées à doses filées sur des temps longs — vingt-quatre heures à quinze jours —, par voie intraveineuse ou intra-artérielle, ce qui augmente l'efficacité des traitements et diminue les effets secondaires pénibles pour les patients.**

Propos recueillis par
*MARTINE LOCHOUARN*

# POUR VIVRE ENCORE CHEZ SOI

*Hospitalisation à domicile*

— Admission après consultation à l'hôpital ou hospitalisation.
— 1 500 lits à Paris, dont 750 pour HAD Assistance publique, et 750 relevant de deux structures privées, « Santé-service » et « L'Hôpital à domicile ». Une antenne de l'HAD dans chaque hôpital de l'Assistance publique. 1 500 lits en province, mais sur seulement 10 départements.
— Prise en charge de la Sécurité sociale identique à celle pratiquée à l'hôpital.
— Pas de forfait journalier à payer.

*Soins à domiciles*
— Fédération d'associations indépendantes de l'Assistance publique.
— Admission sur simple demande du médecin traitant, mais réservée aux personnes âgées de plus de 65 ans et aux invalides, sans limitation de revenus. Prend en charge les soins de nursing et une partie des soins infirmiers.
— Environ 22 000 places réparties sur tout le territoire.
— Gratuité totale.

*Où se renseigner*
— HAD : à l'hôpital ou à la direction de l'HAD de Paris, 47, bd de l'Hôpital, 75013 Paris, tél. 45.70.36.36.
— Soins à domicile : FASSAD, 145, rue Legendre, 75017 Paris, tél. 46.27.88.87 pour la région Ile-de-France. Au niveau national : UNASSAD, 15, passage Saint-Sébastien, 75011 Paris ; tél. 43.55.26.26.

# PÉRIR EN LA DEMEURE

entretien avec
—— *UNE INFIRMIÈRE LIBÉRALE* ——

DENISE L. EST INFIRMIÈRE. APRÈS CINQ ANS D'HÔPITAL, ELLE A CHOISI L'EXERCICE LIBÉRAL, ET S'EST INSTALLÉE, VOICI BIENTÔT VINGT ANS, DANS UNE PETITE VILLE DE LA BANLIEUE PARISIENNE. AU FIL DES ANNÉES, CERTAINS DE SES MALADES SONT DEVENUS DES VIEILLARDS. D'AUTRES SONT MORTS, QU'ELLE A SOUVENT ACCOMPAGNÉS JUSQU'AU BOUT. AVEC PASSION PARFOIS, TOUJOURS AVEC TENDRESSE, ELLE RACONTE CES MORCEAUX DE FINS DE VIE DONT ELLE A ÉTÉ LE TÉMOIN.

**Autrement. - Avant de devenir infirmière libérale, vous avez travaillé en hôpital. Qu'est-ce qui vous paraît différent dans la façon d'accompagner les malades mourants ?**

*Denise L.* - En ville, on est seul, sans le soutien de l'équipe soignante. C'est quelquefois extrêmement difficile à supporter, surtout quand il s'agit de malades qu'on connaît depuis des années. Mais je crois qu'on assume mieux les décès parce qu'on tient compte de la famille.

Très souvent, celle-ci connaît l'état du malade, et de son côté le malade sait où il en est mais, par pudeur, ne veut pas en parler à ses proches. Nous servons d'intermédiaires entre les uns et les autres.

Cet été, j'ai eu un malade cancéreux en phase terminale, auquel je faisais des perfusions de survie. Un dimanche, sa femme me prend à part, affolée : « Hier, il a dit a un ami qu'il en avait assez, qu'il voulait que cela finisse vite. » Je vais dans la chambre du malade, qui me répète la même chose. Je lui ai dit de ne pas s'angoisser, qu'on l'aiderait jusqu'au bout mais qu'on ne l'obligerait pas à vivre s'il ne devait plus vivre. Vous ne pouvez pas savoir comme il a eu l'air soulagé. Il faisait chaud et le malade commençait à mal respirer. J'ai appelé sa femme, qui s'est assise sur le lit à ses côtés. Je lui ai montré comment soutenir son mari, dont la tête était posée sur son épaule, et je leur ai dit de rester là, face à la fenêtre ouverte, calmement. C'était poignant. A un moment, la femme s'est retournée vers moi, et simplement, m'a remerciée d'un regard.

Vous savez, les gens se comportent vis-à-vis des mourants comme avec les bébés : ils n'osent pas les toucher, alors que, justement, le malade qui va mourir a un énorme besoin de contacts physiques. C'est à nous de leur montrer les gestes. Un autre malade me disait, le matin de sa mort : « Ah, comme j'aimerais avoir une petite de quinze ans dans mon lit ! » Sa femme était outrée ! J'ai dû lui expliquer que c'était normal, qu'il avait envie de réchauffer ses vieux os. C'est fréquent chez les mourants ce désir d'être entourés de jeunes, comme s'ils voulaient croire que la jeunesse, la santé sont contagieuses.

**Croyez-vous pouvoir aider la famille à mieux accepter le décès du malade ?**

J'en suis certaine. Très souvent, je m'aperçois de l'aggravation de l'état du malade la première. Il y a certains signes, comme de ne plus se raser pour les hommes, ou d'avoir toujours envie de se reposer. Les proches ont alors tendance à « secouer » leur malade. Ils savent qu'il va mourir mais, c'est normal, quelque chose en eux le refuse. C'est à nous de leur faire accepter cette aggravation, de leur expliquer qu'ils ne doivent pas forcer leur malade, parce qu'à un moment ça devient trop fatigant pour lui de se raser, de se lever, et qu'ils doivent le laisser faire. En même temps, nous devons être là pour aider, par exemple en venant faire la toilette. Ce n'est pas toujours facile, car le malade doit être d'accord, alors qu'il sait que, s'il accepte, il s'engage dans un processus presque toujours irréversible.

**C'est très lourd pour la famille de garder jusqu'au bout un malade à la maison...**
Cela demande un investissement de cœur considérable. Quand on sait ce que ça représente de veiller jour et nuit sur un malade grabataire, de le nourrir, de le laver, de faire ses lessives, on n'a pas le droit d'exiger ça de quelqu'un s'il sent que c'est trop lourd pour lui. On a tous le droit d'être faibles, de ne pas faire face. Les gens qui jettent la pierre à Untel parce qu'il a fait hospitaliser son père ou sa mère malade ne savent pas de quoi ils parlent. A l'inverse, j'ai vu la fille d'une de mes malades prête à craquer la dernière semaine, après avoir soigné sa mère avec dévouement pendant des années. Je l'ai épaulée, et à nous deux on a réussi à garder sa mère chez elle jusqu'au bout. Vous ne pouvez pas savoir combien la fille était heureuse de l'avoir fait.

**Est-ce qu'on peut aussi aider le malade à accepter sa propre mort ?**
La mort est toujours inacceptable. Mais je crois qu'on peut rendre les choses un peu plus faciles. J'ai un malade auquel on a découvert une tumeur au cerveau. On a voulu l'hospitaliser. Il a refusé et est rentré chez lui. Un jour, il me demande ce qui l'attend. Je lui dis qu'à mon avis, il risque de devenir aveugle ou paralytique. C'est moche à dire, mais c'était la vérité. Vous savez ce qu'il m'a répondu ? « Je suis bien content, parce que ça confirme ce que m'ont dit les médecins. » Cet homme a mis de l'ordre dans ses affaires, tout préparé pour le cas où il lui arriverait quelque chose, puis est parti se faire opérer, l'esprit tranquille.

**Il a dû arriver que des malades vous demandent de les aider à mourir ?**
Je me souviens d'un homme, cancéreux lui aussi. Il avait très peur de la mort. Un jour, il me demande si je veux gagner un million. « C'est très simple, dit-il, je sais que je ne vais pas bien, et je ne veux pas mourir à l'hôpital. Vous n'avez qu'à me faire "la" piqûre... » Je lui ai répondu qu'il n'en était pas question, mais qu'il pouvait, s'il le voulait, trouver une autre infirmière et le lui demander, que cela resterait entre nous. Eh bien, il est quand même resté avec moi jusqu'au bout. Il est mort à l'hôpital, mieux d'ailleurs qu'il ne le craignait. Presque sans souffrir.

**Pourquoi ce refus de l'euthanasie ?**
Par conviction personnelle. Je pense qu'on ne doit pas donner la mort. Je suis prête à soulager la souffrance jusqu'à la fin, sans restriction, même si, à fortes doses, un calmant peut tuer un malade. Mais le but, c'est de soulager, pas de tuer. Pour moi, c'est une différence de taille.

**Constatez-vous parfois des réactions de peur de la part de l'entourage lorsqu'un malade meurt chez lui ?**
Assez souvent. Vous vous rappe-

lez le malade auquel je faisais des perfusions de survie... Je retourne chez lui le soir, et j'entends depuis la rue la télévision qui hurle. J'entre, je trouve la femme enfermée dans la cuisine, devant le récepteur. Elle me dit : « Je crois que vous ne pourrez pas faire la perfusion ce soir, j'ai l'impression qu'il est mort. » Effectivement, son mari était mort. Elle avait tellement eu peur du cadavre qu'elle s'était enfermée dans la cuisine, et avait ouvert le son de la télévision au maximum... comme pour se protéger.

A ce moment-là aussi on aide la famille, en prenant en charge l'ensevelissement, les formalités du décès. D'autant que lorsqu'on laisse faire les pompes funèbres, c'est parfois assez expéditif, et même traumatisant pour la famille. C'est vrai qu'elles n'ont affaire qu'à un cadavre. Pour nous, c'est d'abord un ancien malade...

**Vous n'avez rien dit de vos rapports avec les médecins...**
On ne peut pas dire qu'il y ait vraiment une coopération entre eux et nous. Nous nous prévenons quand il arrive quelque chose à un malade, mais c'est à peu près tout. Et puis, chaque médecin a sa propre façon d'agir. Par exemple, on connaît ceux qui sont prêts à répondre à une demande d'euthanasie. Quand un malade le désire vraiment, on peut l'orienter vers ceux-là. Mais il faut être très prudent, parce que cette demande peut être le fruit d'un coup de cafard. Nous qui sommes bien portants, nous avons parfois des idées noires. Alors, un malade... Je connais aussi des médecins qui n'entendent jamais ce que dit le malade, qui règlent tout avec la famille, comme si celui-ci était incapable d'expliquer ce dont il souffre, n'existait déjà plus vraiment.

Celui qui m'a le plus choquée, c'était un médecin du SAMU. Une de mes malades l'avait appelé parce que son mari était tombé. Dans l'affolement, elle avait aussi appelé les pompiers, le médecin de garde, moi-même. Quand je suis arrivée, tous ces gens attendaient en bas qu'on vienne les chercher. Vous savez ce que m'a dit le médecin du SAMU ? Qu'il trouvait inadmissible qu'on dérange tant de monde pour un grand-père de quatre-vingts ans, qu'il avait mieux à faire. Comme si, pour lui, à cet âge, on était assez vieux pour faire un mort ! J'étais hors de moi ! En réalité, plus on est vieux, plus on tient à son conjoint. Toute vie a une valeur, au moins pour un proche. Ça, il faut le respecter !

**En vingt ans de métier, vous n'avez jamais eu envie de décrocher ?**
Si. Une année surtout, où j'ai eu onze décès coup sur coup. C'était en 1981. J'ai cru que j'allais craquer. C'était trop pénible, cette avalanche de gens qui mouraient, et que souvent je connaissais depuis des années. Là, j'ai failli abandonner. Et puis c'est passé. Le reste du temps, on a bien des hauts et des bas, mais on essaie d'avaler. Ce qui est lourd, c'est lorsque vous avez un grand malade : tous les soirs, tous les week-ends, vous êtes pris.

**Il n'y pas de tour de garde ?**
Je travaille avec une collègue, mais le problème c'est que plus personne ne veut faire les gardes. Vous savez, actuellement on fait une piqûre à domicile, déplacement compris, pour moins de 21 francs. Le risque, ce n'est pas que les infirmières libérales craquent. C'est qu'il n'y ait bientôt plus d'infirmières libérales...

Propos recueillis par
*MARTINE LOCHOUARN*

DIDIER DREYFUSS ET JACQUES DAMADE

# LE MALADE, LE RÉANIMATEUR ET LA MORT

Au début des années cinquante, la médecine se dota de moyens technologiques nouveaux — respirateur et rein artificiels — qui permirent d'assurer la survie prolongée de patients atteints d'affections jusque-là souvent mortelles : insuffisances rénales, poliomyélite et polyradiculonévrite. L'équipe du professeur Mollaret à Claude-Bernard, à la suite de Lassen et Ibsen en Suède, développa la réanimation respiratoire, tandis qu'à l'hôpital Necker, sous l'égide du professeur Hamburger, naissait la réanimation rénale. A partir de là on la définit comme l'ensemble des techniques capables de suppléer à une ou plusieurs fonctions vitales momentanément défaillantes jusqu'à ce que le traitement ou l'évolution naturelle en ait permis la guérison. Ses indications s'étendirent alors à de nombreuses autres situations pathologiques — des services sont apparus ces dernières années dans les principaux hôpitaux.

Les conditions des soins et de la mort à l'hôpital furent modifiées. S'ensuivit une réflexion sur les limites de l'acharnement thérapeutique, réflexion d'autant plus inévitable que le changement était radical : déjà, dans les années précédentes, la mort chez soi, dans la solitude ou entouré de l'affection des siens, avait fait place assez souvent à la mort à l'hôpital ; de plus, avec l'apparition de la réanimation, succéda dans certains cas à la chambre traditionnelle du malade une salle encombrée de machines où le patient voyait son autonomie restreinte. L'opposition frappante, voire traumatisante pour l'imagination et les sentiments entre l'idée d'une mort adoucie par la présence des objets et êtres chers et celle d'un mourant relié à des tuyaux à qui un appareil tient lieu de table de chevet, a conduit parfois l'entourage à douter de la légitimité des efforts entrepris. A l'effroi d'un éventuel surcroît de souffrance inutile imposé au malade s'ajoute le malaise spirituel que provoque le cadre nécessairement technique qui l'environne.

Cette angoisse conduit parfois au rejet de toute médecine moderne ainsi que le prône Ivan Illich dans *Némésis médicale*. Il considère l'hémodialyse par rein artificiel qui permet la survie prolongée de patients atteints de la destruction complète des reins comme « le rare privilège de mourir à petit feu grâce à cet instrument de torture qui s'appelle le rein artificiel ». Rien de moins...

La complexité du problème est liée à plusieurs ordres de faits. D'abord le pronostic vital ne s'établit pas aisément : quand un malade arrive en réanimation, si l'on pense qu'il va survivre, on se trompe peu ; à l'inverse, quand on pense qu'il ne va pas survivre, on se trompe davantage. Autrement dit, le pronostic défavorable est difficile à émettre, aussi délicat d'ailleurs que l'estimation de la qualité de vie du malade après intervention. Il s'agit d'un domaine ouvert où l'appréciation à priori est difficile dans un sens ou dans l'autre, mais qui se précise au cours de l'hospitalisation en réanimation.

Deuxièmement, la marge du médecin reste étroite, il est tenu légalement à l'obligation des moyens et à l'assistance à personne en danger. Sa formation ne l'a pas toujours préparé à ce vis-à-vis avec la mort de ses patients. Il n'est enfin pas lui-même exempt d'angoisse face à la mort.

Troisièmement, le désir du malade (ou celui de son entourage) que les soins n'aillent pas au-delà d'une certaine limite, en d'autres termes qu'il n'y ait pas d'acharnement thérapeutique, a rarement été exprimé ou ne l'est pas sans ambivalence.

## *LE SUICIDE : UN CAS LIMITE PARADOXAL*

Quotidiennement, le médecin réanimateur est confronté de diverses façons à la mort : l'indication des manœuvres de réanimation, la décision de ne pas s'acharner, le devoir d'expliquer le décès ou son imminence à des proches peu préparés, les tentatives de suicide.

Le suicide, d'ailleurs, est le cas limite, paradoxal, où la décision médicale est la plus simple quoiqu'elle entre en apparente contradiction avec le souhait du patient. Il ne viendrait pas à l'idée du médecin recevant à l'hôpital une personne qui a tenté de se tuer de ne pas tout faire pour la sauver quelle que soit la thérapeutique à mettre en œuvre, ou sa durée. Certes, nombre de tentatives de suicide sont en réalité des appels au secours ; reste que certains patients manifestent dès leur retour à la conscience l'intention de recommencer. Contradiction à laquelle il n'y a pas de réponse simple entre les fondements de la médecine et l'acte d'un homme. Le réanimateur est conduit à adopter une démarche pragmatique vis-à-vis de cet acte et laisse au psychiatre le soin de tenter d'améliorer ce qui peut l'être dans cet état de détresse.

La mise en œuvre des techniques de réanimation au cours de l'arrêt cardiaque ou respiratoire ne souffre pas de délai. En effet, trois minutes d'arrêt de l'apport d'oxygène au cerveau entraînent des lésions irréversibles, incompatibles avec une survie sans séquelle.

Il s'agit donc d'une situation dans laquelle le médecin est amené à « agir avant de réfléchir ».

Il existe des cas complexes où le malade est soumis à des thérapeutiques prolongées et parfois pénibles sans que le succès soit malheureusement toujours assuré. (Intubation ou trachéotomie, ventilation artificielle, surveillance circulatoire par cathétérisme...) C'est dans ces cas que le patient ou sa famille peuvent regretter que les manœuvres de réanimation aient été entreprises ou souhaiter qu'elles ne le soient plus si un nouvel incident survenait. Or, aucun critère médical, éthique ou légal ne résout parfaitement l'ambiguïté de ce type de situation, d'autant que s'opposent les impératifs médicaux de prolongation de la vie et d'allègement de la douleur.

Aux États-Unis, les compagnies d'assurances et quelques procès retentissants ont forcé les légistes et les praticiens à publier sur ce sujet une abondante littérature. Bedell se penche dans le *New England Journal of Medecine*[1] sur le cas de certains malades qui auraient préféré ne pas être réanimés. Comme réponse envisagée, il y a la possibilité que soit signé par le malade un ordre de ne pas réanimer (c'est-à-dire de ne pas pratiquer d'intervention thérapeutique en cas d'arrêt cardiaque ou respiratoire). Dans un autre article paru dans *Annals of Internal Medecine*[2], Miles propose des critères :

— La décision de ne pas réanimer ne peut être prise qu'après complète évaluation médicale de l'état du malade.

— Elle doit être le fruit d'un consensus éclairé entre l'équipe médicale et le patient si celui-ci est conscient, ou sa famille dans le cas contraire.

— Cette décision ne signifie pas abandon thérapeutique et elle est compatible avec les soins les plus actifs (médicaments, transfusions).

— Elle doit être régulièrement réévaluée.

## *« POURQUOI NE FAITES-VOUS RIEN ! »*

L'auteur souligne la difficulté de l'appréciation des demandes écrites : le choix fait par un patient jeune, en pleine santé, ne correspond pas forcément à ses désirs lorsqu'il est confronté plus tard à une maladie qui met sa vie en danger. Comment, en effet, anticiper sur sa décision de survivre ou de mourir ? Vieille question que La Fontaine traite avec ironie dans sa fable, *La Mort et le Malheureux.*

*Mecenas fut un galant homme*
*Il a dit quelque part : qu'on me rende impotent*
*Cul-de-jatte, goûteux, manchot, pourvu qu'en somme*
*Je vive, c'est assez, je suis plus que content.*
*Ne viens jamais, ô Mort. On t'en dit tout autant.*

Ces précautions, cependant, sont précieuses quand on sait les conséquences qu'engendrent les hésitations de la famille, les malentendus ou une évaluation médicale insuffisante. Parfois même, ce sont heureusement des exceptions, peut se dérouler une chorégraphie tragique entre le malade et les machines. Lo rapporte dans *Annals of Internal Medecine*[3] l'exemple suivant :

Un patient de soixante-quinze ans qui avait survécu à un cancer du larynx avec récidive avait été admis quelques mois après à l'hôpital pour une hémorragie interne due à un ulcère de l'estomac. Malgré un traitement médical, l'hémorragie ne s'arrêtait pas, la vie du malade n'était assurée que par les transfusions sanguines. Le chirurgien refusa d'opérer, car vu son état cardiaque le malade n'y aurait pas survécu. Lui et sa famille demandèrent alors que les transfusions soient arrêtées afin qu'il puisse mourir en paix... Le lendemain, une de ses filles, qui n'était pas venue jusque-là, insista pour que « tout soit fait » pour sauver son père. Le patient fut à nouveau transfusé. A la suite d'une nouvelle discussion avec le malade et sa famille, on décida de stopper la transfusion. Deux jours plus tard, le malade devint semi-comateux. A un moment il demanda : « Pourquoi ne faites-vous rien ? » Et il mourut une heure plus tard. L'ambiguïté de ses dernières paroles rend encore plus poignante, si c'est possible, la mort.

Si on veut aller au-delà de ces précautions et légiférer ces pratiques, on court le risque de solidifier des solutions et des évolutions mouvantes. On peut d'ailleurs rappeler ce qui s'est passé pendant ces vingt dernières années, à savoir une plus grande part de la famille et du malade aux décisions, une meilleure écoute aussi. Comportements qui se sont peu à peu mis en place dans l'intérêt du patient, des proches et même du médecin qui devient moins isolé. Solide bon sens du « droit naturel », dira-t-on dans un domaine où la souplesse et la possibilité de moduler le traitement doivent demeurer la règle. Quant au principe du médecin comme garant des intérêts du malade, il sort lui aussi renforcé, moins arbitraire, épaulé par ces « consultations ».

*DIDIER DREYFUSS*
*et*
*JACQUES DAMADE*

**Didier Dreyfuss. Chef de clinique assistant en réanimation médicale.**
**Jacques Damade. Journaliste.**

1. ***Choices about cardiopulmonary ressuscitation in the hospital,*** **Bedell & Del Banco, avril 1984.**
2. ***The do-not ressuscited order in teaching hospital,*** **Miles & Cranford & Schultz, mai 1982.**
3. ***Clinical decision to limit treatment,*** **Lo & Jonsen, novembre 1980.**

DOMINIQUE BURG

# LES ACHARNÉS DE LA DIGNITÉ

La pièce est exiguë, un peu sombre, mais paisible. Là, chaque après-midi, viennent se dire les souffrances et les angoisses. Là se racontent des morts horribles et des maladies qui se traînent dans une lente et inexorable décrépitude. Là, il est question de la mort, plus précisément du combat pour une mort « douce ». Au sixième étage du 103 de la rue La Fayette, dans le 10e arrondissement de Paris, les bénévoles de l'Association pour le droit de mourir dans la dignité ont installé leurs locaux. Seule association de ce type en France, l'ADMD milite pour ce qu'Odette Thibault, l'une de ses « figures », résume d'une formule : « Je veux mourir vivante. »

Le 17 novembre 1979, les lecteurs du *Monde* découvrent un article-choc, intitulé « Un droit ». L'auteur, Michel Landa, y parle du droit à une mort digne, à l'euthanasie, au suicide. Bientôt, une dizaine de personnes se joignent à lui pour créer une association : en avril 1980, l'ADMD est née. Maigrichonne au départ, elle se développe rapidement, pour regrouper, en 1986, environ quatorze mille adhérents.

Michel Landa est mort d'un cancer, à cinquante-trois ans, en août 1981. Historien et écrivain, il avait travaillé de longues années aux États-Unis. Paula Caucanas Pisier, secrétaire générale de l'ADMD, se souvient d'un « homme très généreux », qui avait « une très haute idée des droits de l'homme et de la dignité ». Michel Landa avait, aussi, été profondément marqué par les morts dramatiques de ses parents et d'un frère.

Presque au même moment, en 1975, aux États-Unis, Derek Humphry aidait sa femme à mourir : elle luttait sans espoir contre un cancer. Cinq ans plus tard, il créait Hemlock, « La Ciguë ». Comme son nom l'indique, cette association revendique le droit au suicide, « assisté » ou non, et au *mercy killing*, une mort donnée par compassion.

L'histoire personnelle de ces deux hommes éclaire leur démarche. Elle ne suffit pas à expliquer le succès de leurs associations. La Grande-Bretagne avait vu, dès 1935, se créer Exit, devenue par la suite The Voluntary Euthanasia Society. Il s'agissait alors de lutter contre une législation qui assimilait le suicide au crime. L'un de ses présidents fut Arthur Koestler, qui, en 1983, gravement malade, se donna la mort avec sa femme. En 1938, c'est aux USA que se fondait Euthanasia Society of America, qui a pris depuis le nom de Society for the Right to Die.

Il faudra cependant attendre les années soixante-dix pour qu'un peu partout dans le monde, se pose publiquement la question de la mort. En 1974, trois prix Nobel, Jacques Monod, Georges Thomson et Linus Pauling, rédigent un manifeste en faveur de l'euthanasie. Quatre ans plus tard, le sénateur Henri Caillavet abordait le même sujet dans une proposition de loi qui suscita à la fois scandale et intérêt.

Depuis juin 1986, Henri Caillavet est président de l'ADMD. Une trentaine d'associations luttent aujourd'hui dans de nombreux pays pour une « bonne » mort. Fortes de cinq cent mille adhérents, elles sont regroupées dans une Fédération mondiale qui devait tenir sa sixième rencontre internationale à Bombay, en Inde, en novembre 1986. L'ADMD avait organisé la précédente à Nice, en 1984.

## *LA REVENDICATION DU LIBRE ARBITRE*

« Ces associations, note Paula Caucanas Pisier, n'auraient jamais vu le jour sans les progrès de la médecine. » Depuis trente ans effectivement, on sait allonger la vie, ce dont se réjouit l'ADMD. Mais la médaille a son revers : les « légumes », comme l'on dit de certains grabataires ou comas dépassés. L'acharnement thérapeutique, cette « prolongation abusive de la vie », pour reprendre le mot d'Odette Thibault. Et des sénilités, perdues dans les hospices, qui tiennent plus de la déchéance que du bonheur de vivre mieux.

Parallèlement, « la transformation de la France rurale en France urbaine a contribué à cacher la mort », remarque Hubert Moreau, trésorier de l'ADMD. Dans la France des villes et des familles éclatées, on ne sait rien de la mort du prochain. Le tabou a pris le pas sur une vision « naturelle » de la mort.

A cela s'ajoute l'évolution des mentalités. Il est significatif que le combat pour le droit de mourir ait commencé à se mener dans les mêmes années que celui pour le droit à la contraception et à l'avortement. Le président de l'association japonaise, le docteur Ota, aujourd'hui décédé, était d'ailleurs l'inventeur d'un stérilet qui porte son nom...

Les sociétés développées nourrissent la même exigence : celle de la liberté individuelle à décider de son corps, de sa vie, de sa mort. Dès lors, à la révolte contre des morts pénibles et à l'angoisse, s'est mêlée la revendication du libre arbitre.

C'est bien en termes de « choix », de « liberté », que raisonne, fondamentalement, l'ADMD. Mais, ce principe théorique étant établi, reste à définir les réponses concrètes à apporter à une demande plurielle et variée.

Ainsi pour le suicide : l'ADMD l'a toujours considéré comme un acte ultime de liberté. Dès l'origine, Michel Landa avait lancé le projet de publier une brochure sur le suicide. Ce fut l'occasion d'un vaste débat au sein de l'association. Certains craignaient qu'un tel ouvrage ne soit une incitation au suicide. Michel Landa au contraire affirmait qu'il « découragerait les faux suicidaires ». Interrogés, l'immense majorité des adhérents approuvaient le projet. Au début de 1982, la brochure *Autodélivrance* était prête. Elle comporte une réflexion sur la mort et des conseils pratiques, en particulier des tableaux de médicaments sans cacher qu'il existe toujours, dans ce domaine, une part d'échecs possibles. Par précaution, elle ne peut être obtenue que par des adhérents de plus de trois mois à l'ADMD. A leur demande, plus de six mille personnes l'ont reçue.

Michel Landa considérait le suicide comme un droit, « même à dix-huit ans ». Aujourd'hui, l'ADMD oriente systématiquement et avec force les jeunes suicidaires et les déprimés vers des structures trop rares d'aide et de soutien. Elle se contente de retenir le suicide comme un choix ultime de refus de la souffrance ou de la déchéance. Odette Thibault parle ainsi d'« interruption volontaire de la vie », par référence à l'IVG, et confie : « Moi qui suis cancéreuse, j'ai choisi le suicide pour partir avant la phase terminale. »

## *UN CHAMP DE RÉFLEXION TRÈS OUVERT*

Quant à l'euthanasie, doit-elle concerner uniquement les malades irrémédiablement condamnés ? Paula Caucanas Pisier a une autre opinion. « Je veux étendre le droit de mourir, ou d'être aidé à mourir, à ceux qui, sans être mourants, sont atteints de façon irréversible d'infirmités qu'ils jugent intolérables », dit-elle en songeant, entre autres, aux tétraplégiques.

Mais, au fil des ans, l'ADMD a élargi sa vision d'une mort digne pour insister, comme elle le fait aujourd'hui, sur la notion « d'accompagnement des mourants » et d'apaisement des souffrances. « Le soulagement de la douleur doit être la préoccupation majeure des médecins », affirme, avec d'autres, Henri Caillavet. Et la priorité absolue, première étape avant tout autre choix, qu'il y ait ensuite demande d'euthanasie ou désir de suicide. Cette évolution trouve son expression dans la « déclaration de volonté de mourir dans la dignité ». Inspirée du *living will* américain, ce qui s'appelait à l'origine « testament biologique » est écrit et signé par celui qui le souhaite alors qu'il est encore capable d'agir « en pleine conscience et en toute liberté ». Contrairement aux États-Unis, où trente-neuf États sur cinquante lui ont reconnu une valeur juridique, cette déclaration n'a pas encore valeur légale en France. Elle se voudrait en tout cas avoir force morale. Le signataire indique ainsi aux médecins et à la famille quelles sont ses volontés, au cas où il ne pourrait plus les exprimer.

Trois options sont possibles (cumulables ou isolées) : refus de l'acharnement thérapeutique abusif ; demande de remèdes apaisant la douleur, et demande d'euthanasie.

Le champ de réflexion et d'intervention de l'ADMD est donc aujourd'hui très ouvert. Henri Caillavet est d'ailleurs très soucieux de donner « une image réaliste » de l'association. « Il faut, dit-il, infléchir la symbolique de l'ADMD, qui ne doit pas passer pour une association qui incite au suicide. » Pour lui, l'ADMD doit se battre pour une mort digne, mais aussi pour que tous aient « une vieillesse heureuse ». Bref, elle doit contribuer à « aboutir à une morale fraternelle et de solidarité entre tous les hommes ».

## *DÉBRIDER L'HYPOCRISIE INTERNE*

Pour populariser ses idées, modifier aussi les mentalités, l'ADMD, d'abord, informe. De manière interne, par son bulletin trimestriel, et par des réunions d'adhérents. A l'extérieur, en organisant des conférences, des rencontres, ou en intervenant dans les médias.

Elle agit, ensuite. En essayant de répondre aux demandes, aux appels, aux détresses. Certes, l'ADMD se refuse à fournir une aide directe à ceux, nombreux, qui la réclament. Elle ne procure ni médicaments, ni adresses de médecins. Mais elle pratique une politique d'entraide, elle apporte le soutien moral de la parole, de la présence, du conseil. C'est pourquoi l'association s'est décentralisée. En 1986, la moitié des départements possédaient une section de l'ADMD. Et des « groupes d'assistance » se sont mis peu à peu sur pied.

L'ADMD fonctionne, aussi, comme un groupe de pression. Elle se veut l'interlocuteur des pouvoirs politiques et médicaux. Pour faire entendre que l'évolution vers l'exigence d'une mort choisie, assumée, dans les meilleures conditions possibles, est un processus irréversible. En matière juridique, l'ADMD propose que soit décriminalisée l'euthanasie, en supprimant l'article 63 du Code pénal qui l'assimile au crime. Une façon, dit Henri Caillavet, de « débrider l'hypocrisie actuelle ». Elle revendique aussi la levée du « délit de non-assistance à personne en danger », lorsque l'on respecte le geste de celui qui a voulu « de façon libre et réfléchie » anticiper sa mort. Henri Caillavet, plus enclin que d'autres à l'ADMD, à légiférer dans ces domaines, estime que de tels textes nouveaux seraient des « textes d'amour ».

Car la démarche de l'ADMD n'a « rien de morbide », puisqu'on

*(suite p. 152)*

# DÉCLARATION DE VOLONTÉ DE MOURIR DANS LA DIGNITÉ

Je soussigné(é) ..........................................
déclare en pleine conscience et en toute liberté que, SI J'ÉTAIS DANS L'INCAPACITÉ D'EXPRIMER MA VOLONTÉ, et que les traitements possibles n'aient plus de chances réelles de me rendre une vie consciente et autonome, je demande instamment :

1. que l'on s'abstienne de tout acharnement thérapeutique pour prolonger abusivement ma vie

OUI NON*

2. que l'on use de tous les remèdes pour calmer mes douleurs, même au cas où les seuls restant efficaces risqueraient d'abréger ma vie

OUI NON*

3. qu'en dernier recours on me procure l'euthanasie, c'est-à-dire une mort douce, conscient(e) que par là je pose problème notamment aux médecins et aux soignants, mais convaincu(e) qu'on fera passer avant tout le respect de la personne humaine

OUI NON*

La constance de ma volonté sera attestée notamment par le renouvellement annuel de mon adhésion à l'Association pour le Droit de Mourir dans la Dignité.
Je fais confiance aux médecins et infirmiers me traitant, à ma famille et à tous autres, pour respecter ces volontés, et je les en remercie.

Date .............. Signature (éventuellement légalisée)

* *Rayer les mentions inutiles.*

« aime la vie », comme le note Odette Thibault. « C'est parce que nous avons des vies intenses que nous sommes à l'ADMD », renchérit Paula Caucanas Pisier, tandis que Marcel Gatelier, délégué de la section du Rhône qui compte quatre cents adhérents, qualifie son groupe d'amis de « joyeux compères ».

Nombre de ceux qui adhèrent ont pourtant de tristes raisons de le faire. Le livre *Cris pour une mort civilisée* publié en 1985 par Simone Cruchon et Odette Thibault, aux éditions Alain Moreau, le démontre. Tous les témoignages qui y sont rassemblés proclament le refus de la souffrance inutile, l'angoisse devant l'acharnement thérapeutique qui transforme le sujet en machine, racontent l'horreur de la décrépitude. Certains réclament « l'impossible pilule de la mort douce ». Beaucoup viennent à l'ADMD « après avoir vu leurs parents mourir dans des conditions atroces. Ils ne veulent plus ça, ni pour leurs proches, ni pour eux », explique Jacques Pohier, secrétaire administratif de l'ADMD. D'autres adhèrent par simple conviction, au nom d'un « engagement philosophique » né de l'idée profonde que « le droit au choix de la mort fait partie des droits de l'homme ».

## *LA FRANCE EN RETARD*

L'ADMD reste en tout cas une association de personnes d'âge mûr. En 1983, ils étaient 51 %, sur deux mille adhérents interrogés, à avoir plus de soixante-cinq ans. Au conseil d'administration, mis en place en mars 1986, quatre personnes avaient cependant moins de quarante ans. Les femmes, elles, forment 65 % des adhérents. L'ADMD ne semble pas avoir, en revanche, de dominante religieuse, sociale ou politique. Les catholiques y côtoient les athées, libres penseurs ou protestants. Les « petites gens » y retrouvent avocats ou médecins, même si ceux-ci n'adhèrent en général qu'à titre personnel. La gauche et la droite s'y parlent.

Les hommes politiques de gauche semblaient pourtant plus réceptifs aux idées défendues par l'ADMD. Ainsi, en avril 1981, François Mitterrand, alors candidat à l'Élysée, disait à l'association son adhésion à son combat. En 1986, sur les cent deux candidats aux élections législatives qui, sollicités par l'ADMD, avaient accepté de donner leur avis, douze étaient partisans du respect de la volonté de mourir dignement. Parmi eux, huit étaient socialistes. Mais il convient de noter aussi le nom d'Alain Carignon, maire de Grenoble, dans l'Isère, entré depuis dans le gouvernement de Jacques Chirac comme ministre de l'Environnement.

Malgré ses efforts, la France reste en retard sur d'autres pays, comme certains pays anglo-saxons ou les Pays-Bas, dans sa manière d'affronter la mort. La réticence du corps médical, comme d'une partie de l'opinion, tiennent sans doute pour une part à la culture catholique du pays. Mais aussi peut-être à son histoire récente qui a fait rimer, à tort, nazisme et euthanasie dans la conscience collective d'un peuple.

Avec treize millions d'habitants, les Pays-Bas comptent par exemple deux associations, dont la NVVVE, qui regroupe vingt-six mille membres. La jurisprudence, dans ce pays, qui devrait déboucher sur une nouvelle législation, fait que le suicide assisté, ou l'euthanasie, ne sont plus passibles de sanctions, sous certaines conditions très précises. En France, pourtant, certains signes montrent qu'il se passe quelque chose dans la prise de conscience des problèmes posés par les conditions de fin de vie.

Ainsi le retentissement de la série télévisée d'octobre-novembre 1986, conçue par Marc Horwitz et Bernard Martino, *Voyage au bout de la vie*, et des « Dossiers de l'Écran » sur le thème *Disposer de sa vie* de novembre 1986. Ces émissions se terminant par des débats ont permis à l'ADMD d'exposer ses positions. Elle a aussi participé aux travaux du groupe de réflexion et de proposition sur l'aide au mourant, mis en place en février 1985 par M. Hervé, alors secrétaire d'État chargé de la Santé. Les conclusions de cette commission ont été rendues publiques par Mme Barzach, ministre chargée de la Santé et de la Famille, en octobre 1986, par une « circulaire relative à l'organisation des soins et à l'accompagnement des malades en phases terminales ».

Des ouvertures importantes qui rejoignent le propos de l'ADMD, puisqu'elle entend, en définitive, être un regroupement de ceux qui, soucieux des conditions de la fin de leur vie, souhaitent réfléchir et agir pour rester jusqu'au bout des « personnes ».

Des ouvertures, c'est bien, mais le chemin sera long et demandera l'acharnement de tous pour que ça change vraiment.

*DOMINIQUE BURG*
**Journaliste**

# LA CIRCULAIRE DU 26 AOÛT 1986

Une circulaire de plus, ce n'est rien. La circulaire du 26 août 1986 est peut-être un événement.

Par ce texte, l'administration fait rentrer la mort dans la vie, et rappelle, précise, encourage les mesures d'accompagnement et de soutien des malades en fin de vie et de leur entourage.

Les principes énoncés sont simples. Les techniques préconisées sont connues. Leur mise en œuvre dépend de tous.

D'abord, éviter la douleur : l'atténuer, toujours, la supprimer, souvent, la prévenir, le plus possible. Une relation apaisante avec le malade et ses proches exige que la douleur physique soit maîtrisée pour que la souffrance globale soit approchée.

De même, assurer le confort : confort matériel pour l'installation, les « petits soins », réconfort moral par la présence, présence active des professionnels de santé, à la maison et à l'hôpital ou dans l'établissement d'accueil, présence aidée ou facilitée de la famille et des amis là où se trouve le malade.

Pour cela, former les professionnels et aussi les aider, par diverses actions de groupes et d'échanges, à supporter eux-mêmes le deuil pour pouvoir agir auprès des malades et des familles.

Enfin, puisque deux tiers des décès surviennent à l'hôpital ou dans une institution, faciliter l'organisation de ce qu'il est convenu d'appeler « les soins palliatifs ». Le texte, très volontairement, présente une pluralité d'organisations possibles : des unités de soins spécialisées, en petit nombre, le développement de soins dits palliatifs dans les unités de soins où la mort survient plus souvent, l'attention donnée à cette sorte de soins par la sensibilisation et la formation de manière à ce qu'elle « diffuse » dans l'ensemble de l'appareil de santé.

L'innovation réelle de la circulaire du 26 août, comme de celles qui l'ont précédée, notamment sur l'hospitalisation des enfants et celle des personnes âgées, réside davantage dans leur esprit que dans les directives qu'elles comportent. L'« usager » entre en scène : il saisit sa parole, sa demande, qui commencent à être entendues, même si elles dérangent. La société, reflétée par l'administration, prend conscience de sa maturité. Les progrès techniques, ceux de la médecine, pour éclatants qu'ils soient souvent, peuvent désormais ne plus éblouir. Ils commencent à pouvoir être mis, sereinement, sans écraser, ni écarter les gestes et les mots les plus simples, au service de besoins fondamentaux, intemporels, de la personne : naître, mourir, sans victoire ni défaite mais dans la continuité de la vie.

*GENEVIÈVE LAROQUE*

**Présidente du groupe de travail « Aide aux mourants ».**
**Chef de service à la Direction générale de la Santé.**

GÉRARD BLANC

# UN COÛT MORTEL

L'importance des rites funéraires dans toutes les cultures témoigne que les hommes ont toujours voulu ou accepté de consacrer une partie de leurs activités aux mourants et aux morts. Combien de chefs-d'œuvre de l'art, des Pyramides au Taj Mahal, qui sont avant tout des monuments funéraires, ont absorbé en leur temps une partie considérable de la production et de la richesse économique des civilisations qui les érigèrent ? Mais à l'exception des souverains et des chefs d'État, la mort restait une affaire privée, ne concernant que les proches du mourant. L'accompagnement de sa mort échappait à la sphère marchande. Le prêtre qui donnait l'extrême-onction, le lama venu lire le *Livre des morts* ou le sorcier qui exécutait un rituel n'étaient pas rétribués pour ce service particulier.

Dans la société industrielle les échanges monétaires ont envahi toutes les étapes qui précèdent et suivent la mort ; l'aspect économique de cet événement concerne aussi bien l'homme de la rue que les grands personnages. La médicalisation de la mort a accompagné celle de la vie. Les derniers jours — ou les dernières semaines — de beaucoup de nos contemporains se déroulent dans un contexte hospitalier inséré dans des relations économiques complexes. Les dépenses s'y concentrent dans deux postes principaux : l'hébergement et les traitements mettant en œuvre des technologies compliquées et coûteuses. Au-delà des soucis financiers des responsables des institutions de santé, l'économie de la mort reflète des tendances très profondes de notre société.

D'une manière générale, il est extrêmement malaisé d'évaluer le coût de la fin de vie. Des institutions interrogées, seule l'Assistance publique, qui regroupe essentiellement les hôpitaux de la région parisienne, c'est-à-dire une zone géographique limitée, a pu fournir quelques données que l'on trouvera dans le tableau « Coûts estimés des derniers séjours à l'hôpital » *(cf. page 162).* Ni le secrétariat d'État à la Santé, ni le ministère de l'Intérieur ne semblent disposer de chiffres. On peut se demander pourquoi personne, apparemment, ne s'intéresse à cette évaluation du coût de la fin de la vie, qui représente probablement une part non négligeable des dépenses de santé.

En fait, des enquêtes sont sûrement en cours mais doivent se heurter à la complexité du problème (à partir de quel moment « comptabiliser » cette période de la fin de la vie), à la diversité des situations et la multiplicité des institutions concernées. Avant de faire les calculs, il faut donc essayer de voir en quels termes se pose le problème.

## *DES DÉPENSES EXCESSIVES ET INEFFICACES*

L'hôpital est désormais devenu le lieu de la mort ordinaire et il s'agit là d'une transformation socio-économique majeure. Pendant des siècles l'hôpital se borne à aider et héberger les membres les plus démunis de la société. Vers le milieu du XIXe siècle, il s'ouvre à une plus grande partie de la population et à un plus grand nombre d'actes médicaux. Cette double fonction d'assistance et de soins techniques se modifie progressivement après 1945. La vocation initiale, incompatible avec le développement de la médecine technicienne moderne, tend à disparaître. Cependant l'hôpital reste encore, dans bien des cas, un lieu de placement pour des personnes très âgées, dépendantes, dont les problèmes sont plus sociaux que médicaux.

La logique de la division du travail à l'hôpital (services spécialisés, hiérarchie du personnel, etc.) devient inopérante face aux besoins des mourants. Les transferts d'un service à un autre, la création d'un climat de dépendance vis-à-vis de l'institution, la perte de l'autonomie et des capacités d'adaptation et de récupération du malade fabriquent non seulement des grabataires, mais aussi une proportion notable de morts.

Ne serait-ce pas en partie la superposition de deux logiques, de deux raisons d'être de l'hôpital qui conduirait à des dépenses excessives et inefficaces pour les malades qui n'ont plus que quelques jours ou quelques semaines à vivre ? D'un côté, une machine administrative, organisationnelle, scientifique, technique vise à produire des soins et à faire fonctionner des outils thérapeutiques et autres « machines à soigner ». De l'autre, il s'agit de satisfaire des besoins relationnels qui ne peuvent être remplacés par aucun artefact. Rien d'étonnant à ce que des contradictions, des incohérences, voire des absurdités apparaissent lorsque la société exige que la même institution assume des fonctions aussi dissemblables.

## *DES ACTIVITÉS QUI N'ENTRENT PAS DANS LES STATISTIQUES ÉCONOMIQUES*

La plupart des solutions visant à remplacer la mort à l'hôpital la replacent dans le cadre familial. Encore faut-il que le mourant ait une famille et qu'elle accepte de participer aux derniers jours de sa vie (qui peuvent durer des années).

Les enquêtes révèlent que la solitude est moins souvent que l'on pense le lot des personnes âgées. A peine 6 % cumulent pauvreté, maladie et isolement, et risquent donc plus particulièrement de finir dans un mouroir ; mais cette proportion dépasse le quart pour les femmes de plus de soixante-dix ans des milieux d'ouvriers et d'employés. Par ailleurs, les solidarités entre générations persistent et même tendraient à se renforcer. Une grande partie des soins donnés aux personnes âgées dans la dernière année de leur vie, activités bénévoles et relationnelles qui ne relèvent pas des échanges marchands, n'entre donc pas dans les statistiques économiques.

La bonne volonté de la famille ne suffit pas pour prendre en charge un ascendant très âgé. Les logements sont rarement faits pour accueillir une personne dont l'autonomie se restreint ; la complexité des soins dépasse couramment les possibilités de non-spécialistes. Les services de soins infirmiers à domicile — environ 18 700 lits en juin 1983 — pourraient remédier à cette difficulté. Cependant l'essor qu'ils avaient pris en 1981 a été stoppé pour des raisons budgétaires.

Pour des pathologies plus aiguës, l'hospitalisation à domicile présente un intérêt certain et reconnu, son développement reste pourtant limité, une vingtaine de services à peine. Le maintien à domicile d'une personne âgée atteinte d'une maladie mortelle à plus ou moins brève échéance requiert non seulement un logement adapté, mais aussi la présence relativement proche d'équipements et de services spécifiques. Beaucoup de personnes âgées de soixante-quinze ans et plus ne peuvent y prétendre : un tiers environ n'ont que l'eau courante dans leur logement, sans installation sanitaire, WC intérieur ou chauffage central, et à peine 21 % disposent du téléphone.

Le maintien à domicile ne devrait pas devenir une obligation pour autant. L'essentiel est de respecter le choix du lieu où terminer son existence. Si une majorité de personnes âgées souhaitent mourir dans leur cadre de vie habituel, certaines préfèrent des solutions plus collectives où elles se sentiront plus en sécurité. Malheureusement ce choix n'est plus respecté dès que survient une incapacité.

Par ailleurs, les vieillards et leurs familles peuvent vivre l'hospitalisation de longue durée autrement que comme l'enfermement dans un hospice-mouroir. En France, le service de gériatrie de l'hôpital Paul-Brousse à Villejuif a entamé une démarche similaire à celle préconisée par l'Hospice Movement anglo-saxon. Il s'agit de mieux prendre en compte les besoins et les désirs propres des pensionnaires et de leur famille, et de les faire participer, dans la mesure du possible, à la gestion du quotidien pour établir autour d'eux « une relation apaisée avec la mort ». Les difficultés rencontrées tiennent aux effectifs trop réduits en médecins, soignants et aides-soignants. Cela n'a rien d'étonnant, c'est sur ce point que s'affrontent deux comportements opposés face à la mort, deux conceptions de la médecine et de son insertion dans l'économie.

## UNE ULTIME CONSOMMATION DE SOINS

Les appareils de survie ont profondément remis en question la conception traditionnelle de la mort. Les techniques de réanimation ont parfois permis de faire revenir à la vie des personnes qui, autrefois ou ailleurs, auraient été considérées comme définitivement mortes ; certaines rapportèrent de cette expérience des témoignages d'une valeur psychologique, sociale, spirituelle sans doute inestimable, non comptabilisée et non comptabilisable dans les bilans économiques. Mais le plus souvent ces innovations n'ont fait que maintenir des individus dans cet état intermédiaire entre la vie et la mort, prolongeant plus ou moins longtemps leur survie ou retardant le moment où il fallait les déclarer officiellement morts (Franco ou Boumediene par exemple).

L'interruption de ces derniers soins « curatifs », qui guérissent rarement, n'a nul besoin de se faire brutalement. Leur abandon peut se faire de manière progressive en supprimant d'abord les manœuvres de « ressuscitation » (massage cardiaque externe, oxygénothérapie) en cas d'arrêt circulatoire, puis en n'entamant pas d'autre traitement que celui en cours, ensuite en arrêtant ou limitant un ou plusieurs traitements déjà commencés et enfin en remplaçant des traitements curatifs par un traitement palliatif (médicaments analgésiques ou anxiolytiques) pour éviter la douleur, physique et morale.

Qui décide ces limitations ? Pour l'instant l'ensemble de l'équipe médicale, en fonction de toute une série de données. Est-il souhaitable de recourir à des critères « objectifs » pour prendre des décisions plus précoces ? Certains établissements américains confient déjà la réanimation de comateux à un protocole informatique intégrant un certain nombre de paramètres économiques et sociaux. En Grande-Bretagne l'accès aux traitements coûteux, par exemple la réanimation pour certains types d'accidentés, dépend de critères déterminés dans le cadre de la planification centralisée nationale de la Santé.

Si certaines études prouvent les avantages économiques des soins palliatifs, ceux-ci néanmoins retiennent rarement l'attention, pour des raisons économiques peut-être plus profondes qu'une simple analyse coût/bénéfice. Dans *L'Invasion pharmaceutique*, Jean-Pierre Dupuy et Serge Karsenty ont montré que dans de nombreuses consultations de médecins, le médicament et son coût viennent combler une demande d'attention et de considération du médecin vis-à-vis du malade. D'une manière semblable, certains traitements thérapeutiques ultimes, aussi lourds et coûteux qu'inefficaces, ne joueraient-ils pas un rôle symbolique ou inconscient de remplaçant monétaire ou technologique des relations humaines avec le patient mourant et sa famille que l'institution hospitalière n'assure pas ?

Posé en termes économiques, le débat « Faut-il — ou peut-on — débrancher un comateux profond ? » semble d'ailleurs déjà dépassé. En novembre 1985, des médecins d'Amiens ont déclaré s'être livrés à une expérimentation sur un malade plongé dans le coma depuis trois ans. En fait, des prélèvements d'organes sur des personnes « en coma dépassé » se font depuis le début des années 60, sans publicité ! L'imagination de certains médecins et économistes va d'ailleurs bien plus loin : certains envisagent que le commerce — ou la « culture » — d'organes prélevés sur des comateux devienne une industrie florissante.

Ces pratiques qui en définitive ne cherchent à maintenir une forme de vie humaine que pour mieux en tirer profit posent un problème encore plus fondamental que l'euthanasie, passive ou active. L'individu en état comateux est-il encore une personne humaine, ou un objet d'expérience, une marchandise qui n'a d'autre valeur que celle d'un matériel de laboratoire ? En France, le Comité d'éthique a donné un avis défavorable sans ambiguïté à l'expérience d'Amiens.

## *LES MOURANTS SONT-ILS À TRAITER COMME DES MARCHANDISES ?*

Il n'est déjà pas possible d'appliquer à l'ensemble des personnes hospitalisées certaines innovations techniques très coûteuses. Si l'on ne peut pas faire tout pour tout le monde, qui choisira, qui sera choisi, selon quels critères ? Attribuer une utilité sociale aux mourants et choisir en fonction de cette valeur s'ils auront droit ou non à un traitement pouvant prolonger ou maintenir leur vie semble peu conforme à notre tradition morale et éthique.

Pourtant n'existe-t-il pas de nombreux cas d'« euthanasie économique », indirecte ou implicite, lorsque le planificateur aurait pu, en répartissant autrement les crédits, sauver tel accidenté, tel malade aujourd'hui incurable qui aurait pu ne pas l'être ? Ou lorsqu'une entreprise privée décide que telle invention, telle découverte, ne porte pas suffisamment d'espoir de profit pour donner naissance à un produit mis à la disposition du public ?

Inversement le calcul, ou l'intérêt économique, de certains n'encourage-t-il pas l'acharnement thérapeutique au détriment des soins palliatifs ? Un chercheur découvre une morphine synthétique dépourvue d'effets secondaires, mais il ne trouve aucun laboratoire pharmaceutique prêt à commercialiser son produit, sous prétexte de l'absence de protection du nouveau médicament, et donc de l'impossibilité d'acquérir une position forte sur le marché...

Le problème des mourants aujourd'hui est indissociable de l'industrialisation de la santé. Un grand nombre de décisions en matière d'investissements de santé obéissent plus à une logique de production de masse qu'à une recherche du bien-être. De nouvelles technologies, de nouveaux produits s'ajoutent à ceux qui existent déjà, sans évaluation de leur supplément d'efficacité, accroissant le coût du système de soins.

Pour adapter ceux-ci à l'évolution technologique, les malades — et à fortiori les mourants — ne sont plus traités comme des êtres à part entière, comme des partenaires, mais manipulés comme des marchandises. La médecine contemporaine tend ainsi à remplacer les relations de personne à personne par des supports techniques, à transformer des coûts de personnel et des charges salariales en utilisation et consommation d'équipements et de produits standardisés.

L'accès à ces techniques ne pouvant pas être garanti à tous, le contingentement des moyens de soins s'imposerait, accompagné de la mise en place de circuits parallèles de décision, de files d'attente pré-opératoire et d'un marché noir des soins. Certains théoriciens néolibéraux songent à gérer la pénurie en donnant à chacun, à sa naissance, le contrôle d'une somme fixée par la société, qu'il pourrait répartir entre les différentes occasions de soins. Une fois le total dépensé, s'imposerait l'acceptation de la mort, l'euthanasie volontaire faute de moyens de vie...

Dans un tel cadre de pensée, toute tentative pour équilibrer les ressources et les dépenses d'un budget de santé forcément limité ne peut déboucher que sur des décisions de type technocratique d'où seront exclus la compassion, le respect de la dignité et de l'individualité des bien portants, des malades et des mourants.

## *QUI FIXERA LES LIMITES ?*

La déontologie médicale suggère que la limitation des soins corrélative à une attribution insuffisante des moyens financiers ne devrait jamais être gérée par les médecins, qui ne devraient pas devoir choisir entre deux malades ni jouer le rôle d'un économiste. Ce principe n'est pas sans rappeler celui de la séparation des pouvoirs qui est un des fondements du fonctionnement des sociétés démocratiques. Mais ne risque-t-on pas de donner un trop grand poids aux seules décisions des économistes ? Les calculs de ceux-ci n'ont pourtant rien d'objectif, ils ne prennent en compte comme coûts et comme bénéfices que ce que la société ou les groupes sociaux les plus puissants décident d'inclure. Les considérations économiques ne risquent-elles pas de prendre le pas sur des choix qui concernent des expériences fondamentales de l'individu et qui sont d'ordre politique, éthique, spirituel ?

Dans les sociétés traditionnelles ou anciennes, des systèmes symboliques limitent l'action humaine et la protègent de la tentation de démesure. Toutes les tentatives pour vaincre la mort, pour reculer le moment du « passage », s'inscrivent dans un rituel qui lui donne un sens, et permettent de l'accepter plus librement, comme limite inhérente à la nature de l'homme et de la vie. Au contraire, les nouvelles technologies mises à la disposition de la médecine laissent entrevoir un avenir où la mort pourrait être indéfiniment reculée, où le passage dans cet état ne dépendrait plus que de l'action ou de la non-action de la médecine et de la volonté de la société. Les considérations économiques deviendront-elles alors les seules barrières qui imposent de reconnaître cette limite ? Les économistes seront-ils les seuls habilités à donner un sens au verbe mourir ?

### Références bibliographiques

« La Bio-Éthique », *Après-demain*, n° 266, juillet-septembre 1984.
Jacques Attali, *L'Ordre cannibale*, Grasset, 1979.
Gérard Badou, *L'État de santé*, Buchet/Chastel, 1985.
Michel Bénézit/Yvon Raak, *Machines à soigner*, Dunod, 1981.
« Le vieillissement de la société », *Futuribles*, n° 88, mai 1985.
Ivan Illich, *Némésis médicale*, Seuil, 1975.
Ivan Illich, *Limits to medicine*, Marion Boyars, Londres, 1976.
*La Santé en chiffres*, OCDE, Paris, 1985.
Russell Scott, *Le Corps, notre propriété*, Balland, 1982.
Jean Thuillier, *La Médecine et la mort*, Calmann-Lévy, 1979.

*GÉRARD BLANC*
**Polytechnicien, économiste.**

# DERNIER BILAN

Près de 70 % des Français meurent aujourd'hui dans des établissements hospitaliérs contre 30 % environ il y a seulement vingt ans, le décès au domicile restant surtout le fait des personnes les plus âgées.

La loi de janvier 1978 a institué trois grandes catégories de « séjours » au sein de l'Assistance publique :

- les « courts séjours » qui comprennent l'activité des services dits d'« aigus » : médecine, chirurgie, maternité, services hautement spécialisés ou hôpital de jour (tarifs journaliers 86 : de 657 à 4 470 francs, selon les spécialités) ;

- les « moyens séjours » se rapportant à l'hospitalisation, limitée dans le temps, de patients qui requièrent des soins continus : convalescence, cure, réadaptation ou traitement des maladies mentales (de 692 à 1 403 francs par jour) ;

- les « longs séjours » qui assurent l'hébergement de personnes n'ayant plus leur autonomie de vie et dont l'état nécessite une surveillance médicale constante ainsi que des traitements d'entretien (de 156 à 476 francs par jour).

En 1984, environ 3,5 % de l'ensemble des décès au plan national ont été enregistrés dans les établissements de l'Assistance publique, impliquant un coût total de l'ordre de 516 millions de francs (hors « long séjour »), soit encore 3,1 % du total des dépenses de l'Assistance publique et 0,14 % des dépenses de santé de la nation. Le tableau ci-dessous présente les coûts estimés, selon les différents types d'hospitalisation, du séjour « terminal » s'achevant sur un décès à l'hôpital.

## COÛTS ESTIMÉS DES DERNIERS SÉJOURS À L'HÔPITAL (ASSISTANCE PUBLIQUE 1984)

| *TYPE DE SÉJOUR* | *COURT SÉJOUR* | *MOYEN SÉJOUR* | *LONG SÉJOUR* | *HOSPITALISATION À DOMICILE* |
|---|---|---|---|---|
| *TAUX DE DÉCÈS* [1] | 2,4 % | 10,3 % | 40 % (au moins) | 6,9 % |
| *DURÉE MOYENNE DU SÉJOUR « TERMINAL »* | 12 jours | 158,1 jours | plusieurs mois [2] | 55 jours |
| *EN COMPARAISON : DURÉE MOYENNE DU SÉJOUR « ORDINAIRE »* [3] | 8,4 jours | 73,1 jours | — | 45 jours |
| *COÛT MOYEN DU SÉJOUR « TERMINAL »* | 22 260 F | 85 154 F | — | 23 054 F |
| *COÛT TOTAL DES SÉJOURS « TERMINAUX »* | 367,9 millions F | 138,9 millions F | — | 9,1 millions F |

*1. Calculés par rapport au nombre des admissions directes, c'est-à-dire sans transit par un autre service dans l'établissement hospitalier.*
*2. Le calcul de la durée moyenne du dernier passage en long séjour se révèle ici délicat, la durée moyenne d'un séjour « ordinaire » excédant le plus souvent une année.*
*3. C'est-à-dire ne s'achevant pas par la mort du malade.*

De tels chiffres traduisent, à leur façon, la spécificité de la situation du mourir à l'hôpital, spécificité qui, sur le plan humain cette fois, a conduit à rechercher des solutions plus appropriées.

Ainsi, depuis une vingtaine d'années, des structures particulières s'attachant aux besoins des personnes mourantes ont vu le jour dans les pays anglo-saxons ; et l'originalité de cet Hospice Movement tient dans la conception « intégrée » de l'aide à apporter aux personnes en fin de vie. Des études d'évaluation effectuées au Canada et aux États-Unis tendent, en outre, à conclure que la mise en œuvre de ces programmes de « soins palliatifs » permettrait de réaliser des économies substantielles, notamment en ce qui concerne les soins à domicile. En France, le professeur R. Schaerer (CHRU de Grenoble) a estimé récemment le budget global d'une « unité de soins palliatifs » de petite dimension (sur la base d'une durée moyenne de séjour de quinze jours) à près de 6 millions de francs (dont 80 % pour les frais de personnel), ce qui correspond, pour quinze lits occupés à 90 %, à un prix moyen de journée de 1 200 F.

*ANNICK BARRAU*

**Assistante d'économie à l'université de Paris V, sciences sociales**

# 3

# *LE CORPS MORT*

*Ce corps mort dont les organes peuvent encore servir la vie, celle d'un autre, pour autant que nous ne nous y opposions pas, et mieux, que nous en ayons exprimé le désir.*
*Ce corps qui deviendra un objet de spéculations rituelles, philosophiques, statistiques et mercantiles.*
*Ce corps que nous déshabiterons pour un ailleurs, différent selon chacun, pour un nulle part pour certains.*
*Ce corps mort qui signifiera qu'il est « guéri de tous les maux », que nous avons « pris congé de la compagnie », que nous avons passé la main à ceux qui restent, qui ont à vivre le manque, le déséquilibre, le deuil.*

CLAUDE DUNETON

# LA DANSE MACABÉE

Qu'elles soient étiquetées « populaires » ou « châtiées », les expressions imagées du langage courant font souvent court pour en dire long. Pour savoir à quelle sauce la mort a été accommodée chez tous ces défunts qui furent nos aïeux dans la langue française, j'ai choisi deux documents essentiels en la matière, espacés entre eux de plus de deux cents ans, afin d'en extraire le champ sémantique du champ de navets. Ce sont les fameuses *Curiosités françoises* d'Antoine Oudin, dont le privilège royal date de juillet 1639, et le célèbre *Dictionnaire de la langue verte* d'Alfred Delvau, dans son édition de 1867. Ces deux recueils constituent d'excellents témoins de la langue populaire à leurs époques respectives, à Paris naturellement, seul endroit où un tel langage se soit développé en français proprement dit. Ouvrages comparables dans leur esprit, à cette nuance près que celui d'Oudin enregistre l'idiome des « bourgeois » du XVIIe — considéré comme « vulgaire » en un temps où la simple populace parlait encore essentiellement le dialecte d'Ile-de-France ; Delvau, pour sa part, note les tournures des ouvriers, artisans, boutiquiers, voyous et proxénètes qui constituaient le peuple coloré de la capitale dans la première moitié du XIXe siècle.

J'ai donc relevé dans chacun de ces documents toutes les manières de dire « mourir » et « être mort », cela dans l'expression des fins dernières plus ou moins naturelles ; j'ai écarté les très nombreuses locutions qui signifient provoquer la mort : « tuer », qui est une autre paire de manches. J'ai éliminé aussi toutes celles qui désignent spécifiquement la mort par pendaison — un amusement si goûté de nos grands-pères au XVIIe siècle qu'il existe autant d'images pour dire « être pendu » que des autres réunies. Du reste ces dernières sont toutes des expressions baroques et joyeusement sarcastiques — je ne citerai pour mémoire que la célèbre *Abbaye de Monte-à-Regret*, la potence, *mourir au bout d'une bûche*, et *garder les moutons à la lune*. On se moquait jadis des pendus avec la même bonne humeur qui faisait rire des « Trois B » : les boiteux, les borgnes, et les hilarants bossus.

Il résulte de l'observation d'une cinquantaine d'expressions fournies par ce corpus, dont quinze seulement apparaissent au XVIIe, et trente-cinq au siècle dernier, que dans l'expression du mourir à l'ancienne se dégage principalement la notion de « départ », liée à l'idée générale du « dernier voyage » — avant même celle de repos suprême. *Tirer*, ou *trousser ses chausses, prendre congé de la compagnie, s'en aller au grand galop, il s'en est allé comme une chandelle* sont de 1640 (Oudin), ainsi que *sortir les pieds devant.* Naturellement associée à l'idée du « grand départ », vient celle de « passage », qui est l'essence même du trépas — ou trespas, de trespasser — ; l'expression *aller de vie à trépas* apparaît dès le début du XV<sup>e</sup> siècle. Il s'agit de « passer », évidemment, dans cet « au-delà » des croyances chrétiennes, cet ailleurs indistinct mais parfois minutieusement décrit qui constitue l'« autre monde » : *passer le pas,* ou *sauter le pas* —, où « pas » a précisément son sens ancien de brèche, de « passage » ménagé dans une clôture, et non celui du pied devant l'autre.

Curieusement, parmi cette exténuante activité de transit, l'idée de « repos éternel » n'apparaît pas de façon conséquente au XVII<sup>e</sup>, si l'on excepte un « sommeil d'airain » ; elle n'affleure, assez marginalement du reste, qu'en 1867, avec le classique *passer l'arme à gauche* (parce que c'est la position du troupier au « repos » dans le maniement d'armes) et *rentrer ses pouces* (au lieu de les tourner), parce que c'est la position de la main chez le cadavre. Ce qui paraît davantage surprenant — mais assez cohérent avec l'agitation symbolique des trépassés —, c'est que la notion de *fin* elle-même fait encore moins recette dans l'invention verbale, si ce n'est par la bande, dans la phraséologie d'un certain soulagement : *il est guéri de tous ses maux* (1640), modèle conceptuel du moderne *il n'a plus mal aux dents.* Il faut excepter cependant cette unique et grimaçante formule que rapporte Oudin : *tirez le rideau, la farce est jouée,* la personne est morte.

En revanche, l'idée de « perte » existe aux deux époques, même si c'est de façon minoritaire et assez plate : *perdre la vie, il y a laissé ses bottes,* chez Oudin, à une époque où les bottes étaient l'attribut indispensable de la personne en marche, et *perdre son bâton, perdre le goût du pain,* chez Delvau.

## *GABEGIE GOUAILLEUSE D'IMAGES*

Mais ce qui frappe surtout dans ce survol chronologique des fantasmes d'une société, c'est le véritable débordement d'activités concrètes symboliques qui émerge dans la première moitié du XIX<sup>e</sup> siècle, dû à la gouaille et à l'esprit parodique du peuple faubourien de Paris — lequel a contaminé par la suite le reste de la France. Mourir, c'est *fermer son parapluie, casser sa pipe, casser sa canne, lâcher la rampe, passer l'arme à gauche, dévisser* (ou *décoller*) *son billard, laisser fuir son tonneau, mettre la table pour les asticots, moucher sa chandelle, plier ses chemises, resserrer son linge, renverser son casque, tortiller de l'œil, tourner de l'œil,* sans oublier cette série sarcastique et mécréante qui fait la nique à la très dévotieuse « rendre son âme à Dieu » : *rendre sa canne au ministre, rendre sa clef, rendre son cordon, rendre son livret, rendre son permis de chasse,* et aussi *restituer sa doublure.*

Dans cette gabegie d'images, on peut réserver une mention particulière à l'action de manger — peut-être dans une population de vivants dont le souci majeur était souvent de ne pas mourir de faim ! Outre le déjà cité *perdre le goût du pain* — auquel il faut associer, hors corpus, *remercier son boulanger* —, on trouve le curieux *manger des pissenlits par la racine* (1867), *renverser sa marmite,* avec le plus récent *avaler son bulletin de naissance* (fin XIX^e^).

Enfin deux éléments concrets, bien tangibles, ont servi de supports occasionnels à l'imagination de nos ancêtres : ce sont, comme on peut s'y attendre, le cercueil et le cimetière. *Il est troussé en malle,* signale Oudin pour le premier, et Delvau *s'habiller en sapin,* qui a donné *se faire tailler un costume en sapin,* auquel il faut ajouter *partir entre quatre planches.* Pour le second, *rendre le cimetière bossu, être au royaume des taupes, il a un pied dans la fosse,* sont des expressions courantes au XVII^e^ ; l'allusion est directe dans *manger les pissenlits par la racine, fumer les mauves, aller au champ de navets* (ou *d'oignons*). Toutefois il est remarquable qu'aucune autre partie du décorum post-mortem auquel est soumis le défunt n'a jamais excité l'imaginaire : ni la maison mortuaire, ni les derniers sacrements, ni le prêtre, ni le cortège, ni l'église surtout n'apparaissent dans les locutions de la mort. C'est probablement parce que ceux-là, le corbillard y compris, sont déjà lourdement chargés d'une valeur symbolique, et qu'on ne plaisante pas avec les symboles qui font secrètement peur.

## *LE TEMPS DU MUET...*

Il convient maintenant de se reporter aux temps modernes. Quelle est la manière aujourd'hui, en ce XX^e^ siècle finissant, de mourir dans la langue ?... Eh bien, les expressions populaires sont toujours en vie, partagées de nos jours par l'ensemble de la nation. Mais lesquelles ? Justement, c'est la constatation étonnante de cette analyse, les images de la mort actuellement utilisées sont toutes anciennes. La plus fréquente assurément demeure *casser sa pipe,* qui est venue en usage au tout début du XIX^e^ (et sans doute dès la fin du XVIII^e^), à partir d'un modèle qui signifiait « se quereller ». Suit de près *partir les pieds devant* qui date carrément du XVI^e^ siècle — on la note en 1622. La plus large circulation est encore réservée à *passer l'arme à gauche* qui est née dans les milieux de l'escrime dans le premier tiers du XIX^e^, de même qu'un peu plus tard venaient *lâcher la rampe* et *dévisser son billard*, qu'il faut entendre « dévisser la queue de billard » pour la ranger dans son étui, ce qui traduit quelque chose comme le repos d'une « fin de partie ». Rien de neuf, donc, depuis cent cinquante ans, ou presque...

Un pareil vide lexical ne va pas de soi. Ce coup d'arrêt dans la création dans un domaine qui — Dieu sait ! — n'a jamais quitté l'actualité est d'autant plus surprenant que la langue n'a pas cessé de créer une foule d'expressions plus ou moins fantaisistes dans un nombre considérable d'autres domaines ; création qu'elle poursuit en ce moment même tous azimuts, par les jeux, les sports, les journaux, les spectacles, avec une invention qui va toujours à fond la caisse ! L'idée de se tuer, par exemple, s'est enrichie sans discontinuer — *se viander, se faire sauter le caisson*, etc. Comment se fait-il que le mourir soit devenu muet ? Pour ne prendre qu'elle, pourquoi une entreprise mortifère d'aussi haut rendement que le fut la guerre de 14-18, et qui a fait merveille dans quantités d'autres activités humaines, n'a-t-elle rien produit de solide dans le champ de la mort ? A titre de constatation, on peut dire que le langage imagé procède du jeu, d'un plaisir qui peut être agressif, grave, ou plaisantin, mais constamment ludique, et que depuis un siècle et demi les Français n'osent plus jouer avec la mort.

Sans doute ce fait mérite-t-il divers commentaires. Mon interprétation personnelle incline vers une mutation profonde de notre culture. La perte certaine, depuis plus d'un siècle, des croyances traditionnelles de notre société chrétienne dans une survie, qu'elle soit d'enfer ou de paradis, n'est pas étrangère à ce silence. L'espoir tout simple, profondément enraciné dans une culture religieuse dominante, fût-ce à notre insu, les dernières lueurs de la foi du charbonnier se sont évanouis dans l'inconscient collectif — la mort n'est plus un passage pour personne dans les couches caustiques de la société, qui sont celles où se forge la langue populaire. En d'autres termes, on ne joue plus avec la mort parce que l'angoisse de la mort est bien plus vive aujourd'hui qu'elle ne l'était autrefois. Il y a eu le temps des certitudes innocentes et de la phraséologie du passage, le temps du scepticisme et du doute qui ont créé une véritable turbulence dans les images : nous en sommes, si j'ose dire, avec le nœud dans la gorge, au temps du muet.

## *... ET LE TEMPS DE L'INNOMMABLE*

Ces réflexions me conduisent à l'évocation d'un phénomène corollaire qui est apparu assez récemment. Alors que l'espoir de survie rétrécissait comme une peau de chagrin, l'espoir de vie, lui, n'a cessé de croître de génération en génération, tout au moins dans le monde occidental. Les fameux progrès de la médecine en sont l'heureuse cause, et ils ont eu pour conséquence secondaire que ce qu'on nommait l'« article de la mort » — d'*articulus* au sens de « moment » — s'est étendu en deçà de l'instant fatal dans des proportions considérables. Ce « moment », jadis bref, s'est transformé en jours, en semaines et en mois, voire en années longues et cruelles, en une période de vie, en somme, qui agite intensément le mourant prolongé. Ce concept nouveau, qui recouvre aussi toute une activité sociale, médicale, et affective — et que certains appellent, faute de mieux, « le mourir » — ne porte pas véritablement de nom. C'est un temps innommable que la peur profonde qui tenaille notre société empêche de mettre en mots. Bien que ce soit, d'une certaine façon, l'idée du *pied dans la fosse*, l'expression paraît tellement désuète — et si crue !... Il nous faudrait une phrase neuve et douce. Ce pourrait être « la mise en mort »... On parlerait de coût, de gestion, de prospective de la mise en mort ? Le terme est encore un peu trop effrayant sans doute...

Plutôt qu'un néologisme, je préférerais quant à moi puiser à des sources anciennes, et adapter de vieilles marmites à cette récente cuisine. Si nous avions encore de l'humour, fût-il couleur de suie, je proposerais volontiers ce terme qu'Antoine Oudin signalait en 1640 : *la danse macabée*. « *La Danse Macabée*, dit-il, *ou plus vulgairement Macabre : la mort.* »

Mais hélas les vieilles gens, comme les vieilles nations, n'ont guère de goût pour le quadrille, et la longévité accrue de nos petites personnes engendre encore moins l'ironie sur l'inéluctable dernier soupir. La vieille sagesse avait apparemment eu conscience de cet effroi que renchérit la caducité ; Oudin, toujours, relève ce dicton ancien qui signifie que « les vieillards ne veulent point ouïr parler de mourir » : « *Plus l'Oiseau est vieil, moins il se veut deffaire de sa plume.* »

*CLAUDE DUNETON*

**Écrivain, romancier et essayiste ; commentateur de l'histoire de la langue en plusieurs de ses ouvrages, notamment : *La Puce à l'oreille*, anthologie des expressions populaires avec leur origine (nouvelle édition revue et augmentée, Balland, 1985).**

NICOLE LÉRY

# L'HEURE DE LA MORT...

**« Rien n'est plus sûr que la mort**
**rien n'est moins sûr que son heure. »**
**Ambroise PARÉ, XVIe siècle.**

Prévue, dans l'incompréhensible cohérence de la nature, la mort est l'aboutissant inévitable de la logique première de la vie. Sa banale évidence est hors diagnostic ou hors technique. Elle est liée à quelque chose de très intime inscrit dans chacun de nous, définitivement, dans cette impalpable continuité : la vie et la mort communiquées dans un même accouchement, dans la dynamique des femmes-mères ensemencées du père, toujours recommencée et jamais identique.

Dans cet accouplement obligatoire de la vie et de la mort, au bout du compte, c'est toujours la mort qui l'emporte... à moins qu'elle ne soit la forme suprême de la vie... Voilà bien l'interrogation fondamentale et insoluble, sans cesse signifiée par la coexistence de cette quête incessante des critères de la mort réalisée, de la persistance à vouloir « faire parler » les morts, les entretenir, les conserver, les prier, leur donner des droits dans le corps social ou les offrir à la science..., et la hantise d'être enterré vivant, surtout dans cet espace-temps transactionnel intermédiaire entre « la vie et la mort » désigné par les termes de mort clinique, coma dépassé...

Dans cette problématique, le cadavre se doit, en somme, de rassurer les vivants en affirmant sa mort, et c'est là où le médecin et le médecin légiste en particulier, est consacré spécialiste de la mort. Désigné comme celui qui reconnaît la mort, son « dire », admis de tous, s'imposera alors comme le signal autorisant les rites de séparation. Ayant pour tâche d'annoncer la mort dans l'ordre du réel, il permet « officiellement » aux autres d'entrer dans le travail actif du deuil où l'imaginaire peut légitimement « prendre vie ».

C'est donc au seul niveau de la matérialité de la mort que le médecin est convoqué et, même s'il est le mieux placé pour mesurer combien cette dimension est réductrice par rapport à tout ce qui se joue dans la mort, c'est le seul lieu où sa compétence lui donne spécificité. Il est donc sans cesse sollicité sur l'énoncé de critères fiables pouvant donner certitude sur la mort.

## LA CRAINTE D'ÊTRE ENTERRÉ VIVANT

Les rites funéraires sont les meilleurs indicateurs de cette recherche permanente et du sens de la mort.

Les anciens Chinois se contentaient de secouer violemment, plusieurs fois, le mort au cours du convoi funéraire ; au Vatican, on appelle, par trois fois, le pape par le nom de son baptême ; dans certaines tribus africaines, on promène le mort sur les épaules en dansant ; dans certaines tribus mélanésiennes ou chez les Tartares, les morts étaient enterrés assis la tête hors du sol ; les Dayaks de Bornéo ou les Betsiléos de Madagascar gardaient leurs morts à la maison ; en Indonésie, le corps, mis à part, ou en forêt dans une maison élevée sur pilotis, reste à portée du regard des vivants ; les anciens Afghans déposaient leurs morts dans des coffres sculptés aux portes du village ; dans l'île de Timor, on pendait les morts à la branche d'un arbre ; au Tibet, on les livrait aux animaux chargés de les dépecer. Dans nombre de traditions, anciennes et modernes, on brûle ou incinère les défunts « pour être plus sûr » de ne pas enterrer des vivants.

Pour être schématique, on peut dire que les anciennes traditions consistaient à n'enterrer qu'au moment où la pourriture devenait manifeste (Hérodote relate cette tradition chez les Perses), mais le constat de nuisances a imposé progressivement le respect de délais d'inhumation : onze jours chez les Spartiates, sept jours chez les Romains ; Platon pensait que trois jours étaient suffisants à s'assurer de la réalité de la mort. On affirme, dans les récits apocryphes de la Passion du Christ, qu'on « lui mit, selon la coutume, une plume de duvet devant les narines qu'on laissa le temps légal, soit quinze minutes ». A cette époque, on posait également sur le sternum un verre d'eau que l'on surveillait attentivement, ou encore un miroir, une flamme devant les lèvres et les narines.

Au Moyen Age, on chatouille l'intérieur des narines, on flagelle, on scarifie, on brûle la plante des pieds et on mord violemment le gros orteil (origine probable du mot « croque-mort »). Ce sont surtout les grandes épidémies qui précipitent les délais des inhumations, ce qui a pour corollaire d'exacerber la hantise, ancestrale, d'être enterré vivant.

En 1545, Calvin fixe à des « inspecteurs de la mort » la fonction d'examiner, avec précision, l'état des défunts. A la fin du XVIIe siècle, l'épouse du ministre des Finances de Louis XVI, Mme Necker, réclame, pour elle-même, qu'on l'immerge, avant son enterrement, dans un bassin rempli d'alcool qu'elle fait construire à cet effet, et écrit un *Traité des inhumations précipitées.*

Nombre d'écrits, de lettres, de pamphlets viendront alimenter cette rubrique aux XVIIIe et XIXe siècles. Le professeur Jacques Winslo, du collège de chirurgie de Saint-Côme, prétendait, vers 1740, avoir été enterré vivant deux fois. Le docteur Brunier d'Ablaincourt publiait, quelques années plus tard, une *Dissertation sur l'incertitude des signes de la mort et l'abus des enterrements et embaumements précipités.* Antoine Louis, premier titulaire de la chaire de médecine légale de Paris, éditait en 1788 ses *Lettres sur la certitude des signes de la mort* pour tenter de calmer cette crainte d'être enterré vivant ; mais dans cette même période, on créait, en Allemagne ou en Italie, des chambres mortuaires : les « obitoires », où le défunt était relié à une clochette par un cordon au poignet afin que le moindre de ses mouvements puisse alerter le gardien.

Il ne faut pas oublier qu'en Occident, à la fin du Moyen Age, le médecin était difficilement accessible. Dans les campagnes, les devins et les guérisseurs mêlaient étroitement leurs rituels magiques et religieux. Le médecin était pratiquement absent du conflit entre le prêtre et le guérisseur. Dans les villes, la présence médicale était plus perceptible, surtout à la cour — elle est notée lors de la mort d'Anne d'Autriche —, mais c'était le prêtre qui occupait encore tout l'espace. Ce fut au XVIIIe siècle que la mort s'intimisa et que, selon Michel Vovelle, « le confesseur perd sa place au profit du médecin ».

L'arrêté préfectoral du 21 vendémiaire an IX (1800), puis l'article 77 du Code civil (1810) donnaient à l'officier d'état civil la fonction de s'assurer de la réalité de la mort. Très vite, surtout à Paris, et sans qu'aucun texte ne soutienne cette attitude, celui-ci délégua son pouvoir au médecin qu'il pensait plus compétent. C'est donc naturellement, avec l'apparition du Code civil, que la mort prendra statut et procédure légale.

Cependant, la crainte d'être enterré vivant incite l'Académie de médecine, en 1837, à attribuer un prix à des travaux consacrés « aux moyens de remédier aux accidents funestes qui sont si souvent la conséquence de la mort apparente ». C'est Bouchut, avec son *Traité des signes de la mort et des moyens de prévenir les enterrements prématurés,* qui obtient ce prix.

A cette époque, un délai légal de vingt-quatre heures est imposé avant inhumation, ce qui n'empêche pas Bateson d'imaginer, vers les années 1850, un outil destiné à réveiller les morts ; et G. Krichbaum d'inventer, vers 1880, un système grâce auquel on pouvait regarder au fond des tombes ; Karnice-Karnicky de proposer, dans les années 1900, un dispositif sophistiqué permettant au défunt, par un système de ressort, d'ouvrir un volet vers l'extérieur en même temps que de déclencher des signes visibles et sonores de sa survie.

En 1892, le monopole de la médecine se voit définitivement entériné aux dépens de celui des guérisseurs. La médicalisation de toute la vie sera alors inéluctable.

Avec l'avènement de la Sécurité sociale en 1945, tout le champ social est médicalisé. Se soigner (ne pas mourir ?) a pris une valeur normative. La mort prend place dans la grande mutation technique, rapide et spectaculaire, de ces quarante dernières années, et son image actuelle est « médicalement appareillée ». La mort se réfère aux critères de la médecine moderne.

## *VOIR VENIR LA MORT*

Avant même le premier jour de la naissance des milliards de cellules meurent laissant à plus jeunes qu'elles le soin d'assurer le bon fonctionnement de l'organisme entier. Cette mort cellulaire est constante durant toute la vie.

Ces cellules se constituent en organes dont certains peuvent également disparaître sans dommage pour l'ensemble (un seul des organes, prévus en double par la nature, suffit souvent à assurer les fonctions nécessaires à la vie). Tous ces organes sont spécialisés, mais solidaires, leur fonctionnement étant harmonisé et hiérarchisé à l'intérieur d'une unité humaine. La mort est désormais renvoyée à une dimension plus fonctionnelle, évolutive, modifiée par l'intervention humaine. L'exemple du cancer est évident puisqu'il s'agit d'une greffe de cellules vivantes se développant à une allure telle qu'elles accaparent, en quelque sorte à leur profit, l'économie d'un organisme qui a perdu le pouvoir de les contrôler, ce qu'il réalisait pourtant jusque-là. On mesure bien alors le déplacement des interrogations vers le « moment de la mort » dans cette dynamique où on la « voit venir », après un diagnostic pouvant « signer un arrêt de mort ».

## *LE DIAGNOSTIC DE LA MORT : ÉTERNELLE ET CRUELLE INCERTITUDE*

Il repose sur deux catégories de signes, reflets de la dualité permanente entre la vie et la mort :

### LES SIGNES POSITIFS DE LA MORT

Signes les plus sûrs, mais malheureusement tardifs, ils formalisent l'effet irréversible de la mort :

— *L'hypothermie,* refroidissement du corps ;

— *La rigidité,* considérée comme l'un des signes les plus spécifiques de la mort parce qu'aucune atteinte pathologique ne peut réaliser cet état ; elle apparaît entre la deuxième et la sixième heure, est considérée maximale vers la douzième heure, existe pendant deux à trois jours puis disparaît tandis que s'installe la putréfaction ; après la douzième heure, une rigidité rompue ne se reconstitue plus ;

— *Les lividités,* dites encore sugillations cadavériques : ce sont des zones cutanées violacées qui apparaissent sur les parties déclives du corps, dont les liquides ne sont plus livrés qu'aux lois physiques de la pesanteur ; elles deviennent indélébiles après la douzième heure, et leur formation ne dépasse pas la trentième heure ;

— *La déshydratation* se manifeste dans la perte de poids du cadavre, le signe du pli cutané, la formation de plaques parcheminées au niveau de la peau et la chute de la tension oculaire (la cornée devient opaque, puis apparaît le voile glaireux (dit de Winslow) ;

— *La putréfaction :* la tache verte abdominale apparaît au-delà de trente-six heures et le plus souvent vers la quarante-huitième heure, colorant sur une surface variable, la région paraombilicale droite ; cette tache, toujours considérée comme un signe de certitude de la mort, est liée à la dégradation de l'hémoglobine sanguine sous l'action des enzymes de putréfaction.

### LES SIGNES NÉGATIFS DE LA VIE

Leur importance s'est déplacée progressivement du cœur au cerveau.

— *La mort cardio-vasculaire :* « l'arrêt du cœur » se traduit d'abord par l'absence de bruits cardiaques, de pouls vasculaires (radial, fémoral, carotidien) ; cependant, cette appréciation, jugée grossière, a été complétée par l'inscription, dans la circulaire n° 32 du 3 février 1948, en plus de l'examen direct, de l'artériotomie (section de l'artère radiale) et de l'épreuve à la fluorescéine d'Icard[1], remplacée, en 1958, par l'injection d'éther sous la peau (signe dit de Rebouillat).

Très schématiquement, on peut considérer, lorsque les battements cardiaques se sont interrompus, qu'après cinq à dix minutes d'arrêt, une insuffisance circulatoire aura des conséquences définitives. L'un des bons signes de cette insuffisance circulatoire, au niveau cérébral, est l'apparition d'une mydriase (dilatation de la pupille, irréversible et bilatérale) ;

— *La mort cérébrale :* le perfectionnement des moyens de réanimation, permettant d'assurer ventilation, circulation et fonctionnement végétatif de manière parfaitement satisfaisante, a permis de parer à l'arrêt de la pompe cardiaque ; du même coup, il a fait « naître » une nouvelle forme de mort dont le lieu essentiel est, aujourd'hui le cerveau, dont on a pu établir qu'il pouvait être détruit de manière irréversible, alors que la réanimation demeure efficace pour les autres fonctions. C'est la circulaire du 24 avril 1968 qui prend acte de ce concept de « mort cérébrale ». Le constat de la mort d'une personne, soumise à une réanimation spécialisée, doit donc être établi par deux médecins, dont un chef de service hospitalier[2].

L'irréversibilité des fonctions ne peut être établie que sur la *con-*

*cordance* des divers signes cliniques et électro-encéphalographiques ; l'absence d'un seul de ces signes cliniques ne permet pas de déclarer le sujet mort.

L'électro-encéphalogramme, élément fondamental du diagnostic de la mort, est devenu l'objet actuel de tous les vieux fantasmes. En fait, le silence cérébral absolu correspond à l'interruption de la fonction neuronale, il est facile à établir. Exceptionnellement, cette interruption peut être transitoire (cas rarissimes) dans certains comas toxiques, au cours de la chirurgie cardiaque ou de sidérations fonctionnelles passagères d'origine imprécise. En pratique, tous les risques éventuels d'un silence cérébral lié à une autre cause que la mort ne peuvent être que passagers et les méthodes actuelles permettent de les éliminer par des enregistrements répétés ou continus.

Cependant, et comme d'habitude, si la réalité des faits est solide, le débat trouve un nouveau terrain au niveau de la durée « suffisante » (selon l'expression de la circulaire de 1966) à affirmer la mort. Mollaret proposait cinq jours avec un tracé EEG plat ; les conclusions d'un colloque à Marseille en 1965, consacrées à cette question, proposaient quarante-huit heures. Arlef affirme que le délai peut être de huit heures d'enregistrement continu, dans un cadre clinique strict de coma dépassé, accompagné d'examens complémentaires à visée confirmative, en affirmant « que les données scientifiques disponibles, aujourd'hui, peuvent être considérées comme un témoin formel de la mort du système nerveux à 100 % moins epsilon ». Et voilà désigné à nouveau le lieu de cette éternelle et cruelle incertitude qui fait qu'aujourd'hui encore, on commercialise aux USA un cercueil d'un genre particulier où l'on peut s'asseoir, trouver des bouteilles d'air comprimé, de l'eau, de la nourriture, et un émetteur pouvant permettre d'appeler la police, que l'on voit se multiplier les désirs de congélation et les rêves d'envoyer certains types de coma dépassé dans l'espace.

## *QUAND LE MORT FAIT VIVRE : LA MORT UTILE*

Dans une définition dynamique de la mort, il est aisé de comprendre que, si l'individu est mort, certains de ses organes peuvent être maintenus en vie dans la perspective d'une réutilisation, mais parallèlement les impératifs des techniques de greffes ont ranimé les incertitudes sur la mort, puisqu'un organe utilisable doit être « vivant »...

La première étape a été représentée par les greffes de cornée, qui a justifié la loi du 7 juillet 1949 donnant la possibilité de dresser procès-verbal de décès à l'intérieur du délai de vingt-quatre heures imposé par la législation, afin de permettre le prélèvement des organes frais *post mortem*. La certitude du décès se devait donc d'être établie. La loi a, ici, répondu en exigeant l'avis de deux médecins indépendants. Aujourd'hui, les méthodes de congélation, de conservation des cornées ont modifié cette problématique, mais les greffes de rein, de cœur, de pancréas, de foie, exigent des tissus maintenus en vie.

On se souvient des émotions soulevées à l'annonce de la première greffe du cœur en Afrique du Sud, des trois questions écrites, posées par les parlementaires sur l'insuffisance des critères en cas de greffe cardiaque[3].

Depuis une quinzaine d'années, le médecin hospitalier est désormais celui qui risque de s'acharner à « faire vivre trop longtemps », et celui qui risque de « faire mourir prématurément ». Cette place est souvent plus difficile qu'il n'y paraît, essentiellement pour des raisons autres que techniques.

La mort est le dernier acte, individuel, civil et social de la vie. Dans son universalité, la mort au quotidien a gardé, le plus souvent, les aspects de la simplicité, et le médecin signe le certificat de décès sans que ni lui-même ni la famille n'aient envie de pratiquer ces ultimes agressions qu'exigerait la science.

Au contraire, dans le contexte hospitalier hypertechnicisé, la mort est mise sous la surveillance permanente des soignants et devra s'affirmer contre une vigilance et des automatismes de mise en survie d'autant plus vigoureux que la pathologie sera considérée comme aiguë, transitoire et accessible à une thérapeutique efficace.

Seules, les personnes jeunes dont la mort cérébrale, liée à un délabrement traumatique, laisse intacts des organes particulièrement fonctionnels seront « greffables ». La mort, utile, prend concrètement valeur de réincarnation partielle...

Pour les autres, le corps, ainsi mis entre « la vie et la mort », devra démontrer ses capacités de réparation ou émettre les signes de sa progressive et lente destruction. Son cerveau devra offrir encore les preuves de son incapacité à retrouver une activité biologique et fonctionnelle. Ici, la mort prend son temps... et laisse à la communauté des vivants, ce temps, indispensable à faire consensus, à pouvoir reconnaître que l'unité humaine a quitté sa place au sein du tissu social et collectif.

Tout en admettant l'impossibilité de désincarner la mort du matériel biologique assurant l'activité physique de chacun, elle pourra accepter que la perte de l'autonomie, des sens, de la parole, des sentiments, de la communication sont autant d'indicateurs de mort relationnelle, qu'il faut apprendre concrètement à diagnostiquer.

Ce travail conjoint, familial et médical, qui fera consensus social autour du mort, prend du temps. Puis viendra le moment où la mort pourra « se vivre ».

Plutôt que de fouiller indéfiniment l'intimité de la mort dans ses faux mystères biologiques, faire le diagnostic de la mort n'est-il pas l'art de reconnaître un être humain dans son histoire individuelle et collective, d'admettre sereinement qu'il peut définitivement être séparé du groupe des vivants, et de savoir que, finalement, la mort n'arrive qu'aux autres ?

*NICOLE LÉRY*

**Docteur en médecine, docteur en droit, présidente de l'Association européenne des centres d'éthique médicale, présidente de l'Association Santé, Éthique et Libertés, laboratoire de Médecine légale, département Droit et éthique en Santé, UFR Lyon-Nord, 8, avenue Rockfeller, 69008 Lyon.**

**1. Épreuve à la fluorescéine d'Icard : injection intraveineuse de fluorescéine qui, si elle ne colore pas les conjonctives en jaune ou en vert émeraude une demi-heure après son injection, permet d'affirmer l'absence de circulation.**

**2. Les critères retenus sont : l'analyse méthodique des circonstances dans lesquelles les accidents se sont produits ; le caractère strictement artificiel de la respiration entretenue par le seul usage des respirateurs ; l'abolition totale de tous réflexes, l'hypotonie complète, la mydriase ; la disparition de tout signal électro-encéphalographique : tracé nul sans réactivité possible spontanée ou provoquée par toutes stimulations artificielles pendant une durée jugée suffisante chez un patient n'ayant pas été induit en hypothermie et n'ayant reçu aucune drogue sédative.**

**3. A cette occasion, la circulaire n° 67 du 24-4-68 permet, après la reconnaissance de la mort selon les critères précédents *(note 2)*, de suspendre les manœuvres de réanimation et d'arrêter une machine « qui entretient une survie sans espoir » ; de signer un certificat de décès ; d'autoriser la poursuite de ces manœuvres de réanimation, après le décès, dans la perspective où un prélèvement d'organe est envisagé à des fins thérapeutiques dans les conditions prévues par la loi du 22 décembre 1976.**

MICHÈLE LÉONARD

# CŒUR DONNÉ, REIN GREFFÉ

« Chers inconnus, j'écris cette lettre à tous ceux qui ont perdu un être cher et qui, malgré leur immense chagrin, ont permis le prélèvement d'organes. Je suis parmi ces heureux bénéficiaires depuis dix mois et je redécouvre une vie normale où boire un simple verre d'eau et faire des projets de vacances deviennent chose possible... A tous, encore merci. » Lorsqu'on est une jeune femme malade de trente-trois ans, dépendante d'une machine plusieurs jours par semaine et que la greffe d'un rein vient enfin vous donner une vie libre, on a envie de le crier à tous les échos. La lettre de cette jeune méridionale n'est heureusement pas unique. Chaque année, des milliers de malades peuvent ainsi revivre, grâce au don anonyme et gratuit d'un rein, d'un cœur, d'un foie, ou d'un autre organe d'un inconnu après sa mort. En 1980, on estimait que 60 000 transplantations rénales avaient ainsi déjà été réalisées de par le monde, dont 40 000 en Europe.

En France, ces dernières années, les transplantations *post mortem* d'organes ne cessent d'augmenter : 155 greffes de reins en 1970, 456 en 1977 et 1 157 en 1985. Les greffes de foie, plus récentes, ont quintuplé entre 1984 et 1985 en passant de 13 à 67. Les greffes cardiaques progressent également, surtout depuis quatre ans où elles doublent chaque année ; 148 ont été faites en 1985. Cette immense solidarité humaine des dons d'organes, par-delà la mort et les frontières, fonctionne donc admirablement. Pourtant, tous les besoins ne sont pas encore satisfaits.

Ainsi, chaque année, par exemple, 500 nouveaux insuffisants rénaux chroniques s'inscrivent en Ile-de-France pour la transplantation d'un rein, alors que 2 800 sont déjà en attente à travers la France. Il faudrait 1 540 greffes rénales pour répondre à la demande et seul un millier d'entre elles peuvent avoir lieu. Pour le cœur, 500 greffons seraient nécessaires annuellement ; quant aux greffes de la cornée, malgré les 1 800 effectuées par an, quelque 1 500 manquent encore devant les nombreux accidents de la route ou du travail et certaines affections virales graves. Le problème des transplantations du foie est encore plus lancinant, car il touche souvent de très jeunes enfants que la mort vient finalement frapper, faute d'avoir pu trouver à temps le donneur.

La demande s'explique-t-elle par une multiplication de ces maladies ? Pas particulièrement dans notre pays, du moins en ce qui concerne les reins. Mais aujourd'hui, les progrès techniques et médicaux sont tels — moins de rejets grâce à la ciclosporine —, que l'âge des personnes susceptibles de recevoir une greffe recule : « Les progrès les plus spectaculaires ont été obtenus chez les receveurs âgés, explique le Dr Alain Duboust de France-Transplant[1]. Autrefois, pour le rein, on ne transplantait pas au-delà de cinquante ans ; actuellement, on ne prend pas plus de risques avec des cinquante-cinq/soixante ans qu'avec des plus jeunes. » Davantage de greffes sont donc tentées, d'où la demande. Et les difficultés commencent.

## *UNE COURSE CONTRE LA MONTRE*

Car la majorité des organes est prélevée sur des gens jeunes qu'une mort brutale a frappés, soit par accident de la route (60 %), soit par suicides (15-18 %) ou ruptures crânio-cérébrales (20-25 %). Ces décès accidentels sont donc imprévisibles et surviennent souvent la nuit ou le week-end. Or, un prélèvement doit, à la fois, pouvoir s'effectuer rapidement afin que la greffe réussisse (quatre heures de délai pour le cœur, six heures pour les yeux et trente-six heures pour les reins) et respecter en même temps les volontés du donneur et la sensibilité de ses proches, ainsi que la législation en vigueur. Tout cela exige plusieurs heures.

Pourtant, lorsque le 22 décembre 1976, la loi Caillavet sur les prélèvements d'organes est promulguée, on espère une nette amélioration. Ne stipule-t-elle pas désormais que « des prélèvements peuvent être effectués à des fins thérapeutiques ou scientifiques sur le cadavre d'une personne n'ayant pas fait connaître de son vivant son refus d'un tel prélèvement. Toutefois, s'il s'agit d'un mineur ou d'un incapable, le prélèvement nécessite l'autorisation de son représentant légal ». Dix ans plus tard, le bilan n'est pas spécialement significatif.

Parce que les conditions d'application de la loi protègent très bien la personne décédée. C'est par exemple le constat de la mort cérébrale (coma dépassé) signé par deux médecins, puis la vérification que le donneur n'a pas fait opposition de son vivant, par exemple sur le registre que les cent quatre-vingts hôpitaux agréés pour faire des transplantations tiennent à la disposition du public au bureau d'admission. C'est encore une série de démarches administratives lorsque l'accidenté meurt — ce qui est fréquent — sur une route de campagne et que l'hôpital adéquat siège à soixante-dix ou cent kilomètres. Parfois même, une intervention judiciaire s'avère indispensable si la cause de la mort est suspecte.

Autant d'obstacles, donc, que les équipes de transplantation doivent surmonter et, ceci, en une course contre la montre. On comprend que plus d'un médecin s'en trouve découragé à l'avance. A leur intention et pour mieux informer sur les rouages compliqués d'un prélèvement, l'Assistance publique de Paris a publié cette année le *Guide juridique des prélèvements d'organes*[2]. Pour sa part, France-Transplant, organisme coordonnateur créé en 1969 par le professeur Dausset et dont les activités nationales ne cessent de croître, a vite compris qu'il fallait quadriller les régions, surveiller et organiser vingt-quatre heures sur vingt-quatre l'offre et la demande, former enfin des équipes spécialisées tant pour les transplantations que pour les démarches. Les efforts ont porté leurs fruits.

## *UNE GRANDE GÉNÉROSITÉ MALGRÉ LE DÉSARROI*

A Lille notamment, les prélèvements sont passés de 1,5 par million d'habitants il y a quelques années à 25-30 cette année. A Marseille, de 13 reins prélevés en 1982, on est arrivé à 85 en juin de l'année dernière. Chaque fois, il y avait, sur place, une équipe ou une personne motivée pour prendre en charge les démarches et les contacts avec les familles. Depuis le 14 mars 1986, une circulaire du ministère de la Santé recommande la création de ces coordonnateurs locaux dans les centres où se font les transplantations et une quinzaine de grands hôpitaux (CHU ou CHR) en possèdent à présent.

« C'est un travail passionnant mais astreignant, raconte Mireille Ducros, une jeune infirmière générale de Marseille détachée depuis 1984 pour cette responsabilité. Au début, j'étais seule. Que de fois j'ai fait mes courses avec l'eurosignal pour un appel à deux cent cinquante kilomètres ; à la maison je mangeais, je dormais avec le téléphone ! Que de démarches et de temps passé, auprès des familles surtout, mais j'ai rencontré des gens formidables, d'une grande générosité au milieu de leur désarroi. »

Cependant, Mireille Ducros a beaucoup vu aussi de personnes non informées sur les dons d'organes : « Très peu réalisent que la vie va continuer grâce à la greffe, dit-elle. Pour permettre aux parents de nous autoriser à prélever sur leur enfant décédé, nous devons longuement expliquer et, par moments, savoir nous taire aussi. Je me souviens de cette mère de famille, veuve depuis un an, et à qui on demandait de pouvoir prendre les reins de son fils de seize ans qui venait de se tuer à motocyclette. Elle ne voulait pas croire à sa mort, d'autant que les battements du cœur, entretenus artificiellement comme toujours quand on prévoit une transplantation, étaient perceptibles. "Tant que son cœur bat, ne me demandez rien...", a-t-elle répondu. Dans de tels moments, on a l'impression d'accroître le chagrin et, pourtant, quelque part, il y a un malade qui attend. »

## DES RÉTICENCES D'ORDRE RELIGIEUX

Parfois encore, des familles invoquent une raison religieuse pour refuser. C'est le cas dans la région marseillaise où les musulmans vivent nombreux. Il ne faut pas « briser l'os du mort », dit le Coran ; de plus, c'est la rigidité cadavérique qui définit la notion de décès. On ne peut donc prélever « à cœur battant » comme la transplantation le nécessite. Pourtant, lors d'un symposium sur les greffes d'organes tenu à Alger en novembre 1985 (*Quotidien du Médecin* du 20 novembre 1985), les docteurs de la loi coranique ont admis que l'Islam ne s'opposait pas aux prélèvements, sous certaines conditions.

De plus, chaque année, en Algérie, on dénombre 20 nouveaux cas d'insuffisance rénale par million d'habitants dont la moitié demandent une transplantation. Faute de possibilités sur place, la plupart de ces hommes jeunes doivent venir en France pour en bénéficier. La justice voudrait donc que la réciprocité existât pour les Maghrébins qui résident dans notre pays. D'ailleurs, lors de la préparation des textes d'application de la loi Caillavet, M. Burin des Roziers, conseiller d'État et président d'un des groupes de travail, a estimé qu'un étranger séjournant dans un pays était soumis à la loi de ce pays. Et en ce qui concerne les musulmans, le législateur a estimé qu'il n'y avait aucune raison pour que soit faite une allusion particulière à une population chez laquelle les prélèvements n'étaient pas réglementairement interdits auparavant (*Manuel de France-Transplant*, groupe coopératif Ile-de-France).

La plupart de ces réticences dites religieuses sont souvent liées à des coutumes, à des notions de tradition plutôt qu'à des interdits véritables et, là encore, le dialogue et l'information peuvent aider à une meilleure compréhension. Certaines familles chrétiennes ont parfois réagi avec la même réserve, alors que, dès 1956, le pape Pie XII rappelait que l'Église encourage les sociétés et les personnes à participer aux dons d'organes.

Aujourd'hui, néanmoins, les choses sont en train de changer. L'information passe mieux. Et puis, de plus en plus nombreuses sont les familles qui connaissent un enfant, un parent ayant bénéficié d'une greffe après un don d'organe. Des associations de bénévoles, comme l'ADOT ou la FFDOT[3], à Paris ou à travers la France, informent et relancent en permanence pour que des donneurs volontaires se fassent connaître et s'engagent, de leur vivant, à un prélèvement anonyme après leur mort. « L'accueil est meilleur, reconnaît M. Magniez, président de la FFDOT. En 1974, 35 % de gens s'opposaient aux prélèvements ; aujourd'hui, ils n'atteignent plus que 10 %. Les femmes sont en général plus sensibles à nos appels de solidarité. »

M. de Roany, président de l'ADOT, partage cet avis et précise que beaucoup de jeunes également, des étudiants surtout, s'inscrivent comme donneurs, ce qui est un phénomène nouveau. Lui aussi constate une amplification du nombre de donneurs volontaires ; dans la région parisienne, par exemple, 250 personnes environ adhèrent chaque mois contre 5 autrefois. « Nul doute que les gens sont mieux informés », estime M. de Roany. Nul doute aussi que les succès des greffes y sont pour beaucoup : 80 % de réussites pour les reins et pour le cœur, 95 % pour les yeux, sans compter les progrès réalisés chaque jour pour les tissus, les os, la moelle, etc. Peut-il y avoir en effet meilleur argument que ces transplantations réussies !

*MICHÈLE LÉONARD*
**Journaliste**

**1. France-Transplant, hôpital Saint-Louis, 2, place du Docteur-Fournier, 75475 Paris Cedex 10.**
**2. Direction des affaires médicales de l'AP, 3, avenue Victoria, 75001 Paris (18 F + frais postaux).**
**3. Association pour le don d'organes et de tissus humains (ADOT), 71, rue d'Amsterdam, 75009 Paris (48.74.60.48) et Fédération française des dons d'organes et de tissus humains (FFDOT), Pharmacie, Cité Joliot-Curie, route d'Enghien, 95100 Argenteuil (49.82.38.98).**

JACQUES VALLIN

# MAIS DE QUOI EST-IL MORT ?

Quand survient un décès, on ne manque jamais de se poser à propos du défunt cette étrange question : pourquoi est-il mort ? Avec l'idée que, précisément, cette mort aurait pu être évitée si l'on avait pu en prévenir la cause. Il n'y a là de paradoxe qu'en apparence, car si pour chacun de nous la mort est, à terme, inéluctable, le terme, justement, n'en est nullement impératif, en deçà d'un âge limite que, de fait, aucun être humain n'a encore jamais pu franchir. Cette limite extrême, en l'état actuel de nos connaissances, paraît se situer aux environs de cent dix ans. Les exemples parfois cités de quelques populations très particulières du Caucase ou de la Cordillère des Andes, où l'on vivrait jusqu'à cent quarante ou cent cinquante ans, ne sont que le fruit d'élucubrations dénuées de toute crédibilité scientifique. Il reste qu'entre zéro et cent dix ans, la marge est grande. Pourquoi l'enfant, mort sitôt né, ou l'adulte, terrassé dans la force de l'âge, n'ont-ils pas eu cette chance, pourtant bien naturelle, donnée au vieillard de vivre un peu plus d'un siècle avant d'être rappelé par Dieu ?

Entre ces deux limites, la naissance (qui implique automatiquement la mort) et cet âge extrême d'environ cent dix ans (où la mort ne peut plus attendre), la vie peut à tout moment prendre fin ou au contraire continuer. Est-ce dans chaque cas la fatalité ou la providence qui en décide indépendamment de toute règle humainement intelligible ?

Depuis des millénaires, des générations de médecins se sont efforcés de connaître le comment pour comprendre le pourquoi et parvenir à fabriquer l'antidote à administrer avant qu'il ne soit trop tard, et ce, reconnaissons-le, avec un certain succès depuis Ambroise Paré, Jenner et Pasteur. Plus récemment, certes, sociologues, démographes et épidémiologistes ont compris que tout n'était pas affaire de médecine, loin de là, mais tous s'accordent à montrer que la mort n'est jamais que l'aboutissement d'un certain processus (lent ou violent), que les circonstances (et donc la main de l'homme) peuvent selon les cas accélérer ou retarder.

Mais de quoi donc est-il mort ? La question est vraiment pertinente. C'est justement en se la posant que le médecin s'est peu à peu distingué du prêtre et du sorcier. La réponse, pourtant, n'est jamais simple. Notons d'ailleurs qu'au niveau individuel elle est de peu d'intérêt. Non seulement le principal intéressé n'en a vraiment plus rien à faire, mais ses proches ne réussiront jamais, aussi parfaitc que soit leur connaissance des faits, à réparer l'irréversible. Le seul intérêt de cette question est prospectif. Selon la réponse qu'on saura y apporter, on pourra ou non éviter, au profit d'autres personnes, la réédition d'un concours malheureux de circonstances. La prospective s'appuie sur le calcul des probabilités et le calcul des probabilités sur la statistique. C'est donc essentiellement sur le plan collectif que seront fournies les réponses les plus performantes. Encore doit-on immédiatement préciser que contrairement au physicien ou même au biologiste, ni le médecin ni l'épidémiologiste ne peuvent faire d'expérience sur la vie ou la mort des hommes. Leurs spéculations doivent se limiter, pour des raisons éthiques évidentes, à l'examen du passé. Les réponses à la question posée dépendent donc entièrement de notre capacité collective à observer, classer et analyser les faits.

## *UNE PROCÉDURE COMPLEXE*

Un pas important a été fait sur cette voie avec la production, aujourd'hui régulière et fort détaillée (dans les pays développés du moins), de la statistique médicale des causes de décès. En fait, plus qu'un premier pas, un long cheminement qui n'a d'ailleurs pas encore abouti à un produit sans reproche. Faire la statistique des causes de décès suppose, en effet, réunir au moins trois conditions : un enregistrement exhaustif des décès, un diagnostic juste de leurs causes, un classement pertinent de ces diagnostics dans une nomenclature adaptée aux besoins de l'analyse.

Grâce à la longue tradition de l'enregistrement des sépultures par les paroisses (les fameux registres paroissiaux chers aux démographes historiens), les services d'état civil couvrent actuellement (et en gros depuis à peu près un siècle) avec une exhaustivité presque parfaite, l'ensemble des décès qui surviennent chaque année dans les pays développés. Il en va bien sûr très différemment dans les pays en développement où, là même où l'état civil fonctionne, il ne couvre qu'une partie, parfois dérisoire, des décès. Le problème en la matière est essentiellement administratif. Constater un décès n'est pas très difficile, le tout est de convaincre les familles de l'utilité d'en avertir les autorités et de convaincre ces dernières de l'utilité d'enregistrer convenablement l'événement.

Diagnostiquer et enregistrer la cause médicale du décès est autrement plus délicat. Sur ce terrain, les progrès suivent nécessairement ceux de la médecine, mais ces derniers ne garantissent pas automatiquement la qualité de la statistique. Encore faut-il que le système mis en œuvre pour produire la statistique soit efficace.

La procédure actuellement en vigueur en France, façonnée par l'histoire, est assez complexe. Elle repose sur une double déclaration médicale. Tout décès doit faire l'objet d'un constat médical (le « certificat de décès ») sans lequel il est formellement interdit d'inhumer ou d'incinérer aucun cadavre. C'est la base sur laquelle repose l'exhaustivité de l'enregistrement des décès. Mais le médecin constatant le décès doit aussi délivrer un second certificat (le « certificat de cause médicale de décès ») où il porte le diagnostic du processus morbide ayant conduit à la mort.

Remis à la mairie du lieu de décès, ces deux certificats suivent des chemins et un traitement différents, le second étant cacheté pour cause de secret médical et ne pouvant être décacheté que par le médecin directeur départemental de la Santé avant d'être transmis à l'INSERM (Institut national de la santé et de la recherche médicale), pour codage confidentiel alors que le premier, utilisé par la mairie qui dresse l'acte de décès, est ensuite transmis directement à l'INSEE (Institut national de la statistique et des études économiques) pour traitement statistique... Mais peu importe ce cheminement complexe, ce qui compte ici est ce que le médecin inscrit sur le certificat de cause médicale de décès. Pose-t-on au médecin les bonnes questions ? Le médecin y répond-il convenablement ?

## *RISQUES MAJEURS SUR LA STATISTIQUE*

De quoi est-il mort ? La question est trop vague. Posée telle quelle au départ, elle est vite apparue insuffisante. Le décès résulte en général, même d'un point de vue strictement médical, d'un processus complexe dont il faut demander au médecin de préciser divers éléments, sans pour autant alourdir sa tâche de déclarant au point de le décourager de la bien remplir. Depuis plusieurs décennies, les experts internationaux se sont mis d'accord, sous l'égide de l'OMS, sur un certificat type. Celui-ci demande au médecin de distinguer trois types de causes : la cause immédiate, celle qui a finalement provoqué le décès), la cause initiale (celle qui se trouve à l'origine du processus mortel) et la (ou les) cause(s) associée(s), celle(s) qui, sans avoir un rapport direct avec la mort, a pu néanmoins en favoriser la venue). Ainsi la mort peut-elle avoir été due à une hémorragie cérébrale, elle-même due à l'artériosclérose, alors que le malade souffrait par ailleurs de bronchite chronique. Le fait de poser ces trois questions permet, d'une part, de mieux connaître l'origine du processus qui a abouti à la cause immédiate du décès (qui, elle, nous intéresse évidemment moins) et, d'autre part, de connaître de possibles circonstances aggravantes. Il ne suffit cependant pas à garantir la pertinence des réponses. Encore faut-il que le médecin déclarant soit en mesure de faire correctement la déclaration.

A ce niveau, deux risques majeurs pèsent sur la statistique. Le premier, le désintérêt pur et simple du médecin, voire sa défiance à l'égard de ce qu'il considère (à tort) comme une ingérence dans un domaine relevant du seul dialogue singulier entre lui-même et son patient (que la mort réduit d'ailleurs à un strict monologue) peut conduire soit au scellé d'un bulletin vierge, soit, ce qui est encore plus dérisoire, à l'évocation de causes de décès aussi peu explicites que « arrêt du cœur », « arrêt de la respiration », ou « trouvé mort » ! A mesure que l'intérêt pour la statistique progresse chez les médecins, ce type de comportement, encore fort répandu il y a peu, se fait heureusement de plus en plus rare.

L'autre risque est que le médecin déclarant n'ait, en fait, qu'une trop médiocre connaissance du diagnostic dont il doit faire la déclaration. Le médecin de ville appelé d'urgence pour constater un décès, l'interne de service à l'hôpital, au moment où doit être rempli le certificat, n'ont peut-être jamais vu le défunt avant son décès et s'ils ne prennent pas la peine de consulter le dossier ou d'interroger le médecin traitant, il y a toute chance que la cause déclarée soit moins précise que ne le permettrait une meilleure connaissance des diagnostics antérieurs. Comble d'infortune, alors que l'autopsie est de plus en plus fréquente, les délais impartis au déclarant ne permettent jamais d'en intégrer les résultats.

Il ne faudrait cependant pas noircir le tableau à l'excès. Il arrive que certains services hospitaliers comparent après coup les déclarations faites au moment du décès aux diagnostics figurant dans les dossiers. Nous sommes loin du désastre. Il arrive aussi que les services de codage de l'INSERM interrogent tel ou tel déclarant sur les circonstances réelles d'une mort dont la cause annoncée est trop vague. Souvent avec succès. Bref, la proportion de décès de cause inconnue ou mal définie, qui atteignait près de 30 % dans les années trente, est aujourd'hui de l'ordre de 5 %. C'est encore trop comparé à nombre de pays voisins où cette proportion est de moins de 1 %, mais cela permet tout de même de raisonner utilement.

Reste à classer et à analyser ces données brutes. Dans tous les pays élaborant une statistique nationale des causes de décès, celle-ci suit les règles de la *Classification internationale des maladies* définie par l'OMS. Cette dernière a ses mérites et ses défauts, les seconds étant parfois liés aux premiers. Ainsi le simple fait de réviser périodiquement la classification en fonction des progrès de la connaissance médicale entraîne des ruptures de classement dommageables à la statistique. Mais il serait trop long de plaider ici pour ou contre cette classification née de compromis historiques successifs. Elle a au moins le mérite de nous livrer un matériau de base extrêmement détaillé (elle comporte plusieurs milliers de rubriques) et susceptible de divers regroupements utiles.

## *LA CLÉ DE L'ÉNIGME*

Enregistrer, classer, nous ne sommes pas au bout de nos peines : il faut aussi analyser. A ce stade, deux graves écueils risquent de fausser les comparaisons nécessaires au raisonnement. Deux exemples : le nombre de décès par maladies cardio-vasculaires a considérablement augmenté en France au cours des trente dernières années. Est-ce à dire que la mortalité par ce type d'affection a augmenté et que notre système sanitaire est complètement inadapté face à ce type d'affection ? Certes non ! Il faut en effet tenir compte de trois facteurs déformants qui, à mortalité constante, entraîneraient une augmentation du nombre de décès : l'augmentation de la population (c'est évident), l'augmentation de la proportion de personnes âgées (qui tend à accroître le nombre de morts en général, mais plus particulièrement encore celui des morts par maladies cardio-vasculaires) et... la réduction de la proportion de causes de décès non déclarées, mal définies (qui gonfle apparemment la proportion de décès attribuable à chaque cause). Si l'on corrige nos observations brutes de ces trois effets perturbateurs, on constate en fait que des années 50 aux années 80, la mortalité par maladies cardio-vasculaires s'est réduite de près de moitié en France. Deuxième exemple : en Algérie, ce même nombre de décès par maladies cardio-vasculaires est apparemment beaucoup plus faible qu'en France. Cependant, là encore, si l'on tient compte des trois facteurs précédemment évoqués (taille de la population, c'est trivial ; structure par âge, c'est facile ; proportion de causes mal définies, c'est, il est vrai, beaucoup plus délicat), on aboutit à un rapport de mortalité inverse.

Pour peu que l'on se donne la peine de l'exploiter avec prudence, la statistique des causes médicales de décès nous donne finalement une vue assez objective, et fort utile pour l'action, de l'importance relative des différents processus morbides conduisant à la mort, de leurs évolutions passées ou récentes et de leurs incidences différentes sur différentes populations. Forts par ailleurs de tout un arsenal d'armes médicales hautement sophistiquées et parfois très performantes tant au niveau de la prévention que du traitement des maladies, ne sommes-nous pas dès lors en mesure d'agir partout avec efficacité ? Bref, la mort n'a qu'à bien se tenir et au minimum, à attendre sagement que l'âge fasse son œuvre en rapprochant inexorablement chacun de nous de ces cent dix ans fatidiques. Et encore ! Il n'est plus exclu aujourd'hui que dans dix, vingt, trente ans, nos biologistes ne parviennent à trouver la clé de la longévité humaine et à reporter cet âge extrême à, pourquoi pas, cent cinquante voire deux cents ans (on peut rêver !).

La réalité est tout autre. La forte mortalité qui règne encore dans nombre de pays en développement, l'inégalité croissante entre les deux sexes observée dans les pays développés, la persistance, malgré quarante ans d'assurance-maladie, d'une forte inégalité sociale devant la mort, l'inquiétante diminution de l'espérance de vie observée en URSS et dans les pays de l'Est depuis le milieu des années soixante... autant de faits qui nous rappellent que la lutte contre la mort n'est pas seulement affaire de médecine. Le BCG, les antibiotiques ont certes contribué à la quasi-disparition de la tuberculose. Mais qu'en serait-il si, parallèlement, les conditions de vie, l'alimentation, le confort des logements... ne s'étaient améliorés ? Pourquoi donc la rougeole, si inoffensive dans les pays européens, demeure-t-elle la principale cause de décès dans les pays en développement malgré les campagnes de vaccination et malgré les antibiotiques ? Y aurait-il tant de morts par cancer du poumon si nous n'avions pris la mauvaise habitude de fumer ?

Mais de quoi donc est-il mort ? La statistique des causes médicales de décès nous donne certes des éléments de réponse indispensables. Elle ne nous livre pas la clé de l'énigme qui, plus encore que dans les processus morbides, réside plus fondamentalement dans les conditions de vie elles-mêmes, dont ils ne sont qu'un aspect.

*JACQUES VALLIN*
**Chercheur à l'INED, démographe.**

## TAUX COMPARATIFS DE MORTALITÉ PAR CAUSE ET SEXE EN 1950 ET EN 1982 POUR 100 000
## (après répartition des décès de causes mal définies)

| *CAUSES DE DÉCÈS** | *1950* | | *1982* | |
|---|---|---|---|---|
| | *HOMMES* | *FEMMES* | *HOMMES* | *FEMMES* |
| Tuberculose | 83,7 | 43,3 | 4,5 | 1,5 |
| Autres maladies infectieuses | 30,7 | 23,0 | 8,6 | 6,1 |
| Maladies aiguës de l'appareil respiratoire | 102,5 | 73,3 | 11,5 | 6,0 |
| Autres maladies de l'appareil respiratoire | 46,6 | 25,0 | 53,5 | 18,1 |
| Tumeurs malignes des voies aréo-digestives supérieures | 38,3 | 3,8 | 57,5 | 4,0 |
| Tumeurs malignes de l'estomac | 46,4 | 26,2 | 16,9 | 7,5 |
| Tumeurs malignes d'autres parties de l'appareil digestif | 34,4 | 29,8 | 47,2 | 27,0 |
| Tumeurs malignes de l'appareil respiratoire | 16,0 | 4,7 | 64,2 | 6,4 |
| Tumeurs malignes du sein | 0,5 | 19,2 | 0,5 | 26,2 |
| Tumeurs malignes de l'utérus | | 18,8 | | 10,0 |
| Tumeurs malignes de la prostate | 16,5 | | 25,1 | |
| Autres tumeurs | 76,2 | 69,4 | 86,0 | 48,2 |
| Alcoolisme et cirrhose du foie | 33,4 | 14,1 | 51,1 | 16,7 |
| Maladies cérébro-vasculaires | 217,5 | 172,2 | 113,2 | 76,2 |
| Maladies ischémiques du cœur | 246,8 | 192,4 | 84,1 | 53,7 |
| Autres maladies de l'appareil circulatoire | 49,6 | 31,1 | 41,4 | 21,2 |
| Maladies de l'appareil digestif (sauf cirrhose) | 40,1 | 28,5 | 25,6 | 15,7 |
| Maladies des organes génito-urinaires et de la grossesse | 94,7 | 47,2 | 16,3 | 7,7 |
| Malformations congénitales | 63,6 | 48,4 | 12,6 | 10,5 |
| Autres maladies | 45,9 | 41,4 | 48,6 | 79,5 |
| Accidents de la route | 14,4 | 3,5 | 31,3 | 10,5 |
| Suicides | 27,1 | 7,1 | 31,3 | 11,0 |
| Autres morts violentes | 68,1 | 27,8 | 55,2 | 28,1 |
| TOTAL TOUTES CAUSES | 1 445,6 | 980,0 | 993,6 | 497,6 |

** Calculées en fonction de la structure par âge moyen des diverses populations européennes.*

## NOMBRE DE DÉCÈS PAR SEXE ET GRAND GROUPE D'ÂGES EN FRANCE EN 1983

| *GROUPE D'ÂGES* | *NOMBRE DE DÉCÈS* | | | *RÉPARTITION* | | |
|---|---|---|---|---|---|---|
| | *HOMMES* | *FEMMES* | *TOTAL* | *HOMMES* | *FEMMES* | *TOTAL* |
| moins d'un an | 3 957 | 2 877 | 6 834 | 1,4 | 1,1 | 1,2 |
| 1-14 ans | 2 227 | 1 574 | 3 801 | 0,8 | 0,6 | 0,7 |
| 15-34 ans | 13 055 | 5 054 | 18 109 | 4,5 | 1,9 | 3,2 |
| 35-54 ans | 33 234 | 13 775 | 47 009 | 11,5 | 5,1 | 8,4 |
| 55-64 ans | 44 900 | 19 271 | 64 171 | 15,5 | 7,1 | 11,5 |
| 65-74 ans | 61 383 | 36 776 | 98 159 | 21,3 | 13,6 | 17,5 |
| 75-84 ans | 91 970 | 98 169 | 190 139 | 31,8 | 36,2 | 34,0 |
| 85 ans et plus | 38 171 | 93 262 | 131 433 | 13,2 | 34,4 | 23,5 |
| TOTAL | 288 897 | 270 758 | 559 655 | 100,0 | 100,0 | 100,0 |

## PART (EN %) DES PRINCIPALES CAUSES DANS LA MORTALITÉ TOTALE À DIVERS GROUPES D'ÂGES (EN 1983)

| *GROUPES D'AGES* | | *SEXE MASCULIN* | *SEXE FEMININ* |
|---|---|---|---|
| *MOINS D'UN AN* | | | |
| | Affections prénatales | 39 | 35 |
| | Anomalies congénitales | 34 | 37 |
| | Morts violentes | 11 | 9 |
| *1-14 ANS* | | | |
| | Accidents | 48 | 36 |
| | Tumeur | 14 | 15 |
| *15-34 ANS* | | | |
| | Accidents | 55 | 23 |
| | Suicides | 18 | 15 |
| | Tumeurs | 8 | 18 |
| *35-54 ANS* | | | |
| | Tumeurs | 34 | 43 |
| | Maladies cardiovasculaires | 15 | 9 |
| | Accidents | 15 | 11 |
| | Alcoolisme et cirrhose | 12 | 12 |
| | Suicide | 8 | 7 |
| *55-64 ANS* | | | |
| | Tumeurs | 42 | 47 |
| | Maladies cardiovasculaires | 21 | 15 |
| | Alcoolisme et cirrhose | 9 | 7 |
| *65-74 ANS* | | | |
| | Tumeurs | 36 | 33 |
| | Maladies cardiovasculaires | 26 | 26 |
| | Maladies cérébrovasculaires | 9 | 12 |
| | Alcoolisme et cirrhose | 5 | 3 |
| *75-84 ANS* | | | |
| | Maladies cardiovasculaires | 29 | 32 |
| | Tumeurs | 26 | 19 |
| | Maladies cérébrovasculaires | 13 | 17 |
| | Maladies de l'appareil respiratoire | 10 | 7 |
| | Accidents | 4 | 5 |
| *85 ANS ET PLUS* | | | |
| | Maladies cardiovasculaires | 31 | 34 |
| | Maladies cérébrovasculaires | 15 | 18 |
| | Tumeurs | 16 | 11 |
| | Maladies de l'appareil respiratoire | 14 | 10 |
| | Accidents | 5 | 7 |

JACQUES DAMADE

# L'ENLÈVEMENT

Enfant, un jour, je ne reconnus qu'à peine la façade de ma propre maison. On avait tendu de rideaux noirs la grande porte. Un dais frangé peint d'une croix blanche la surmontait. Tout avait l'air si solennel que les fruits et légumes du maraîcher semblaient déplacés. Le voisin du quatrième était mort chez lui.

Des années ont passé. Bien des signes de la mort ont disparu. Cependant, pour qui sait regarder, la mort à domicile crée encore ce léger flottement, cette peur diffuse un peu mystérieuse. Quelques indices suffisent : fleurs, mots feutrés, va-et-vient, convoi... La loge, l'immeuble, le pâté de maisons, les commerçants du quartier y font plus ou moins écho. Un mini-village se reconstitue, un semblant de communauté... On a préféré longtemps durant les années 1970-1980 la mort à l'hôpital. D'ailleurs les progrès de la réanimation laissaient parfois augurer d'une autre issue. De même l'hôpital se chargeait de tout en cas de décès. Bref, la prise en charge de la vie comme de la mort par l'institution rassurait les proches. L'homme et la femme, le plus souvent salariés, n'avaient guère de temps à consacrer au défunt et les formalités à accomplir, on les en délivrait d'un seul coup. Mourir chez soi, avait-on coutume de penser, était un luxe, un privilège que seuls les gens aisés disposant de temps et d'information pouvaient se permettre.

Conseils du personnel médical, choix délibéré du patient ou des proches, sensibilisation à la mort comme acte important, gigantisme hospitalier, on peut arguer de multiples raisons pour rendre compte d'une tendance à revenir chez soi pour y mourir entouré des siens et de ses objets familiers, sans d'ailleurs que la situation salariale ait réellement changé.

## *« LE DÉCÈS PARAÎT RÉEL ET CONSTANT »*

Au moment du décès, à la tristesse et au vide s'ajoute, pour les plus proches, l'idée des formalités administratives envisagées comme kafkaïennes. Moment de fragilité, de doute sur ce qui va se passer que renforce l'incertitude dans laquelle on se trouve au sujet des démarches administratives à accomplir. Voile, brouillard gris, impression d'absurde... Beaucoup de compagnies de pompes funèbres, d'ailleurs, mettent sur leurs encarts publicitaires cette promesse pas entièrement vraie : « Toutes démarches administratives évitées aux familles. » Pas entièrement vraie parce que les déclarations de décès comme la lecture des intentions du défunt ne sont pas de leur ressort.

Après la déclaration de décès et (éventuellement) la veillée funèbre, il y a un curieux moment, comme une frontière, quand les services des pompes funèbres prennent les choses en main : une sorte de deuxième départ, de dilution, d'épanchement du privé, de l'intime dans le public, l'anonyme, un allègement aussi. Ce moment, cette traversée du fleuve, on peut le voir selon chacun à divers moments : au cimetière pendant l'inhumation, lors de l'établissement de l'acte de décès, avec le médecin d'état civil... Ainsi cet ami qui me confia qu'il avait attendu quatre heures pour prévenir le médecin du décès de sa mère. Dans sa chambre, dans son lit, alors qu'il restait auprès d'elle pour la veiller, elle semblait endormie sans aucun signe distinctif de la mort, hormis son immobilité. Sourde résistance à admettre la chose qui, non encore déclarée, n'existe pas entièrement. Ou encore refus inconscient de s'alléger de cette charge. Ou les deux à la fois.

C'est le médecin traitant, en effet, qui est chargé d'établir le certificat de décès. Il s'agit donc de la première démarche officielle qui préside à toutes les autres, puisque la personne la plus proche du défunt doit, munie de ce certificat, se présenter à la mairie dans les vingt-quatre heures qui suivent le décès. Le maire de la commune ou un employé municipal vous délivre l'acte de décès, pièce qui servira en de nombreux cas. A Paris, généralement, le maire dépêche, quelques heures après la déclaration, un médecin d'état civil qui cautionne le premier certificat avec cette méchante formule dont on aimerait pouvoir sourire : « Le décès paraît réel et constant. »

Autre question en amont, si l'on peut dire, celle de la volonté du mort. Exception faite de l'homme méticuleux qui a tout réglé par testament ou sur papier libre, on assiste d'habitude à une interprétation plus ou moins fidèle des désirs du mort. Situation singulière où les scrupules d'exégèse se donnent libre cours comme s'il s'agissait du dernier souffle de vie qu'il fallait absolument préserver. Crainte aussi d'un malentendu qui porterait sur le lieu de sépulture, le monument... Malentendu infini puisque l'autre, le mort, ne pourrait y porter une réponse, un éclaircissement. Enfin, il peut y avoir aussi une impossibilité entre les volontés du mort et leur financement. Cas de figure balzaciens où des proches se saignent aux quatre veines, prouvent leurs affects en faisant des dettes disproportionnées et en honorant point par point le testament.

La dette est une façon d'engager son avenir, c'est peut-être se prémunir contre ce que l'on craint le plus : oublier la personne chère. On se lie avec elle par un des seuls moyens concrets, indéfectibles, « modernes » qu'il reste : l'argent. Il y aurait d'ailleurs beaucoup à dire au sujet de la trouble relation entre la mort et le crédit.

## LA TROUBLE RELATION DE LA MORT ET DE L'ARGENT

Quand les décisions sont prises par rapport aux volontés du mort ou celles de l'entourage, survient le moment à la fois le plus rassurant et le plus frustrant, à savoir la rencontre avec l'entreprise de pompes funèbres. Selon les municipalités, elle sera soit désignée par la mairie, soit laissée au libre choix des particuliers. Au cours d'un entretien, le responsable s'engage à s'occuper des soins de conservation du cadavre, du cercueil, du transport, de la cérémonie religieuse s'il y a lieu, de la concession au cimetière, de la pierre tombale, des fleurs et du décorum, bref de l'ensemble, sauf cas rares de don de corps ou de don d'organe[1]. Tout est prévu, organisé, au client de décider le jour et l'heure des obsèques. Que dire de cette prise en main totale sinon qu'elle déleste les proches d'un poids assez lourd, et qu'elle leur enlève aussi « leur chose », le mort ?

Les choix individuels envisagés non sans peine avant l'entretien butent sur ces véritables lits de Procuste que sont les « forfaits devis types ». Il s'agit selon les moyens de la famille de diverses sortes d'obsèques allant de la première à la quatrième classe. Outre qu'il est un peu amer d'offrir un enterrement de quatrième classe à quelqu'un qui a vécu pauvrement et dont on aurait au moins souhaité qu'il « meure bien » à charge de revanche, ces solutions toutes faites obligent souvent à des suppléments ceux qui veulent, suivant ce qui a été décidé auparavant, y glisser des variantes.

A domicile, il faut en attendant — un, deux, trois, quatre, ou cinq jours — s'occuper du cadavre : la barbe et les cheveux qui continuent à pousser, la toilette, l'habillement, l'inquiétude au sujet de l'odeur si la situation dure, la pâleur qui effraie, le maquillage... C'est dans ce contexte qu'intervient de plus en plus souvent un personnage au nom d'insecte chargé de lutter contre la dégradation du corps : le thanatopracteur. Il injecte dans le cadavre un liquide antiseptique sans enlever les viscères. Parfois, par crainte de la décomposition du corps, les proches y ont trop vite recours. Or ce n'est ni obligatoire ni souvent nécessaire. Il suffit dans bien des cas de demander des soins de protection momentanée (application de glace carbonique ou de neige ou utilisation de table réfrigérante).

Quand il envisage la dernière demeure, le proche souhaite un accès facile à la sépulture afin de la visiter autant qu'il veut, il souhaite aussi qu'elle soit bien délimitée de façon qu'il puisse se recueillir à l'endroit idoine sans crainte de se tromper. L'idée que le mort soit définitivement enterré, connaisse un « repos éternel » peut aussi compter, surtout que dans certains cas les enfants pourront prolonger le souvenir en se rendant sur la tombe bien des années plus tard.

Autre vœu fréquent, le caveau de famille qui permet de rassembler dans la mort ceux qui l'étaient dans la vie. On se rendra compte que chacun de ces désirs, du plus élémentaire au plus élaboré, se monnaye. Prenons le cas par exemple de quelqu'un vivant à Paris qui veut inhumer son parent et qui ne sait ni comment, ni où. Les entreprises de pompes funèbres le renseignent sur l'état du marché locatif des cimetières, et sur les subtiles différences entre les concessions de six ans, de dix, de trente, de cinquante ou celles nommées élégamment perpétuelles. Le tarif varie évidemment selon le temps de la concession. De plus la personne apprend que les cimetières parisiens (Montparnasse, Montmartre, Père-Lachaise) proposent des solutions beaucoup plus onéreuses que celles de la banlieue. Variations de un à dix qui ont des conséquences comme l'éloignement de la sépulture qui force le proche à raréfier ses visites.

La chose qui frappe le plus quand on se penche sur la mort à domicile, c'est qu'elle n'est pas pour les proches telle qu'ils l'appréhendaient. Ils la voyaient individuelle, unique avec d'angoissants obstacles concrets à franchir. Ils l'opposaient radicalement à la mort en milieu hospitalier, au sens où ils avaient le sentiment de se la réapproprier. Impression en partie vraie d'ailleurs en ce qui concerne le premier volet. Le logement, les proches, les objets... Pourtant, bien vite, dès les premières démarches, ils voient s'évanouir leurs craintes, leurs angoissants obstacles, bien plus ils se trouvent comme sur des rails avec des ensembles de solutions toutes faites. Une prise en charge de l'institution avec des « forfaits devis types » dignes des ready-made de Duchamp qui rassurent et irritent à la fois. Comme si, plus tôt que prévu, le mort vous faussait compagnie.

Expérience de toute façon de la dépossession. Et le mort fait encore signe bien plus tard sous forme anodine de lettres de banque, d'assurance, de traites, d'appel d'amis non prévenus qui le réclament ; il s'agit d'une fausse présence, d'une cruelle démangeaison de ce qui n'est plus.

*JACQUES DAMADE*
**Journaliste**

**1. Le don de corps pour lequel le défunt a versé une somme modique court-circuite tout le système des pompes funèbres et des concessions au cimetière. En effet, c'est l'organisme scientifique bénéficiaire du corps qui prend tout en charge.**
**Le don d'organe, à une exception près, s'effectue à cœur battant, c'est-à-dire que la mort cérébrale est enregistrée mais que le corps continue à vivre artificiellement de façon que les organes puissent être utilisés pour les greffes (problème d'oxygénation). La cornée, en revanche, peut être prélevée jusqu'à six heures après la mort.**

# DÉPENSES DE MORT : DE QUELQUES TARIFS (PARIS, 1986)

## OBSÈQUES : TARIFS DES FOURNITURES ET PRESTATIONS OBLIGATOIRES

| | *PREMIÈRE CLASSE* | *DEUXIÈME CLASSE* | *TROISIÈME CLASSE* | *QUATRIÈME CLASSE* |
|---|---|---|---|---|
| *CERCUEIL* | 12 modèles : de 268 F à 21 715 F<br>3 cercueils crémation : 868 F, 3 179 F, 6 060 F | | | |
| *PRESTATIONS MONOPOLISÉES RELATIVES AU CORTÈGE* | 3 410 F | 870 F | 442 F | 59 F |

**Ainsi, d'après la loi de décembre 1904, le service monopolisé des pompes funèbres (conféré aux communes) comprend exclusivement ce qui a été estimé indispensable pour un enterrement : le cercueil et ses accessoires essentiels, le corbillard et le personnel nécessaire aux inhumations, exhumations et crémations. En dehors de ce qui précède et de certaines taxes à caractère obligatoire, toutes les autres fournitures et prestations sont entièrement facultatives (ex : décoration intérieure et extérieure du cercueil, soins somatiques, séjour en chambre funéraire, etc.) et relèvent d'une activité commerciale libre.**

**Quant au cimetière, nul n'est obligé d'acheter une concession, l'inhumation en terrain communal gratuit étant toujours possible. Et si l'on choisit la crémation (comme c'est le cas pour 2,5 % des décès aujourd'hui), on peut procéder soit à la dispersion (gratuite) des cendres au « Jardin du Souvenir », soit acquérir une urne funéraire (7 modèles existent à Paris, compris entre 402 F et 3 838 F) et, éventuellement aussi, une case au columbarium. Le tableau ci-après précise les tarifs des cases et des concessions de terrains selon la durée :**

| | *TEMPORAIRES DE SIX ANS* | *TRENTE-NAIRES* | *CINQUANTE-NAIRES* | *PERPÉ-TUELLES* |
|---|---|---|---|---|
| *CASES AU COLUMBARIUM (Père-Lachaise)* | 193 F | 1 980 F | 3 305 F | 6 798 F |
| *CONCESSIONS DE TERRAINS (2 m²)* | 195 F (Pantin et Thiais) et 661 F pour dix ans | de 3 675 F à 3 965 F | de 4 935 F à 8 585 F | de 9 085 F (Thiais) à 28 937 F (à Passy ou en bordure d'avenue au Père-Lachaise) |

*ANNICK BARRAU*

CLAIRE JACQUELIN

# LIVRAISONS À DOMICILE

*A mon père*
*A Dan*

Elle reposa le combiné : demain matin à 7 heures, le cercueil sera livré ; à 10 h 30, la maison Carot-Plutol viendra, avec le commissaire de police, pour la mise en bière et les scellés ; le convoi partira le jour d'après à 8 heures.

Un an auparavant, le vieil homme avait définitivement déposé les rênes dans les mains de sa fille ; depuis il l'appelait indifféremment Fille chérie ou Mère de tous les Temps. Mort dans sa quatre-vingt-quatorzième année, il entamait ce soir-là sa troisième nuit de repos éternel. La mise en bière avait été retardée de vingt-quatre heures, car le médecin-légiste, commandité par le service d'état civil de la mairie, était resté introuvable pendant toute une journée ; il n'avait délivré le certificat que dans l'après-midi.

Tard couchée ce soir-là, la Fillemère, tôt levée le lendemain, ouvrit à 8 h 15 la porte pour la première fois de la journée. Deux hommes en casquette livraient de grands cartons :

— C'est la garniture.

— ???

— Oui, pour le cercueil.

— Il n'y a pas de cercueil.

Les livreurs remportèrent les cartons promettant un prompt retour. Descendu chercher des cigarettes, le Fidèle Ami attendit avec eux, au bistrot du coin, l'ouverture du tabac. Cartons calés contre le juxe-box, ballons de blanc jamais à vide, les hommes à casquette attendaient. Plus tard, vers 9 heures, ils revinrent pour déposer là leurs cartons de garniture, dont l'encombrement les gênait pour tromper leur attente.

Sur le pas de la porte, ils informèrent, avec bienveillance, la Fillemère des indéniables qualités de la garniture, qui devait éviter bien des inconvénients au, et du, corps mort.

A 10 heures, les familiers arrivèrent pour participer à l'épreuve. A 10 h 25, maison Carot-Plutol et commissaire se présentèrent, mais faute de cercueil, ils repartirent, l'une pour s'informer, l'autre pour régler quelque activité en souffrance.

Passé midi, des bruits et des voix attirèrent la Fillemère sur le palier : bloqué dans l'ascenseur, le cercueil refusait d'en sortir, aux dépens du voisinage rentré pour le déjeuner. A la force inopérante des livreurs se substitua la réflexion anxieuse de la Fillemère : glissée derrière le cercueil, elle accoucha en douceur la lourde caisse ; les livreurs, appréciateurs, mais sans doute quelque peu gênés, lui firent sur-le-champ une proposition d'embauche...

L'heure sacrée du déjeuner étant bien établie, l'objet fut entreposé dans l'appartement. Le poussant au mieux, rangeant ailleurs les cartons de garnitures, la Fillemère dut, un tant soit peu, restaurer les familiers, d'ailleurs occupés à téléphoner ici et là pour expliquer un retard dont, qui, que, etc.

14 h 30 trouva enfin réunis le cercueil et les garnitures, la maison Carot-Plutol, le commissaire et les familiers, auxquels s'étaient adjoints les employés de la maison Durand venus reprendre (à l'heure dite) le lit médical du Vieil Homme, maintenant sans raison d'être...

Scellés apposés et maison désemplie, la journée continue. A 15 h 30 la Fillemère n'arriva pas à convaincre les livreurs suivants de remporter leur marchandise : ils apportaient des tréteaux et un vaste drap noir dont elle n'avait que faire, mais qu'ils n'avaient pas le droit de ne pas laisser là... Elle trouva ensuite plus simple de laisser ouverte la porte aux fleuristes et aux voisins qui, apaisés par leur repas, venaient aux dernières nouvelles, et, commentant la trop longue liaison de l'ascenseur et du cercueil, s'inquiétaient prudemment de la proche levée du corps.

Brève fut la nuit ; abrégée de plus par la maison Carot-Plutol qui, rattrapant son retard de la veille, avait de façon impromptue avancé le convoi à 7 heures.

Le cercueil partait par l'escalier. Aux prudentes exhortations des premières marches (« Attention ! Tiens bon ! Ça va ? ») succédèrent vite des invigorations plus sonores, plus techniques et plus inquiétantes (« Serre ta bricole ! Allonge le harnais ! Enfile la poignée ! », etc.) qui résonnèrent en réveille-matin dans la cage. Au premier palier atteint, une tentative de rotation de cent quatre-vingts degrés du cercueil fut vite abandonnée devant le risque imminent de chute, et la rude descente se poursuivit. Ce n'est que cinq paliers plus bas, au rez-de-chaussée, que la Fillemère reçut l'explication, et du retard de la veille, et des inhabituelles difficultés de l'escalier. Une grève des services mortuaires avait empêché la livraison « normale » du cercueil ; celui-ci, avec quelques autres, avait été la veille dépêché d'Italie par la route, à tombeau ouvert. Or les normes italiennes de fabrication diffèrent des françaises : les bricoles et harnais nationaux ne sont pas adaptés aux morphologies étrangères...

Enfin installés dans le corbillard, qui bloquait la rue, le cercueil et la famille prirent la route vers le provincial caveau familial, mais ceci est une autre histoire...

*— CLAIRE JACQUELIN, LA FILLEMÈRE —*

HENRI CUECO

# HAPPY DOL

## 1

1er novembre 1985

Premier retour à la maison depuis la mort de la grand-mère, cet été. Les vivants fabriquent leur vie durant un milieu fait d'espaces, d'objets, de traces, d'intervalles. Après leur mort, les vides restituent leur existence en creux. Ce sont des fantômes qu'un rayon de soleil, la place d'une table, la distance entre la cuisinière et l'évier, un pot de fleurs, un tiroir, un objet anodin, un parfum, sécrètent en permanence.

Visite au cimetière. Il y fait doux à midi. Entre le cimetière du bas et celui du haut, une fillette est appuyée sur le muret, nonchalante, tête et bras contre le granit d'une colonne et le reste du corps immense, cuisses et bassin, avec des balancements, des impatiences.

## 2

Parmi les tombes fleuries, j'imagine mal l'état des morts, les grouillements, la réalité actuelle de leur apparence. Je m'oblige à penser les images de la putréfaction, surtout autour des lèvres et des yeux, les tendons dénudés, les mains d'ivoire solide. Le reste du corps grouille de vie animale que par places, une crevée de peau laisse partir en coulées : la mort animée.

Les édifices funéraires, les ornements, bibelots, accessoires religieux ne montrent en surface que les représentations exigées par l'ordre social tout en occultant la putréfaction, la désagrégation matérielle. Le cimetière est-il l'espace de l'oubli ; le lieu par lequel la douleur s'avive et s'abolit ? L'inexistence vient s'y résumer en surface en ces piètres objets, à la valeur symbolique convenue, trop pauvre pour être agissante. Les symboles : christs, colonnes tronquées, angelots, fleurs solaires, tentent d'assurer le transfert de la douleur singulière à l'abstraction généralisante. Mais l'obsolescence de ces objets, leur nullité esthétique disent mieux que n'importe quel discours notre incertitude face à la mort. Elle n'est pas seulement occultée, elle est éludée.

## 3

Nous ne parvenons plus à penser notre mort. Dans notre société, au fur et à mesure que l'action sanitaire a rendu la vie du nouveau-né moins hasardeuse, s'est développé un sentiment de légitimité de la vie. Une légitimité laïque a succédé à la loi théologique de l'existence de l'âme comme principe vital. Ce principe, pourtant, non énoncé devient fondamental de la société humaine civilisée. L'homme de science est alors sommé de maintenir ce principe abstrait, par essence métaphysique, en état de perduration éternelle. La pensée scientifique a pris le relais, idéologique, du principe de l'âme éternelle et transcendante en tentant de rendre concrète l'immortalité corporelle.

Le matérialisme, le vrai, qui consisterait à accepter la mort comme inéluctable et à la limite souhaitable, fait place à une conception qui, en refusant la mort, fait de la science un nouveau dieu. On délègue à la technologie le pouvoir de sanctionner ce que nous n'avons pas le courage d'admettre. On oublie que nos machines ne sont que les prothèses de nos infirmités. L'acharnement thérapeutique est à l'image de notre immaturité collective. C'est une machine qui décide de l'état du vivant et qui contient ce vivant « machiné » dans les limites qu'elle s'assigne.

## 4

L'urbanisation funéraire est ici rigide : avenues, rues, ruelles, impasses s'y coupent à vif. La miniaturisation en fait une ville-jouet. Le peuple des morts est en ordre, à merci. Mais ce jour du premier novembre, c'est une sorte de joie qui s'est emparée du lieu. Par l'exubérance du fleurissement, les ors et les argentures ravivés, la bimbeloterie renouvelée, le cimetière évoque les chars, les voitures fleuries, l'allégresse des fêtes villageoises. Le cimetière rayonne sous le soleil de midi. Les granits rassurent ; par leur masse et leur poids, leur inertie, ils verrouillent les tombes.

Et si la douleur alors, la perte de l'être aimé, était pour partie utile à cacher le plaisir inévitable que provoque sa disparition. Je ne crois naturellement pas que l'on puisse parler également de toute mort. Les êtres proches emportent un peu de nous en mourant et nous sommes pour une part leurs défunts. Ils nous tuent en se tuant. A notre douleur alors n'est pas étrangère une haine envers cette trahison, ce vol d'un peu de nous. C'est aussi le rétrécissement de notre solitude qu'aggrave la mort de celui qui nous reprend ainsi ce que nous pensions lui avoir offert. Nous devenons les orphelins floués d'un amour dérobé. Ce vol pourtant nous simplifie, nous épure.

Notre esseulement devrait nous rendre plus facile notre anéantissement. Il y a de la méchanceté à mourir aimé.

Il est des morts révoltantes, Dieu n'est jamais autant crédible que lorsqu'il subit la haine ou la colère des parents à jamais blessés par la perte d'un enfant.

## 5

La mort régénère l'espèce, elle est une phase du vivant. Les ruptures qu'elle entraîne au niveau du microcosme ne sont pas discernables au niveau du groupe humain global. Au-delà de l'anecdote individuelle, attachée au vécu sentimental et affectif, la mort est un phénomène naturel et positif. Plus, évidemment, que la maladie qui est douleur et menace pour le vivant. Il devrait se produire sinon une jubilation face à la mort en général, mais pour le moins un état satisfaisant que dissimule la douleur causée par la mort en particulier. On comprend toutefois que cette douleur défende l'espèce contre une acceptation trop confortante de la mort et que cette mort n'ait pas droit de cité dans le lieu de la naissance.

Toute mort alors dans le groupe d'où elle est bannie, refoulée, y devient meurtre symbolique. Le couple mort/meurtre provoque un refoulement d'autant plus fort que la parole absente, l'innommable, renforce cette assimilation. La mort devient le sujet de notre violence secrète, inconsciente, et l'objet d'une douleur visible, socialisée.

C'est cette violence même et cette douleur qui se réalisent dans la machination de l'acharnement thérapeutique. A-t-on installé cette machine-père pour ne plus avoir à décider, à nommer ? Le désir meurtrier s'y trouverait subtilement réalisé par inversion. Sous prétexte de prolonger le vivant au-delà de ses limites, on assassine la mort.

## 6

Ne pas reconnaître cette nécessité de la mort pour le groupe avive et maintient abusivement la puissance du deuil. Ce conformisme de la douleur, son étalonnage social, la rend étrangère à elle-même, la déréalise. Une douleur sans objet dont l'intensité est dérégulée en fait une aliénation.

## 7

Pourtant les rituels funéraires populaires laissent émerger des expressions d'une allégresse collective : musiques, chants, danses, cortèges, et dans nos campagnes, repas ou banquets. Les individus pleurent mais le groupe marque sa réjouissance. Comment aussi ne pas reconnaître cette part de plaisir dans les spectacles, films, et productions littéraires qui placent la mort au centre de leur fonctionnement. Les meurtres en série, scènes de violence des films policiers et des films de guerre, nous réjouissent. Et si « Carmen » est si moderne, ne le doït-elle pas à cette joie de la mort, présente en sa passion, qui nous fascine comme représentation suprême de la liberté de vivre ?

Comment expliquer les ferveurs dont jouissent la guerre, les hécatombes ? Aurait-on besoin de la guerre pour régénérer au sein du groupe le sens de la vie. C'est qu'en guerre, la mort est joyeuse, finalisée, sublimée par le groupe. Le « soldat inconnu » conjugue les effets de la mort individuelle et de la mort collective ; en annulant les inconvénients de la première, il accentue la valorisation de la seconde.

## *8*

Je déteste la vulgarité des icônes funéraires. Ces objets récusent par leur uniformité l'identité profonde du défunt, assassinent sa mémoire. Ces insignifiances rassurent aussi les vivants sur le conformisme du mort, sur la réciprocité de leurs bons sentiments. Cette douleur convenue dissimule mal un soulagement, un plaisir, en fin de compte légitime mais dangereux pour le groupe.

Si tout change autour du cimetière, le cimetière lui ne change guère. A peine par l'apparition du plastique et des agglomérés vernissés qui imitent le bois, le métal ou la pierre. Les christs en bois, en zinc, en fer ou en plastique, à force de se multiplier ont fini par banaliser leur posture tragique. On est tenté de trouver prosaïque ou théâtral ce barbu potelé au déhanchement équivoque dont le slip exotique évoque les plaisirs vacanciers. Ces christs et la plupart des objets récents datent des années trente. Il ne faudrait pas, sans doute, qu'une iconographie moderne de qualité révélât de manière trop évidente le plaisir esthétique de ses concepteurs. Il faut aussi maintenir un décalage entre les objets du cimetière et ceux du dehors, sinon, c'est le cimetière qui rentre dans la ville.

## *9*

Je me méfie des morales trop simples, des sentiments qui vont de soi. La mort, c'est-à-dire la disparition comme évidente nécessité ou essence du vivant, ne devrait pas nous affecter ou nous angoisser comme elle le fait aujourd'hui. Cette douleur, pour une part, ne dit-elle pas notre mauvaise conscience, n'est-elle pas dans l'excès le symétrique d'un plaisir occulté ? Et si mourir n'était autre qu'inexister, comme avant d'être ? Souffrons-nous de cette non-existence ? Avons-nous l'angoisse de l'avant ? Nous imaginons-nous spermatozoïde angoissé, galopant pour gagner son ovule (salaud déjà). Si enfer et paradis nous proposent une imagerie riche, de quelque effet sur notre imaginaire, rien de comparable n'existe pour la période qui précède notre naissance. Nous n'imaginons rien de ce néant, ni noir, ni blanc, ni translucide et nous nous accommodons de ce vide. Pas de fausse question, pas d'inutile construction. La mort d'avant devrait nous aider à concevoir celle d'après. Et si mourir était dénaître.

## *10*

Comment expliquer la beauté de la plupart des morts, comme s'ils se résumaient dans leur dernière image. Le dernier soupir, l'ultime, n'est-il pas orgasmique ? Le mourant entièrement érecté entrerait alors au néant maternel en jouissance.

*HENRI CUECO*

**« Artiste peintre »**

ALBERT JACQUARD

# L'INSUPPORTABLE ÉTERNITÉ

« L'esprit est un palais fermé de miroirs fécondés par une lampe solitaire qu'ils enfantent à l'infini. » Cette définition, dont je recherche sans succès l'auteur, décrit fort bien la conscience : l'aller et retour sans fin d'un je ne sais quoi rebondissant sur des parois à l'étrange pouvoir ; elles découpent l'espace en donnant l'illusion de la continuité ; elles font prendre l'en deçà pour l'au-delà, elles rompent la trajectoire en la prolongeant. Le miroir : l'absolu de la tromperie ; la gauche est à droite, devant est derrière. Et si demain était hier ?

Ce jeu déconcertant avec l'espace, pourquoi ne pourrait-on pas le jouer avec le temps. Pour le mathématicien, pas de problème : le temps n'est qu'un paramètre ; une fois désigné par la lettre « t » (étrangement la majuscule T est réservée à une grandeur plus anodine, la température, même qualifiée d'« absolue » elle n'a guère de prolongements occultes) il perd tout mystère ; il n'est plus une puissance redoutable, mais une banale coordonnée de l'espace-temps, à l'intérieur duquel se déroule la succession des événements. Remplacer « t » par « t » n'est qu'un changement de variable.

Pour le physicien, les choses sont déjà moins simples. Car le temps est fléché, les événements se déroulent selon un ordre obligatoire ; ils manifestent des processus dont la caractéristique essentielle est l'irréversibilité. Aucun rejet ne peut remonter le cours de ce fleuve. Imperturbable, il s'écoule. Mais les rives qu'il longera n'existent pas encore ; le jeu aveugle des lois naturelles, de la nécessité et du hasard, les construit à mesure que le fleuve les atteint. Cette vision des choses cependant semble de moins en moins claire à mesure que le physicien s'enfonce au cœur de l'infiniment petit et de l'infiniment bref.

Les objets à l'échelle humaine parcourent bien docilement l'espace-temps, mais les particules dites (provisoirement) élémentaires n'acceptent pas d'entrer dans ce monde conceptuel, elles refusent de se laisser localiser dans une zone précise de l'espace, ou dans un instant précis du temps. Les astronomes ajoutent encore au trouble en nous « montrant » d'invisibles trous noirs et en nous dévoilant la date de naissance de l'univers, le big-bang. La question est immédiate : « Qu'y avait-il avant ? » Réponse : « Il n'y a pas d'avant. »

Du coup, c'est le temps lui-même qui doit être redéfini. « Le temps, c'est ce qui passe quand rien ne se passe », a dit, je crois, un prix Nobel de physique. La formule paraît subtile ; à la réflexion elle me semble stupide : quand rien ne se passe, rien ne passe.

## *LE PIÈGE DE L'INFINI*

Nous voici obligés de définir, d'un même geste, l'espace, le temps, et les objets qui, situés dans l'espace, évoluent au cours du temps. Impossible, malgré les fausses intuitions que nous ont apportées certains enseignements, de penser l'espace sans les objets, les objets sans le temps, le temps sans l'espace. Ils coexistent, au moins dans notre pensée, dans notre représentation de l'univers qui nous entoure : aucun d'eux ne peut préexister à l'autre, ou exister sans l'autre. Faites l'expérience ; forcez votre esprit à penser à une durée qui s'écoule, sans référence à un espace et, dans cet espace, à des « choses » qui se transforment. Impossible. Mais n'est-ce pas cela l'éternité ?

Arthur Rimbaud en était hanté :

*Elle est retrouvée !*
*— Quoi ? L'Éternité*
*C'est la mer mêlée*
*Au soleil.*

Car peu importent les cogitations du mathématicien, du physicien, de l'astronome. Ce qui compte, c'est moi. Moi qui sens s'écouler inexorablement le trésor de minutes qui m'a été accordé, moi qui dois constater chaque année l'affadissement progressif des choses qui m'entourent, et surtout de celles qui me constituent, l'épuisement des sources qui m'abreuvent et surtout de celles qui jaillissent en moi. Face à moi le temps n'est pas un paramètre, il est l'ennemi intérieur, l'ennemi de toujours, l'ennemi constamment présent, qui parvient à donner aux cloches célébrant les événements les plus joyeux la tonalité d'un glas.

Mais il n'est pas éternel ; plus précisément, il ne peut s'étendre à l'infini. Ici encore la réflexion scientifique peut apporter un peu de lucidité. Celle des mathématiciens d'abord, depuis qu'ils savent que le mot « infini » recèle un piège, que l'infini des nombres entiers est moins riche que l'infini des points sur un segment de droite, que l'on peut ainsi proposer toute une série d'infinis comme emboîtés les uns dans les autres, et baptisés aleph 0, aleph 1. Selon que le temps est considéré comme une succession d'instants ou comme une dimension continue, l'éternité serait un infini de type aleph 0 ou de type aleph 1, ce qui nous met en présence de diverses éternités et contredit quelque peu l'intuition initiale.

Quant aux physiciens et aux astronomes, ils nous donnent le choix entre un univers se dilatant sans fin, se vidant de toute substance, où plus rien ne surviendra, ce qui prive le temps de définition, et un univers qui, après une période d'expansion, se contractera durant quelques dizaines de milliards d'années et disparaîtra dans une implosion symétrique de l'explosion initiale. La question « qu'y aura-t-il après ? » est aussi dépourvue de sens que la question « qu'y avait-il avant le big-bang ? » Avec la disparition de l'univers, le temps aura « fait son temps ».

L'idée d'une éternité qui serait la dilatation sans fin de la durée peut être abandonnée ; elle est d'ailleurs bien peu satisfaisante. Kafka le redoutait : « Comme cela doit sembler long, surtout vers la fin. » Se réfugier dans cette éternité-là, ce serait capituler, nous rendre définitivement à l'ennemi, nous laisser enfermer dans sa prison. Il faut au contraire le tromper, lui échapper.

C'est peut-être possible en le privant du cadre sans lequel il n'a même plus de définition. Il ne peut servir que dans un espace occupé d'objets ; il n'a plus de prise sur une absence d'objets. Or « Moi, je » n'est pas qu'un objet. La conscience que j'ai d'être et de devenir est certes supportée par une agglomération hétéroclite d'éléments que l'on dit matériels ; mais elle n'est pas incluse en eux. Elle est autre chose qu'eux, elle est autre qu'une chose. Elle est donc par définition éternelle, puisqu'elle échappe à l'étreinte mortelle de la durée. Mourir, c'est pour mon corps se dissoudre. Les atomes qui le constituent poursuivront leur aventure commencée il y a 15 milliards d'années ; cette aventure a comporté un épisode pour eux sans importance, participer à la constitution de mon organisme ; elle continuera, aveugle, sans projet, sans signification, jusqu'à la disparition de toute matière dans un espace étiré à l'infini ou ramené à une dimension nulle.

Mais, pour ce qui en moi est autre « chose » que ces atomes, mourir c'est échapper au temps. Souvenons-nous de saint Augustin : « Ce qui nous autorise à affirmer que le temps est, c'est qu'il tend à n'être plus. » Plutôt que de demander à la mort où est sa victoire, il nous faut l'accueillir comme l'alliée qui nous permet de remporter la victoire sur le temps. Événement décisif qui peut être salué comme l'équivalent d'un big-bang personnel.

Le labyrinthe disparaît, dans lequel je me suis perdu, allant de reflets en reflets, à la recherche de la lampe solitaire toujours échappée ; les miroirs se brisent et fournissent les éléments qui en reconstitueront d'autres. Qu'importe, si la lampe brille, et participe à la lumière.

*ALBERT JACQUARD*

**Professeur de génétique mathématique à l'université de Genève**

# *POUR NE PAS CONCLURE*

LOUIS-VINCENT THOMAS

# AU-DELÀ DE LA VIOLENCE ET DE LA PASSION

ON NE PEUT SANS DOMMAGE ESQUIVER LES PROBLÈMES RELATIFS À LA MORT ET AU MOURIR, COMME ON A ENCORE TROP TENDANCE À LE FAIRE PAR INERTIE ET DOGMATISME (SCLÉROSE JURIDIQUE, INTOLÉRANCE DES ÉGLISES, AUTO-SATISFACTION MÉDICALE). LA RÉALITÉ RISQUE DONC DE S'IMPOSER AVEC UNE RARE BRUTALITÉ TANDIS QUE LES PASSIONS SE DÉCHAÎNENT. TELLE EST PEUT-ÊTRE LA SITUATION QUE NOUS VIVONS AUJOURD'HUI.

Les sociétés modernes à accumulation de biens, plus riches en techniques et en outils qu'en signes et en symboles, axées avant tout sur la rentabilité et le profit, développent volontiers le tabou de la mort. En réalité, c'est moins la mort, pourtant jugée obscène et scandaleuse, que l'on redoute que le mourir. Tout se passe comme si nos contemporains étaient habités par deux peurs.

*Le spectre de la souffrance :* désormais le dolorisme n'a plus de vertu morale. Souffrir dégrade, coupe le malade du monde extérieur, bloque son élan vital et assombrit les derniers instants de la vie. Cette douleur s'avère d'autant plus angoissante qu'elle n'est pas maîtrisée et passe au second plan des préoccupations du médecin.

Puis *l'inconfort du manque d'autonomie et la hantise d'abandon* génèrent un vécu douloureux autant qu'ambivalent. Le moribond, en effet, répugne à perdre le contrôle de la situation. Non seulement au niveau social (perte des fonctions de père ou de mère, par exemple) mais aussi sur le plan organique où il doit, entre autres, attendre le bon vouloir du soignant pour manger, se soulager, être lavé...

Ce qui entraîne à la fois *un sentiment pénible de dépendance et un vécu d'humiliation ou de dignité bafouée.* Et pourtant, les témoignages sur ce point surabondent, la pire des angoisses reste la *menace de la solitude,* surtout en milieu hospitalier ; à juste titre d'ailleurs : les malades, en effet, constatent la diminution en fréquence et en durée des visites au fur et à mesure qu'on approche de l'issue fatale. Cette angoisse peut aussi se nourrir de celle du proche : certains mourants lisent dans les yeux de l'entourage l'inquiétude que génère leur propre peur (la *peur en retour,* dit-on).

A la bonne mort d'hier, lente, naturelle, donc subie, publique, lucide, avec le souci d'offrir à Dieu ses souffrances, l'homme moderne préfère la *belle mort,* subite, propre, discrète, inconsciente et surtout sans souffrances ni dégradations dont il aurait malgré tout l'entière maîtrise. L'affirmation, dans un environnement anonyme, du désir croissant d'autonomie de la personne et les progrès indiscutables des techniques rendent possible, mieux encore, légitiment, le pouvoir d'interrompre le cycle vital et d'interdire, de contrôler et de prévenir la douleur. Ainsi défend-on le *birth control* (avortement) tandis que de façon souterraine (ou dans certains films : *Soleil vert* de Fleischer ou *L'Arc de cristal* d'Anderson) on évoque l'éventualité du *death control* (euthanasie de vieillards surtout) ; même si l'on en vient, par précipitation ou par radicalisme, à négliger la contraception qui rendrait vaines certaines interruptions de grossesse et les soins palliatifs qui limiteraient les actes euthanasiques tout en rendant possible le travail du trépas et l'interdiction de la douleur : pourquoi, dès lors, ne pas se donner les conditions d'une mort douce et digne avant même que le processus de déchéance et de souffrance intolérables ne se soit installé.

Ces nouvelles espérances, peu conformes avec les valeurs de la tradition, singulièrement religieuse, et les pesanteurs écrasantes du droit toujours en retard d'une guerre sur les mentalités novatrices suscitent, de part et d'autre, des discours ou des prises de position où la violence et la passion l'emportent souvent sur la pertinence et la modération. Partis pris brutaux, équivoques sémantiques soigneusement entretenues et démarches clandestines, voire hypocrites, ne font, hélas, pas défaut dans ce débat pourtant capital. Tout se passe, en effet, comme si idéologiquement on avait intérêt à durcir l'alternative entre la revendication du choix euthanasique et la nécessité d'accompagner le moribond. Faux problème et mauvaise foi font souvent bon ménage.

## *QUE CACHE L'ICEBERG « EUTHANASIE » ?*

Les discours sur le mourir prennent volontiers un ton polémique. Mais il existe aussi des silences inquiétants. Que veut-on ne pas dire ? Que désire-t-on ne pas entendre ? En dessous de la face visible de l'iceberg euthanasie, bien des faits se cachent et des questions se font oublier qu'il faut cependant mettre au jour. Tant il est vrai que l'euthanasie, *mauvais objet par excellence,* demeure le plus souvent cachée tant dans ses pratiques que dans les formes verbales qui l'expriment.

Si à juste titre des groupes de pression, par exemple l'ADMD en France, dénoncent les pratiques fréquentes de l'acharnement thérapeutique (à cet égard le dossier *Cris. Pour une mort civilisée,* A. Moreau, apporte des témoignanges bouleversants), ils ne doivent pas faire oublier la réalité de l'euthanasie souterraine ou clandestine. L'un des plus grands paradoxes de la médecine hospitalière pourrait bien être celui que dénonce Cl. Herzlich (*Le Travail de la mort,* Annales I, 1976). Après avoir refusé d'admettre la possibilité du décès et d'inscrire la mort dans l'avenir prévisible du malade, on en vient à le traiter comme déjà mort. « Alors que la période qui sépare le début d'une maladie mortelle de son issue tend à s'allonger avec les techniques de la médecine moderne, tout se passe comme si l'on refusait au mourir sa durée et donc son contenu propre, d'abord en le niant, ensuite en le réduisant à un instantané. »

Arrive alors un moment où le *jusqu'au-boutisme* de l'acharnement à éradiquer la maladie éprouvant sa vanité, le médecin s'intéresse au malade, mais tardivement et de curieuse manière. Il lui administre en effet un cocktail lytique qui provoque soit la déconnection — ou état d'insensibilité et d'inconscience totales, sorte d'euthanasie qui n'ose pas dire son nom —, soit la mort ; et ceci sans se référer au désir ou à la volonté du patient ni même à son entourage. Personne ne dit rien, d'autant que cette mort précipitée ressemble à la mort naturelle. Comme le disait déjà F. Sarda (*Le Droit de vivre* et *Le Droit de mourir,* Seuil) : « La curiosité d'enquête ne se justifie pas par un intérêt d'ordre public majeur. Le doute profite aux éprouvés, comme en droit il profite aux accusés. » Abandon ou geste mortifère prolongent plus souvent qu'on ne le croit l'échec de l'activisme thérapeutique.

La confusion des termes ne fait aucun doute et facilite bien des stratégies hospitalières. Il importe tout d'abord d'exclure du débat l'éventualité de l'*euthanasie sociale* non médicale, soit *eugénique* (au nom de la race), soit *économique* (au nom de la rentabilité), qui procède plus de l'acte criminel que de la déontologie médicale. L'opposition devenue habituelle entre l'*euthanasie traditionnelle* ou « bonne mort », sans raccourcissement volontaire de la vie (« mourir à son heure ») vécue dans la lucidité et hors de toute douleur insupportable ou dégradante et l'*euthanasie médicale* donc interventionniste entretient déjà une certaine ambiguïté puisque le même terme recouvre des attitudes tout à fait dissemblables. Le geste qui provoque l'issue fatale peut à son tour être indirect : soit que l'usage du médicament qui interdit ou contrôle la douleur finisse par provoquer la mort, soit que celle-ci résulte de la suspension d'un traitement jugé désormais inutile ; deux attitudes qui, en fait, ne sont pas contradictoires. Comme il peut être direct : quand on donne volontairement la mort par pitié pour le patient qui souffre (avec, sans ou contre son consentement) ; ou quand celui-ci se donne la mort seul *(suicide euthanasique),* ou avec la complicité du médecin qui fournit le médicament et assiste à l'action mortifère *(suicide assisté).*

Ainsi en vient-on à distinguer entre l'*euthanasie passive* (ou orthothanasie) qui commande l'abstention et la suspension thérapeutique, donc empêche de continuer à vivre, et l'*euthanasie active* ou volonté directe et précise de donner la mort afin d'abréger la souffrance et la déchéance insupportables. Cette distinction se trouva confortée par le droit, du moins en France. En effet, la première constitue un *délit* de non-assistance à personne en danger justiciable de la correctionnelle et la seconde un *crime* qui implique la traduction devant la cour d'assises. En un sens il y a bien une différence entre le *laisser mourir* et le *faire mourir.*

Toutefois, le simple fait que dans un cas la mort soit non voulue et différée (euthanasie passive) et dans l'autre requise et immédiate (euthanasie active) ne semble guère significatif, même si dans la première éventualité on se donne l'illusion de laisser faire la nature tandis qu'on la forcerait dans la seconde. Comme si « ne rien faire », inoculer une dose croissante de médicaments ou déconnecter l'appareil de réanimation ne revenait pas, à des titres différents, à prendre une décision puis à agir !... Quelle différence profonde entre débrancher l'appareil d'Engström et poser la perfusion qui tue ? On s'interroge donc sur le fait de savoir si s'abstenir d'un geste qui prolonge la vie n'équivaut pas, dans la pratique, au geste qui l'arrête. On l'a dit très justement : rouvrir un robinet est-il plus grave que le fermer ? En bref, on joue ici — et non sans hypocrisie — sur les équivoques actif-passif, immédiat-différé, direct-indirect, naturel-artificiel, soins minima-soins maxima. A la limite, l'euthanasie passive n'existe pas ; c'est un abus de langage qui ne repose que sur la technicité du geste médical. En fait, si nous laissons de côté pour l'instant l'acharnement thérapeutique et les soins palliatifs, il n'existe que deux issues possibles : l'euthanasie tout court et l'abandon du malade.

## *ARCHAÏSME NOTOIRE DU TEXTE JURIDIQUE*

Chaque intervenant définit ainsi les termes selon son idéologie personnelle ou en conformité avec ses positions éthiques : rejeter l'euthanasie et pratiquer l'euthanasie indirecte procède de la mauvaise foi (qui peut être généreuse) ou de la confusion verbale. Il est vrai, pour excuser cela, qu'on ne peut évoquer l'euthanasie sans parler de *malaise,* comme le dit clairement R. Sebag-Lanoe *(Mourir accompagné)* : malaise des médias « qui ne savent plus très bien quelle représentation sociale de la mort nous donnons dans ce monde en mutation rapide » ; malaise des malades et des familles « qui refusent d'être livrés, sans contrôle possible, à une mort médicalisée qu'ils se représentent généralement sous la forme d'un acharnement thérapeutique » ; malaise des soignants mal préparés alors qu'ils se voient confier une mission qui n'était pas la leur hier, malaise enfin d'une société axée sur la rentabilité et le profit et qui ne sait que faire de ses vieillards et de ses moribonds.

Quant au texte juridique, s'il a raison de renoncer à une législation stricte du mourir qui ferait fi de la singularité des cas particuliers, en revanche il fait preuve d'un archaïsme notoire au moins en deux circonstances :

1) Quand il refuse de prendre en compte les acquis de la technique médicale qui peuvent efficacement soulager la douleur ou prolonger indéfiniment la maladie sous le prétexte de faire durer le malade.

2) Puis quand il ignore les aspirations profondes des collectivités d'aujourd'hui, notamment les nouveaux rapports de l'homme et de la femme avec le corps, la santé, la fécondité et surtout la revendication du droit du choix entre vivre et mourir ; ajouter des années à la vie sans se préoccuper du vécu de celle-ci est une erreur monstrueuse : survivre n'a de sens en effet que si l'on est assuré de connaître des conditions décentes (biologiques, psychologiques, sociales) d'existence ; la notion de *qualité de vie*, pas toujours aisée à définir certes, s'avère cependant essentielle.

En outre, le droit demeure déphasé dans le rapport théorie-pratique : n'assiste-t-on pas de plus en plus à la dépénalisation de l'euthanasie active avec l'appui des circonstances atténuantes et le glissement du crime au délit ? Toutefois on doit encore noter que si le suicidant (voire le suicidé) demeure enfin à l'abri de toute poursuite — même si l'assurance en cas de décès est de nul effet si l'assuré se donne volontairement et consciemment la mort au cours des deux premières années du contrat —, en revanche, la personne qui aide le suicidé (suicide assisté) peut théoriquement être poursuivie pour non-assistance à personne en péril ou pour complicité de meurtre.

Face à ce pluralisme sémantique non dénué de subtilité et d'équivoque, différents groupes de pression en viennent à mettre en doute la validité du terme euthanasie, donc récusent son emploi. Pour les chrétiens traditionnels, l'écart semble en effet trop grand entre le droit de tuer pour éviter la souffrance et l'idéal de la bonne mort, à son heure, donc hors de tout raccourcissement de la durée de vie, à la fois mort offerte en expiation du péché et propédeutique pour l'au-delà.

Cependant, ce sont surtout les défenseurs du droit à la mort et au mourir de son choix qui insistent fortement sur « *la réappropriation de leur mort* par les vivants ». Le terme euthanasie, en effet, se révèle réducteur : il détient une valence surtout médicale et laisse entendre que seuls les sujets en phase terminale d'une maladie mortelle insupportable et dégradante peuvent demander qu'on mette fin à leur martyre, alors que d'autres motifs peuvent intervenir, tels les aspects familiaux, affectifs, économiques et surtout organiques (cécité, surdité, paralysie, incontinence, démence). Si l'expression IVV (interruption volontaire de la vie ou de vieillesse) calquée sur IVG (interruption volontaire de grossesse) paraît maladroite ou inélégante, en revanche la formule *droit à la mort douce* ou *droit à la mort digne* semble tout à fait opportune et digne d'être retenue[1].

## L'ÉQUIVOQUE DE LA DEMANDE

La rencontre mourant-entourage (singulièrement famille et personnel médical) produit un jeu complexe d'interférences entre savoir, être, faire, dire, comprendre. *Savoir* ou ne pas savoir ou faire croire qu'on sait ou qu'on ne sait pas. *Être,* ou plutôt être là ; ou n'être-pas-là (fuir, ne plus venir). *Faire,* faire-faire (ou faire dire, faire savoir, faire entendre) ; ou ne rien faire, c'est-à-dire laisser faire. *Dire,* donc en parler ; mais encore parler d'autre chose, affirmer le contraire de ce qu'on sait ou espérer ; ne rien dire ou ne dire qu'à moitié, ce qui est une autre façon de parler. Enfin *entendre* (= comprendre), ne rien entendre, entendre autre chose que ce qui a été dit.

D'où la question ici fondamentale : qui demande l'euthanasie ? Là encore les discours se radicalisent. Les groupes de pression qui non sans ténacité et courage militent pour le droit de mourir dans la dignité, multiplient les déclarations écrites, authentiques appels au secours de personnes qui implorent qu'on les entende et qu'on les aide à quitter leur intolérable existence. De telles suppliques méritent tout à fait d'être retenues. Même s'il arrive qu'on abuse du ton pathétique ou larmoyant (ce qui frise l'indécence) pour *les faire mieux passer* devant un auditoire qui ne demande qu'à être ébranlé ou troublé (là encore il y a de la violence et de la passion).

Par contre, et nous avons recueilli sur ce point les aveux de nombreux médecins ou gérontologues opérant dans les centres anticancéreux ou les mouroirs, de telles demandes explicites seraient plutôt exceptionnelles, tout spécialement du côté des vieillards « accompagnés ». Il est vrai que de tels lieux ne semblent guère propices aux confidences et que l'attitude du personnel soignant mal préparé à les recevoir ne facilite pas toujours de telles requêtes. Peut-être le malade redoute-t-il aussi qu'on le prenne trop vite au mot, car son langage, malgré tout, ne vas pas sans ambiguïté. D'où l'urgence de décrypter le message puisque le discours manifeste ne dit pas toujours ce que veut dire le discours latent. Ambiguïté qui vaut tout autant, peut-être, pour l'émetteur (que veut-il qu'on sache ?) que pour le récepteur (que veut-il entendre ?).

Quand le patient supplie qu'« on en finisse », cela peut signifier qu'il faut arrêter le cours de son existence mais aussi peut-être qu'on doit soulager sa douleur et lui témoigner sinon de l'amour du moins de l'attention. Tant il est vrai que demander n'est pas obligatoirement désirer et encore moins vouloir. P. Verspieren (*Face à celui qui meurt,* Desclée de Brouwer) le dit explicitement : « Donner la mort au malade qui le demande ce n'est pas nécessairement respecter sa liberté ; c'est souvent le prendre au mot, c'est répondre par un acte mortifère à ce qui, dans bien des cas, est *un cri d'appel.* Donner la mort dispense d'entendre cet appel ; cela peut témoigner aussi d'une grande méconnaissance des différentes phases par lesquelles peut passer un malade condamné : phases de révolte, de dépossession, de désespoir... » D'ailleurs, et presque simultanément, le moribond peut requérir l'euthanasie et supplier qu'il lui soit accordé par le ciel quelques semaines supplémentaires de vie pour assister à une naissance ou à un mariage ; E. Kubler-Ross a décrit sous le nom de *marchandage* des situations de ce type particulièrement émouvantes.

Sur la foi de témoignages recueillis il semble que très fréquemment la demande de non-prolongation du malade par des moyens extraordinaires, voire d'euthanasie directe, soit le fait des familles. Pour des raisons que là encore il importe de décoder. Par amour envers celui qui souffre, allègue-t-on, et qui peut-être n'est déjà plus qu'un mort vivant. Mais aussi parce que l'on ne tient pas à s'occuper d'un être qui n'en finit pas de mourir et dont on attend non sans impatience l'héritage. Plus profondément, l'entourage familial et aussi l'équipe soignante vivent très mal la pénible expérience de leur impuissance et refusent la douleur et la dégradation d'un moribond qui évoquent ce qui risque de leur arriver un jour. Le malade, surtout le vieillard, finit par extérioriser ce désir de mort qui, à la limite, protège plus les bien-portants qu'il ne le soulage. D'ailleurs ceux qui assistent les mourants, et là encore les exemples fournis ne manquent pas (voir notamment Cl. Jomain, *Mourir dans la tendresse,* Le Centurion), laissent entendre que souvent la dernière phase de la vie de celui qui est condamné n'est pas dénuée de sens et a même valeur exemplaire.

L'euthanasie demandée par les soignants enfin serait moins fréquente chaque fois que ces derniers « ont la possibilité de parler de leurs difficultés, d'exprimer leur angoisse, leur souffrance et même un vœu de mort éventuel face à certains patients » (Sebag-Lanoe) ; à cet égard, la démarche collective de mise en place d'accompagnement aurait un effet bénéfique comme cela apparaît dans les centres palliatifs chaque fois que des groupes de parole s'établissent au sein des unités de soins.

Une double remarque s'impose. 1) Toute généralisation *s'avère impossible* car il n'y a pas deux morts qui s'équivalent et l'on trouvera toujours des exemples topiques pour illustrer l'authenticité de la fin de vie réussie ou l'évidence d'une agonie terrible et scandaleusement prolongée. Donc, pour légitimer sa propre conception de la mort douce ou son refus inconditionnel de l'euthanasie. Là encore triomphent trop souvent violence et passion ! 2) A la base de la plupart des attitudes contradictoires prend place, il faut le dire clairement, un dénominateur commun : *la réalité des pulsions mortifères* qui nous habitent. Cède-t-on facilement à la requête d'euthanasie ? C'est qu'on leur laisse libre cours. Refuse-t-on systématiquement le droit de mourir ? C'est qu'on les refoule et qu'on leur interdit tout dévoilement même indirect. Tout cela, bien sûr, dans un climat d'auto-illusion ou de mauvaise foi au sens sartrien du terme.

## *REJET DE L'ACHARNEMENT THÉRAPEUTIQUE*

Le passage de la *bonne mort* d'hier à la *belle mort* d'aujourd'hui dont nous parlions plus haut suppose une véritable mutation des mentalités, inséparable des progrès de la technique médicale et de la promotion de l'individu exigeant la maîtrise de sa vie, donc de sa mort. Ce qui exige des conditions d'ordre psychologique et médicale bien sûr mais aussi d'ordre socio-économique.

L'acharnement thérapeutique ou activisme thérapeutique (qu'il ne faut pas confondre avec le nursing qui aide le malade à respirer et à ne pas se déshydrater) reste l'un des bastions les plus controversés du pouvoir médical. Il s'agit de l'attitude du soignant pour qui la vie humaine est sacrée (on montre moins de scrupules à laisser les gens mourir de faim ou à les envoyer se faire tuer à la guerre), il importe, à défaut d'assurer la guérison, de la faire durer le plus longtemps possible, par tous les moyens existants, fût-ce aux dépens du confort, de la liberté et de la dignité du patient. Souci de la performance technique parfois, mais aussi et surtout moyen de défense du médecin qui refuse la mort du patient comme blessure narcissique le renvoyant à sa propre mort et échec professionnel durement ressenti, l'acharnement thérapeutique se moque de la qualité de la vie du sujet ainsi prolongé — qu'il soit cancéreux en phase terminale ou vieillard dégradé et inconscient.

Autant il est urgent que le médecin ne baisse pas trop vite les bras, autant il se révèle criminel et absurde d'infliger des tortures inutiles à celui qui, faute d'être mort à la vie, est déjà mort à l'humain ! Le sujet en coma dépassé, privé des réflexes vitaux (ostéo-tendineux, cutanés plantaires, pupillaires), accusant une triple perte des fonctions végétatives clefs (arrêt respiratoire, collapsus circulatoire, dérèglement thermique), dont le corps n'est plus que juxtaposition d'organes que seuls des procédés d'assistance régulent et aident à fonctionner, n'offrant définitivement aucune aptitude à la vie de relation et à la conscience n'est peut être plus un être humain à part entière, du moins aux yeux de certains, mais il conserve cependant le droit au respect et même à l'amour.

Aussi rien de plus dérisoire et de plus absurbe que de vouloir le prolonger à grands frais, d'autant qu'il n'y trouve aucun bénéfice. La situation des sujets en état végétatif chronique (mort corticale) qui attendent aux établissements hélio-marins de Berck une hypothétique résurrection ne laisse pas d'inquiéter. Même si l'on estime, comme cela fut le cas récemment dans un CHU de Picardie, qu'il s'agit là de sujets expérimentaux quasi clandestins[2] !

## *LE DROIT À LA MORT DOUCE*

Le rejet de l'acharnement thérapeutique ne concerne pas seulement les sujets en état de mort corticale mais encore ceux qui, lucides, estiment que leurs souffrances et leurs dégradations deviennent insupportables : c'est avant tout pour eux que se pose la question du *droit à la mort douce.* Si, par exemple, on estime que tout doit être mis en place pour prévenir les suicides de désespoir et plus encore les suicides de jeunes, rien n'empêche de défendre la légitimité des suicides *rationnels délibérés, décidés* en toute connaissance de cause quand la fin approche : « Malade incurable, on a le droit d'abréger ses souffrances. *Rassasié de jours* comme l'on dit à la fin de sa vie, on a le droit de refuser la déchéance » *(Cris. Pour une mort civilisée).* Le suicide reste alors l'unique moyen de mourir vivant !

Là encore les discours sont passionnés et discordants. Trop souvent on déclare péremptoirement qu'un tel droit exprime une attitude délibérément antireligieuse — la vie, bien suprême, n'appartient qu'à Dieu — ou antisociale — le sujet ne s'appartient pas mais appartient à la société qui a beaucoup investi pour lui ; d'ailleurs généraliser le droit à la mort justifierait une épidémie de suicides dangereuse pour la collectivité.

Mieux encore, la notion de droit en l'occurrence n'a aucun sens, estime notamment Xavier Dijon (*Le Sujet de droit en son corps,* Fac. droit. Namur). Rien, en effet, qui ressemble à un régime de disposition, car le sujet pourrait alors céder sa mort à autrui ou plus simplement y renoncer. Ce n'est pas le cas : « Même s'il rêve d'immortalité l'homme sait que ce n'est pas lui qui dispose de sa mort ; c'est la mort qui dispose de lui. » De même, le droit à la mort n'est pas soumis à un régime de protection au sens où « la mort serait un intérêt propre du sujet que le droit viendrait protéger. En fait l'ordre juridique ne protège pas la mort ; mais tout son effort au contraire consiste à protéger la vie ».

L'heure toutefois n'est-elle pas venue de changer objectivement ce discours ? Si la vie est un bien, condition de tous les autres, elle n'est pas pour autant le bien suprême et l'on peut toujours l'offrir à ceux que l'on aime jusqu'au sacrifice total : le *suicide oblatif* a d'ailleurs toujours été prôné comme media privilégié de la transcendance. Si la vie est don de Dieu, elle n'a rien d'un prêt dont il faut rendre compte et nous pouvons ainsi en disposer en toute liberté, non comme objet sacré mais comme objet précieux. La mort, désormais *fait empirique* manipulable plutôt que mystère intouchable, introduit une théologie ouverte qui prend en compte le pouvoir et les aspirations profondes de l'homme moderne.

Tout d'abord, il n'est pas certain, souligne J. Pohier, que « plus une réalité ou un événement est important pour les humains et pour Dieu et plus Dieu s'en réserve exclusivement la gestion ». Un tel principe devient de nos jours « contraire à l'économie de la Révélation de Dieu en Jésus-Christ ». En réalité, Dieu donne plus et mieux que quiconque et surtout « plus Dieu inspire, suscite et moins il dicte ». En second lieu, l'expression « volonté de Dieu » est souvent invoquée chaque fois que l'explication positive fait défaut. L'expression « il a plu à Dieu de rappeler X à lui » s'impose moins de nos jours où l'on sait traquer bien des maladies et assurer bien des guérisons. Là encore on a changé les données.

J. Pohier, de fait, annonce les couleurs : « Je ne vois pas clair dans ce qu'on me dit à propos du fait que parce que Dieu est Dieu les humains n'auraient pas le droit d'intervenir dans la conception et la mort parce qu'elles seraient de façon particulière le fait de la volonté de Dieu » (« Un don de Dieu ? », *La Réforme,* 24 novembre 1984). L'homme n'appartient ni à Dieu, ni à la société, mais à lui-même ; et c'est justement quand il n'a plus rien à offrir à la collectivité qu'il peut s'arroger le droit d'en finir avec l'existence, seul ou avec l'aide d'un tiers (suicide assisté, euthanasie-délivrance).

D'ailleurs, en empruntant le langage de l'éthique, s'il n'y a pas à proprement parler un droit au suicide, il existe néanmoins une *permission* ; il en résulte, nous dit A.M. Pieper, que le suicide ne peut être « ni ordonné ni défendu ». On ne peut ni contraindre quelqu'un à se tuer ni lui interdire de se donner la mort : « Les deux exigences sont aussi inhumaines l'une que l'autre pour autant que l'ordre aussi bien que l'interdiction du suicide restreint la liberté humaine d'une manière moralement inadmissible » (« Arguments éthiques », *In : Concilium*). C'est peut-être par ce cheminement que l'on pourrait retrouver le problème du droit, à condition peut-être d'en changer la formulation. En dernière analyse Xavier Dijon ne s'y oppose pas. Si, en effet, la mort n'est pas un intérêt juridiquement protégé, il reste loisible de changer de régime et de reconnaître au sujet un pouvoir non sur la mort, mais sur la vie : « Le droit à la mort s'entendrait dans ce cas comme pouvoir de disposition sur la vie », à condition d'ajouter que le sujet en ait les moyens !

## *VIVRE SA MORT LE MIEUX POSSIBLE*

Deux tendances d'ailleurs complémentaires mais encore chargées de passion doivent être répudiées : *la poursuite effrénée de l'acharnement thérapeutique cruel,* dérisoire, inutile, qui prolonge la vie à tout prix et à tous les prix ; et aussi *le désir irré-*

*sistible de l'acharnement euthanasique* qui cède trop facilement au désespoir et à la pulsion de mort et qui oublie, par ignorance ou par système, les solutions alternatives que constituent les centres palliatifs d'aide aux mourants. Le droit à la mort ainsi que son refus constituent davantage des symptômes qu'ils ne s'érigent en questionnement lucide.

L'idéal — ou plutôt le moindre mal puisque toute mort même réussie est Violence et Violence à la Vie — est de *vivre le mieux possible les derniers instants de son existence.* Ce qui se révèle possible grâce aux progrès appréciables des techniques médicales qui savent prévenir, interdire ou contrôler les douleurs terminales avec 95 % de chances de succès tout en conservant au patient sa lucidité ; à cet égard on doit critiquer sévèrement les médecins français que seule préoccupe la maladie à vaincre et qui négligent tout à fait le bien-être du malade.

Plus peut-être que la douleur et le mal-être c'est, disions-nous, la solitude et l'abandon que redoute avant tout le moribond. La sensation d'une présence en revanche offre une vertu consolatrice telle qu'elle permet de diminuer la dose des médications anti-anxiogènes. Ainsi que le souligne M. de M'Uzan (*De l'art à la mort,* Gallimard), le mourant attend « qu'on ne se soustraie pas à cette relation, à cet engagement réciproque qu'il propose presque secrètement, parfois à son insu. Alors que les liens qui l'attachent aux autres sont sur le point de se défaire absolument, il est paradoxalement soulevé par un mouvement puissant, à certains égards passionnel. Par là, il surinvestit ses objets d'amour car ceux-ci sont indispensables à son dernier effort pour s'assimiler tout ce qui n'a pu l'être jusqu'ici dans sa vie pulsionnelle, comme s'il tentait de se mettre complètement au monde avant de disparaître. » D'où ces mourants qui mangent avec voracité, cherchent à séduire, ont des fantasmes érotiques, font preuve d'« expansion libidinale » et d'« appétence relationnelle ». Telle cette jeune femme évoquée par de M'Uzan, en stade terminal de cancer, qui noue une relation amoureuse jusqu'à l'union charnelle avec son chirurgien ; ou cette autre, bourrée de métastases, qui déclare son amour au pasteur qui l'entretient de l'immortalité : effrayé, l'homme d'Église s'enfuit. Si le médecin peut-être en fit beaucoup, le pasteur manifestement n'en fit pas assez !

Aider l'autre à mourir c'est *conférer du sens* à ce qui lui reste à vivre, lui assurer une vie biologique et sociale aussi normale que possible (soins du corps, y compris son esthétique, présence de la famille, activités ludo-thérapeutiques...) et ceci grâce à une grande disponibilité de l'accompagnement, à une capacité d'écoute, à des contacts corporels. Même si cette façon d'agir ne constitue pas le remède absolu et n'exclut pas, en dernier ressort, l'acte euthanasique, elle constitue néanmoins un objectif primordial à réaliser car les unités de soins palliatifs demeurent encore, en France notamment, scandaleusement minoritaires.

## UN DROIT DÉSORMAIS IMPRESCRIPTIBLE

Disons-le sans ambiguïté : l'euthanasie ne s'oppose pas, contrairement à ce que, non sans mauvaise foi, on laisse entendre, aux soins palliatifs. En tant que décision ultime, elle devient, quand tout est désespéré, irrémédiable ou insupportable humainement pour le patient et l'entourage, un moment fondamental bien que bouleversant de *l'aide au mourant,* quand vraiment il n'y a plus rien à faire. Elle confirme ainsi sa légitimité. A plusieurs conditions toutefois :

1) Qu'elle ne soit pas uniquement et avant tout l'affaire de l'équipe soignante qui aurait seule pouvoir de décision (moment, manière) et d'exécution ; à plus forte raison si le médecin agit contre la volonté du malade. Même si toute initiative de cet ordre ne saurait être que collégiale, le point de vue du patient ou de ceux habilités à parler en son nom s'il est dans le coma doit absolument prévaloir.

2) Qu'elle n'intervienne pas de façon prématurée, ce qui risque, au même titre que la déconnection, de neutraliser le travail psychologique fondamental que tout moribond actualise spontanément avant qu'il ne chute dans le coma et qui constitue le moment essentiel de l'acte du mourir. Les psychanalystes seuls l'ont bien compris, mais leur place auprès des mourants, singulièrement en milieu hospitalier, demeure loin d'être admise par les familles et le milieu médical. La distinction établie par le docteur Zittoun entre l'*euthanasie précoce* et l'*euthanasie tardive* nous paraît tout à fait essentielle, d'autant que l'application des techniques anti-douleur et la pratique de l'accompagnement ont un effet modérateur sur la demande d'euthanasie.

3) Enfin que le combat contre la mort dépasse les forces du malade pour qui *la vie n'a plus de sens*[3] ou qui n'arrive plus à trouver « un sens humain au temps qui le sépare du terme » (J. Vimort, « Quand la vie n'est plus la vie », *Approches,* n° 46, CDR) et qu'il n'y a plus rien à faire. L'euthanasie s'inscrit alors comme une issue, peut-être effrayante, mais parfois obligée, de l'aide au mourant ; c'est en tout cas une issue à laquelle l'homme peut et doit librement prétendre. Acquérir les moyens que permettent d'espérer *une mort douce, digne* (le sigle ADMD permet justement cette permutation sémantique) et accompagnée *fait partie dorénavant des droits imprescriptibles que l'homme doit posséder, donc conquérir.* Si la bonne mort est pour certains un cadeau du ciel ou de la nature, tant mieux. Mais réaliser les conditions pour qu'elle soit le lot de tous, c'est bien mieux encore.

Il faudra trouver les moyens les plus efficaces et les plus appropriés pour atteindre cet idéal : sensibiliser l'opinion, intervenir auprès des autorités médicales et des pouvoirs publics, intéresser les instances religieuses... Ce qui implique qu'on doive avant tout démythifier la mort et le mourir.

Vivre décemment et mourir dignement, voilà le véritable humanisme. Ainsi l'homme doit-il maîtriser son destin et « réussir sa sortie ». Mourir, en effet, est l'un des actes les plus importants de notre existence ; c'est en tout cas le dernier. Il nous surprend tels que nous sommes et nous définit pour toujours. Il mérite donc qu'on le prépare sans violence mais avec passion.

*LOUIS-VINCENT THOMAS*

**Anthropologue, professeur à l'université de Paris V-Sorbonne. Fondateur de la Société de thanatologie. Auteur, entre autres, de : *Anthropologie de la mort*, Payot, 1976 ; *Mort et pouvoir*, Payot, 1978 ; *Le Cadavre complexe*, 1980 ; *La Mort africaine*, Payot, 1982.**

**1. Si l'expression *concern for dying* (« se préoccuper de sa mort ») dont se réclame une puissante société américaine qui défend l'euthanasie passive nous paraît bienvenue, il n'en va pas de même pour *The Hemlock Society* (*hemlock* signifie ciguë !).**

**2. Sur ce point les débats peuvent être équivoques. Le docteur A. Milhaud (et son équipe d'anesthésistes-réanimateurs d'Amiens), responsable d'une expérience sur un malade en coma depuis trois années déclara, après que le Comité d'éthique eut condamné son initiative, qu'il avait adopté « une démarche volontairement provocatrice » pour attirer l'attention de l'opinion publique. Il avait pourtant déclaré quelques mois avant qu'il avait de bonnes raisons de penser que le Comité en question accéderait à sa demande (cf. *Le Monde* du 11 mars 1986).**

**3. Il y aurait aux USA plus de 10 000 patients en état de coma irréversible. A condition qu'ils en aient antérieurement exprimé le désir et que leur famille soit d'accord les médecins sont autorisés (depuis le 15 mars 1986) à interrompre toutes les formes de traitement médical destiné à prolonger la vie. C'est l'American Medical Association, qui est à l'origine de cette décision.**

Directeur de la publication : Henry Dougier, revue publiée par Autrement
Comm. par. 55778. Corlet, Imp. S.A., 14110 Condé-sur-Noireau. N° 8062.
Dépôt légal : février 1993 - Précédent dépôt : janvier 1992
ISBN : 2-86260-196-9. ISSN : 0751-0144. *Imprimé en France*